语言文学前沿

杜寒风　主编

第 5 辑

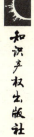

知识产权出版社

图书在版编目（CIP）数据

语言文学前沿. 第 5 辑／杜寒风主编. —北京：知识产权出版社，2015.3

ISBN 978 - 7 - 5130 - 3360 - 2

Ⅰ. ①语… Ⅱ. ①杜… Ⅲ. ①语言学 - 文集②文学理论 - 文集 Ⅳ. ①H0 - 53②I0 - 53

中国版本图书馆 CIP 数据核字（2015）第 039857 号

责任编辑：刘　江　　　　　　责任校对：谷　洋

封面设计：张国仓　　　　　　责任出版：刘译文

语言文学前沿（第 5 辑）

Yuyan Wenxue Qianyan

杜寒风　主编

出版发行：知识产权出版社 有限责任公司	网　　址：http://www.ipph.cn
社　　址：北京市海淀区马甸南村 1 号	邮　　编：100088
责编电话：010 - 82000860 转 8344	责编邮箱：liujiang@cnipr.com
发行电话：010 - 82000860 转 8101/8102	发行传真：010 - 82005070/82000893
印　　刷：保定市中画美凯印刷有限公司	经　　销：各大网上书店、新华书店及相关专业书店
开　　本：720mm×960mm　1/16	印　　张：19.25
版　　次：2015 年 3 月第一版	印　　次：2015 年 3 月第一次印刷
字　　数：303 千字	定　　价：48.00 元
ISBN 978 - 7 - 5130 - 3360 - 2	

编者前言

  语言文学前沿（第 5 辑）由中国传媒大学文法学部文学院主办，杜寒风教授任主编。

  本辑共收入学术论文 32 篇。为促进校内外的学术交流，本辑刊发校外作者所撰论文 3 篇、校外作者（校友）与中国传媒大学文法学部国际汉语教育学院作者合写论文 1 篇；艺术学部音乐与录音艺术学院、广告学院、文法学部政治与法律学院作者所撰论文各 1 篇；文法学部、文法学部文学院作者所撰论文分别为 2 篇、24 篇（含文学院在校硕士研究生论文 3 篇）。收入本辑的所有文章均是在此首次公开发表。

  欢迎学术界和教育界同仁对《语言文学前沿》予以关注和支持。

杜寒风

2014 年 7 月

目　　录

文 化 编

语 言 编

文学与艺术编

文 化 编

循理导欲：
中国传统伦理文化的基石

■ 苑立强

人类有无尽的欲望，也有顽强的生命力，凭借着生命力的弘扬和发挥，人们不时地得到欲望的满足。但是人的能力总是不能完全满足自身的欲望，能力总是跟在欲望的后面跑，落后于欲望的变化，这样，有些人常常感到不幸福，有时甚至会感受到强烈的不幸和痛苦。因此，现实生活要求人们在与外部世界作斗争并满足部分欲望的同时，也应该根据社会伦理原则和道德规范经常调整自己，以理制欲，循理导欲，以使自身与社会的发展和个人的处境相适应，在较高的层次上实现自我和追求幸福，这是社会对人们提出的基本要求，也是人们全面发展自己所必须具有的素质。在社会生活中不断地调整自我，包括自己的欲望，是一条基本的人生定理，也是最朴素和最高深的生存智慧。

在中国历史上，理欲观是与道德修养观和人生幸福观密切联系在一起的，合德之理与己私之欲的关系及协调原则一直是思想家尤其是哲学家们竭力探索而又争论不休的问题。理欲之辨因其在道德理论体系中具有非常基础的性质，从而构成了中国传统伦理文化的重要基石。归纳起来，在理和欲的关系上，主要有理欲分离说和理欲统一说两种基本观点。

一、理欲分离说

在中国历史上，有些人强调理和欲的分离，认为理和欲不可能一致或完整地统一起来，从本质上说，它们是相互对立、相互矛盾的，即使它们能在一定程度上或一定条件下统一和结合，其统一性与和谐性也不是最主要的方面，其对立和矛盾才是第一位的。从这种观点出发，一些思想家将理和欲割裂开来，得出了纵欲论和禁欲论两种基本观点。

（一）纵欲论

魏牟是先秦时期纵欲论思想的代表，荀子在谈到魏牟时曾说："纵情性，安恣睢，禽兽行。不足以合文通治，然而其持之有故，其言之成理，足以欺惑众愚，是它嚣魏牟也。"（《非十二子》）纵情恣欲，过不节制的生活，是魏牟最基本的主张。

魏晋时期的杨朱把纵欲和享乐说成是人生的基本目的，认为除此之外再无其他人生快事。"人之生也，奚为哉？奚乐哉？为美厚尔，为声色尔！"（《杨朱篇》）"太古之人，无生之暂来，知死之暂往，故从心而动，不违自然所好；当身之娱，非所去也。"（《杨朱篇》）他认为，生命是短暂的，应当抓紧时间享乐，时光一去不复返，大好青春不再来，一生奔波劳碌，看似做了一些事情，实际上是在自寻辛苦。"养生……肆之而已，勿壅勿阏。"（《杨朱篇》）"恣耳之所欲听，恣目之所欲视，恣鼻之所欲向，恣口之所欲言，恣体之所欲安，恣意之所欲行。"（《杨朱篇》）

魏牟和杨朱是中国纵欲主义的典型代表，虽然他们的思想遭到许多思想家的批判，但也有一些人对之备感兴趣。看看现实中那些醉生梦死的人，便知纵欲论思想的影响有多大了。

（二）禁欲论

宋明理学的理欲之辨在中国思想史上占有重要地位，是其义利之辨的基础。在宋明理学家那里，天理和人欲是两个最重要的哲学概念，不厘清他们的理欲论思想，就不能完整地把握其思想体系，或者说，不能掌握其思想精髓。宋明理学禁欲论的发展经历了一个过程，开始于张载，在程颢、程颐那里得到发展和完善，朱熹则是其集大成者。

张载认为，天理与人欲是相对立的，人应返天理，不应徇人欲。"上达反天理，下达徇人欲者与！"（《诚明》）

天理即通天下之志之理，是普遍的行为准则，与个人之私相对立，个人之私膨胀，就会遮蔽天理，而天理发扬光大，就要求人们克服自己的私欲。"所谓天理也者，能悦诸心，能通天下之志之理也。"（《诚明》）同时，天理不仅具有普遍的意义，而且是随时适应的。"烛天理如向明，万象无所

隐；穷人欲如专顾影间，区区于一物之中尔！"（《大心》）

在他看来，天理具有平视物我、超越个人的功能和特点，人人在天理面前都是平等的，只要能克服人欲，回复天理，就能够成为品德高尚的人。"人当平物我，合内外。如以身鉴物，便偏见；以天理中鉴，则人与己皆见。"（《理唐》）

二程继承了张载的理欲思想，并对之进行了补充和发展。在二程看来，人欲和天理是绝对对立的，如水火之势，不能相容。"人心莫不有知，惟蔽于人欲，则忘天理也。"（《语录》）

天理就是道心，具有隐蔽的特点；而人欲即是人心，处于非常危险的位置。如果不严格注意修养，稍不留神，人欲就会抬头，蒙蔽天理。所以，人的修养是一个极其艰苦曲折的过程，不能企求功成于一旦。"甚矣欲之害人也！人之为不善，欲诱之也。诱之而弗知，则至于天理灭而不知反。"（《语录》）

欲是万恶之源，如不严加清除，就会招来大祸，使人作出不道德甚至犯罪的行为。大欲大罪过，小欲小过错，无欲才符合天理，才能做到正大磊落，心地坦然。因此，人生应当损人欲之过，以恢复天理，损人欲之过越多，天理恢复得就越多。"养心莫善于寡欲，不欲则不惑。"（《语录》）天理是自然而然、不得不然的，它无所为而为，人欲则是有所为而为。如果任私用意，天理就会被损为人欲。

朱熹是宋明理学的集大成者，也是理学理欲论的集大成者，他把宋明理学的禁欲论推向了极致，坚决主张禁欲复理。他把一切人欲都视为邪恶，认为都应当肃清斩除，一丝不留。"人之一心，天理存则人欲亡；人欲胜则天理灭。未有天理人欲夹杂者，学者须要于此体认省察之。"（《语类》）

朱熹认为，虽然天理与人欲在根本上是对立的，但它们之间也有着不可分割的联系。人欲因天理而有，天理在表现出来时有所偏差，便形成了人欲。这就是说，人的行为如果不偏不倚，恰到好处，就表现为符合天理，而如果有失偏颇，过或不及，就表现为人欲，就会产生邪恶。"人欲云者，正天理之反耳。谓因天理而有人欲，则可；谓人欲亦是天理，则不可。盖天理中，本无人欲；惟其流之有差，遂生出人欲来。"（《答何叔京》）"问饮食之间，孰为天理孰为人欲？曰：饮食者，天理也；要求美味，人欲也。"（《语类》）饥则食、渴则饮是人的自然要求，并无多少私意可言，是天理，而所苛求之美味则可有可无，其间夹杂有任私用意的成分，因此是人欲。实际上，饥食渴饮也属于人欲的范畴，只不过这种欲望不得不满足，因此朱熹不把它归于欲，而将之归于理，这是其理论中比较巧妙的地方。试想，如果把人的吃喝等自然欲望和生命本能也归于欲，予以清除，那这种理论必然为世人所不接受，而流于自灭。这说明，朱熹虽然排斥人欲，但并不是否认一切欲望，而是将人类最基本的欲望提出来归之于理，就把欲仅仅理解为任私用意之意念和行为了。

值得一提的是心学大师王阳明，他从心学的角度对天理、人欲进行了严格精细的辨析，并提出了著名的"致良知"理论。他认为，所谓良知，就是指天理，因为人欲的蒙蔽，良知会逐渐丧失，只有去除人欲，恢复天理，才能致良知，也就是说，致良知就是去除人欲以恢复天理的过程和结果。"必欲此心纯乎天理而无一毫人欲之私，此作圣之功也。"（《答陆原静》）"只要去人欲，存天理，方是功夫。静时念念去欲存理，动时念念去欲存理。"（《传习录》）"圣人之所以为圣，只是此心纯乎天理而无人欲之杂。"（《传习录》）他所说的致良知，实际上就是指道德修养，这种修养的本质就是"念念去欲存理"。一旦达到此心纯乎天理而无人欲之杂的境界，便能成为圣人。明理至圣是人们道德修养的最高目标和最高境界，学习圣人必须在存天理去人欲方面下功夫，这就是王阳明致良知学说的根本所在。

二、理欲统一说

在中国历史上，也有主张理欲统一的，认为理和欲能够完整地统一于一体，得到协调发展，即使二者发生矛盾，也可以通过修养使之融洽和谐。节欲论和理欲统一论是这种观点的主要代表。

（一）节欲论

在中国历史上，持节欲论的思想家最多，节欲论思想对人们的影响也最大，它是中国封建社会的主流思想，孔、孟、老、庄等皆为节欲论者。

孔子主张节欲，他说自己七十而从心所欲不逾矩，行为皆有节度、合乎理。七十岁至此境界，是之前几十年间不断节制自己、克服欲望的结果，通过几十年的努力，才修养纯熟，不用节制自己便自然而然不逾矩了。

孔子把欲和仁恕联系起来，认为己所不欲勿施于人是恕，己之所欲推之于人是仁。仁不在于无欲，而在于将自己所欲推之于别人。孔子认为，这不仅是一种崇高的道德境界，也是一种修养方法和成人的条件。

孟子主张寡欲，认为寡欲既是一种修养方法，也是一种生活方式。"养心莫善于寡欲：其为人也寡欲，虽有不存焉者寡矣；其为人也多欲，虽有存焉者寡矣。"（《尽心》）

在他看来，欲并不是坏东西，因此不应无条件地否定，只是要去掉那些不应当之欲，保留那些应当之欲，而应当之欲又很少，人们所具有的许多欲望都属于不应当之欲。因此，修养的关键就在于寡欲，多欲本身就是不应当的。

他还将善恶与欲望联系起来，把应当之欲说成是善。"可欲之谓善。"（《尽心》）"生亦我所欲也，义亦我所欲也。二者不可得兼，舍生而取义者也。"（《告子》）把善和义都看成是可欲，说明他承认人有追求正当欲望的权利，只是强调必须在追求正当欲望时对自己的不正当欲望进行节制，使之逐渐从自我消失。

荀子的欲望论比较有特点，他反对去欲或寡欲，主张导欲或节欲。

"故虽为守门，欲不可去，性之具也。虽为天子，欲不可尽。欲虽不可尽，可以近尽也；欲虽不可去，求可节也。所欲虽不可尽，求者犹近尽；欲虽不可去，所求不得，虑者欲节求也。道者，进则近尽，退则节求，天下莫之若也。"（《正名》）对于人的各种欲望，他认为不能简单地予以去除或节制，只能靠心的作用来善加引导。人的心有很强的力量，能够主宰和控制欲望，欲望则听命于心。治乱不在于有没有欲望，也不在于欲望的多寡，而在于人们所坚持的东西是正确的还是错误的，追求的东西是合理的还是不合理的。如果人的心合于理，就必然使欲望也合于理，这样，虽然人的欲望很多，也不至于产生不好的行为。欲望不可以去除，但可以用心加以节制，合理的欲望便予以满足，不合理的欲望便加以节制，不须强求。"人生而有欲。欲而不得，不能无求；求而无度量分界，则不能不争；争则乱，乱则穷。先王恶其乱也，故制礼义以分之，以养人之欲，给人之求；使欲必不穷乎物，物必不屈于欲。两者相持而长，是礼之所起也。故礼者

养也。"（《礼论》）

在荀子看来，节欲本身不是目的，其目的在于更好地满足欲望，同时，节欲也是使人们的欲望得到满足的良好途径。"君子乐得其道，小人乐得其欲。以道制欲，则乐而不乱；以欲忘道，则惑而不乐。"（《乐论》）

道家讲求无欲，反对对人的欲望进行压抑。在道家看来，人的欲望是扰人害生的，但人人都有欲望，要除去欲望之害，决不能对之抑制，而只能慢慢地熄灭它，使之自然而然地不发生。

老子是道家及其欲望论的创始人，他说："不见可欲，使心不乱。……常使民无知无欲。""无欲以静，天下将自定。"（《上篇》）他这里所说的无欲并不是让人完全没有欲望，而是说让人把欲望的满足和追求缩小到最小程度，除此之外便不再有所求，不再有更多的欲望。"小国寡民，使有什伯之器而不用，使民重死而不远徙。……甘其食，美其服，安其居，乐其俗。"（《下篇》）这就是说，要满足于基本的衣食住行，切勿求其美，如果追求奢华，就是过分的欲望。对于过分的欲望，要通过修养使之归于无形，不能强行用事。知足是一种良好的心理状态，也是一种很高的境界，条件再差，生活再贫穷，只要能知足，便近于无欲了。

"罪莫大于可欲，祸莫大于不知足，咎莫大于欲得，故知足之足常足矣。"（《下篇》）"见素抱朴，少私寡欲。"（《上篇》）知足知止，自然而然没有欲求，这就是老子为人们所设想的无欲境界。

（二）理欲统一论

在中国历史上，也有一些人强调和坚持天理人欲的根本统一。例如，宋代理学家胡宏就持这种观点。

胡宏指出："天理人欲，同体而异用，同行而异情。进修君子，宜深别焉。"（《知言》）"好恶，性也。小人好恶以己，君子好恶以道。察乎此，则天理人欲可知。"（《知言》）在他看来，天理人欲都以好恶为体，二者不可分割，有天理即有人欲，有人欲即有天理，只有天理而没有人欲是不可能的。只要适当，欲望就是合理的，人所具有的目、耳、口、鼻等一切的欲望都可以通过引导使之达到至善。重要的在于不能使人的欲望过度膨胀，达到有害的程度，而必须使之合于理，要始终在明理的前提下实现欲望，不受情欲的牵累。"人欲盛则于天理昏。理素明则无欲矣。处富贵乎，与天

地同其通。处贫贱乎，与天地同其否。安死顺生，与天地同其变。又何宫室妻妾，衣服饮食，存亡得丧，而以介意乎？"（《知言》）

在持理欲统一论的思想家中，王船山更进一步，他把天理人欲看做是一体的，认为二者原本不可分割，有欲才有理，没有欲望，何来天理呢？"礼虽纯为天理之节文，而必寓于人欲以见。……惟然，故终不离人而别有天，终不离欲而别有理也。离欲而别为理，其惟释氏为然，盖厌弃物则而废人之大伦矣。……于此声色臭味，廓然见万物之公欲，而即为万物之公理。……孟子承孔子之学。随处见人欲，即随处见天理。"（《读四书大全说》）"天理原不舍人欲而别为体，则当其始而遽为禁抑，则且绝人情而未得天理之正，必有非所止而强止之患。"（《周易外传》）

他认为，天理存在于人的欲望之中，没有人欲就无所谓天理。天理是人欲必须遵循的准则，但是人欲并不即是天理。人欲可以害天理，天理却并不害人欲。因此，既不能无视天理，也不能轻视人欲。只有正视人欲和天理的关系，才能把握好自己的行为。所谓天理，就是人人所具有的公欲。"天下之公欲即理也。"（《正蒙注》）

戴震认为，天理寓于人欲之中，二者是和谐统一的，欲之中，节便是理；离开了欲，便无天理可言。欲不仅不是恶，而且是德和善的基础。恶的产生并不是因为人有欲望，而是因为人只顾满足自己的欲望而不顾他人的欲望，并且有时把任意用私也看作符合理。"人伦日用，圣人以通天下之情，遂天下之欲，权之而分理不爽，是谓理。"（《孟子字义疏证》）

通天下之情，遂天下之欲，并以此来规范自己的行为，可以说就是合理的，就得了理。要符合天理，就必须对自己的欲望有一定程度的节制，否则，情欲遮蔽了天理，就容易有失偏颇。"天理者，节其欲而不穷人欲也。是故欲不可穷，非不可有。有而节之，使无过情无不及情，可谓之非天理乎？"（《孟子字义疏证》）

情欲是生养的基础，也是道德的基础。没有情欲就没有生养，也不会有德行。君子只贵无私，并不贵无欲，一切圣贤之德行也都在人欲之中。"凡出于欲，无非以生以养之事。"（《孟子字义疏证》）他在为欲正名的同时，并不主张纵欲，而是认为当欲望与自私相结合时，才会产生恶。

从以上中国传统伦理思想的梳理可以看出，理欲论思想是中国传统伦理文化的重要基础，是各家各派伦理思想的理论前提和逻辑基础。从理论上说，它对道德修养论和人生幸福观具有决定性的意义；从实践上说，它对中国传统伦理文化和社会价值观的形成与发展产生了非常深刻的影响。当代社会，人们普遍遵循道德规范，合理调节自己的欲望，真正做到循理导欲，对于扭转社会不良风气、建设和谐社会，具有更加突出的意义。

实际上，人的需要和欲望是复杂多样且不断发展变化的，随着欲望的发展与变化，其内容也在不断地丰富着。人既有生而俱来的本能欲望，也有后天发展起来的欲望；有的欲望呈周期性地、断断续续地表现出来，有的欲望在人的一生中始终存在；有的欲望表现得非常强烈，而有的则隐藏不露、下意识地存在；有量比较固定、界限明显的欲望，更有量不固定、没有界限的欲望。可以说，复杂多样的欲望始终伴随着人的一生。

人的各种欲望之间既有对立性，又存在统一关系；既有差异性，又表现出互补的特点。它们相互依赖，相互依存，共同构成一个互补的体系，一种欲望完全代替、战胜另一种欲望是不可能的。它们的对立表现在很多方面，可以从很多角度观察到。正因为如此，所以在伦理学史上出现了利己主义和利他主义、物质主义和精神主义、"世俗主义"和英雄主义等不同的派别，形成了对立的观点。其实，它们都是以一种或几种欲望为立足点，极力强调应实现这些欲望并排斥与之相对立的欲望。但对于现实生活中的绝大多数人来说，它们身上往往同时存在彼此相反对、相对立的不同欲望，很难找到一个在一生中不曾有过相对立、相差异的欲望在其身上交替出现、交替占优势的人。这种现象在一个人身上是这样，在整个社会上更是如此。

从总体上说，欲望的满足和人的发展、社会的发展是相一致、相促进的。但是，事物的发展通常都是矛盾的，欲望的满足、幸福的追求也是这样。当然为了追求幸福、满足欲望，人们总是竭尽全力发展自己，但人的发展并不平衡，并不是每个人都能轻而易举地在各方面获得同步的发展。人的发展也是以一种迂回曲折的方式进行的，即通过分化，形成不同的分工而进行的，这就形成了人们性格、地位等方面的差异乃至不平等、对抗，于是社会就成了由各个不同的个人组成的矛盾统一体。在实际生活中，每个人都有自己的欲望结构，其占主导地位的欲望也各不相同。由于每个人的发展状况不同，在社会中所处的地位不同、发展前景不同，他在竭力满足自己的欲望时所采取的方式、手段也不同，有时甚至是相互对立和矛盾的。各人都竭力满足自己的欲望，追求自己的幸福，但由于社会的原因和其他因素的影响，往往使得各人的幸福发生冲突，某些人追求幸福的基础是建立在他人痛苦之上的，个人幸福与他人幸福成为对立的两个方面。

从根本上说，人的欲望是不可能全部得到满足的，正所谓欲海难填。一个欲望满足了，接着又产生了更高的欲望，如此反复，欲望永远也得不到完全的满足，因此，有些人总感到自己不幸，感觉人生就是一场悲剧。一般来说，欲望的满足是相对的、暂时的，欲望的不可满足才是绝对的、始终的。普希金的寓言诗"渔夫和金鱼"就很形象地描绘了这种现象。

在很多情况下，人们的欲望并没有循着切合实际、有益于他人、有益于社会发展的方向升华，而是相反，在较低的层次上病态地膨胀，沿着虚幻的方向膨胀，甚至是沿着有害、犯罪的方向膨胀。因而，人们就有必要对自己的种种欲望加以审视和权衡，去掉不合理的、不切实际的尤其是有害的欲望，培养和发展高层次的、有益于人生和社会的欲望、趣味与信念。

纵欲换来的是痛苦，贪欲导致的是罪恶。人们要追求幸福并避免悲苦，除了努力改变自我和社会、积极创造幸福和满足欲望之外，还得面对现实，全面、正确地认识自我，不断调整自我，培养自己多方面的、高尚的情趣，提高自己的素质和能力，提高自我控制行为的能力，使自己摆脱不必要的痛苦和烦恼，获得顺利、健康、和谐的发展。

（苑立强，中国社会科学院哲学研究所副研究员）

简论中国传统音乐及其记谱发展进程中的宗教元素

■ 朱星辰

引　言

艺术起源于宗教，与宗教的前身巫术行为密切相关，这是对艺术起源本体论一种直接的描绘。就音乐艺术来说，伴随古代仪式行为所产生的无固定音高、具有一定节奏模式的声音织体本身即是萌芽时期的音乐艺术；一旦在仪式过程中的声音织体形成规律，音乐就有了刻意组织旋律及节奏的动机。在此基础之上，人们根据声音的规律将其固定下来，并用相应的符号进行标记或提示，这是在宗教元素影响之下乐谱的最初表现方式。而在中国传统音乐发展的历史进程中，宗教元素则是以一种缓慢渗透的力量贯穿至乐谱演化进程之中的，它增加了乐谱背后的文化内涵，也使音乐记谱的方式增添了不同种类的表达途径。

一、中国传统音乐与宗教之间的共融关系呈现

原始时期中国文化所具的特质是一种积极向上的群体性精神，伴随着这种群体性精神所产生的音乐萌芽，便是规模宏大的劳动号子，这种形式的号子质朴而单纯，在今天看来是最为简单的合唱，它具备雷同的节奏与单一的线性旋律，没有声部之间的划分，但是这种群体性的精神力量很快就被个体行为所打破了。首先是宗教信仰的第一次转移，由信仰无姓氏的多位英雄转化为有姓氏的"专业"英雄，这其中包括燧人氏、有巢氏、神

农氏、伏羲氏等。这些英雄各司其职，在属于自己的领域内创造自己的物质财富及精神文化，他们统称为圣人。圣人之下，是被领导的普通人。圣人最后演变成两种极端的形式：一是民间的世俗统治者——君王；一是具有宗教意味的精神领袖，这个精神领袖基本由儒家精神来统领。宗教意味的精神领袖与世俗的领袖在中国传统音乐类别的划分上就集中体现为宗教音乐和文人音乐两种经典类型。

（一）儒学与中国传统音乐的主要呈现形式

圣人之外能够影响中国人精神信仰的主流价值观念集中体现为儒家精神。尽管儒学是否具备宗教特质还尚未定论，然而儒学内部所存在的宗教精神是显而易见的。它的理想是学习圣贤、信仰圣贤，使人达到圣贤的品质，但是却因为人的有限性而无法实现，所以理想无法超越自身，无法形成理想中的极致状态，只能为人世间的统治者君王以礼教的形式加以作为。

不论儒学以何种方式呈现于现世，它的着眼点都在人类自身的品行。人的局限性使得儒学无法独自完成其使命，需要依靠其他形式的精神力量进行辅佐，音乐就是其中之一。不管什么题材、形式的音乐，都必须符合儒家礼乐学说，这样才能成为中国传统社会的主流音乐。这在宫廷音乐、民间音乐和宗教音乐中都有所体现。尤其宫廷音乐的礼仪性质及旋律节奏的雅化，更是儒家文化所称道的典范，它与儒家精神共同维护着圣人在现世生活中的统治地位。

（二）道家传统与中国传统音乐及记谱方式

除以上提及的宫廷音乐、宗教音乐、民间音乐三大传统音乐类别之外，还存在一种文人音乐，它同与儒学共融的其他三大音乐体系有所不同的是：文人音乐并不十分注重现世，它所关注的是与现世远离的"世外桃源"。这种状态和道家学说的精髓不谋而合，是对人本主义儒家思想的一种反抗和斗争。但却出现了两个问题：一是消极的思想观念导致虚无主义的生活状态，不重实际重空谈；另一个是道家所倡导的养生行为，从向往理想的生活境界走向对人自身躯体永存不灭的世俗追求，从某种意义上来说，它反而有了儒家的现世情节。

以道家思想为基础的文人音乐由古琴及词调音乐构成，创作行为本身就是个体性质的，创作者喜好用书面形式进行音乐旋律的正式记载。这些记载的痕迹有些是音乐旋律自身，即早期乐谱；有些则是在感受音乐之时抒发的个人情怀。

二、不同历史阶段音乐要素与宗教关系的呈现方式

（一）三国两晋前宗教与音乐之间关系的呈现方式

在这一时期内，宗教与音乐艺术之间的关系体现为宗教对音乐的包容和精神渗透。

第一，儒家及道家之中的宗教精神与中国传统音乐有所联系，甚至互相包含。只不过这种联系并非直接建立，而是需要一个政治性的行为进行转化，这个行为的直接体现便是圣人的种种统治方法。因此，中国传统音乐无法超越道家或儒家思想独立发展，也很难走上自律性的发展道路，它的意义呈现依托于音乐旋律及节奏之外的精神力量，这种精神力量便是广义上的宗教精神。

第二，音乐意义的呈现统一于"礼"的精神。即使生活在这一时期的人们具有某种宗教信仰情节，这种信仰情节也是宏观而整体的。虽然在这一时期，有百家争鸣的局面出现，但百家之说并没有上升到本质对立，就是说百家争鸣时期的国家观念是没有正式形成的，中国人只有一个整体的天下观念，即使是在各地区驰骋的纵横家，也带着一种"国际性"的信仰。只有两个是人例外，一是秦国的韩非子，他倡导秦国变法以达到富国强兵，一统天下，这种观念在战争以前及战时非常适用，但战争结束以后，又为儒家思想所替代，所以韩非子并没有得到认可；第二位是屈原，他有关于楚国的概念虽然属于国家的概念，但是并非地理意义上的概念，而是一种浪漫主义的理想，甚至可以视为一种情感，表达了他与楚怀王❶之间的友谊，直至后来，屈原的抱负没有得以实现，他的浪漫主义情感也淹没在儒家的人情世故之中。

在这样的宏观信仰氛围之下，附庸于礼的音乐思想及音乐作品就带有

---

❶　历史上有两位楚怀王。一个是战国时期楚怀王熊槐，被骗客死在秦；另一个是秦末的熊心，初被立为"楚怀王"，后被尊为"义帝"，是"亡秦"战争中的精神领袖，为项羽谋杀。后人为了对这两人进行区别，也常称熊槐为"前怀王"，称熊心为"后怀王"。

极大的普遍性，它是一统天下的，不因地理环境的变更而变更，反而成为居住在各个中原地区人们普遍所认同的音乐艺术的精神法则。

（二）三国两晋时期外来宗教文化对中国传统音乐及其记谱方式的影响

三国两晋南北朝是中国历史上的一个大规模民族动乱时期，这不仅体现为现世社会遭受着割据战争的侵袭，还体现在精神层面上外来文化的侵入，苦难的现实不得不让人们对彼岸世界有所憧憬和向往。在这种情况下，艺术从某种意义上来说便成为人们寄托理想的载体。外来和本土的两大宗教类型佛教和道教刚好用淡化欲望的方式让人们在乱世中得到内心的平静。

在这一时期，音乐文化同宗教密切相关，如果说清商乐以纤细的风格歌颂爱情，并以远离现世的形式作为音乐得以向宗教彼岸世界靠拢的开端，那么后来的音乐样式也在不断大规模地为宗教元素所渗透：以道家思想为依托的琴曲在这一时期得到迅速发展，印度的佛教音乐也传入至中原，而这两种音乐则是日后隋唐燕乐繁荣的基础。

琴曲作为中国传统音乐形态的一种，在先秦时期就已有流传，虽有道家思想作为依托，但琴曲的宗教意味显然不及外来佛教音乐，主要原因有两点：（1）琴曲寄托的是个人理想和志向，无法在全社会领域内形成规模；（2）琴曲依托的宗教精神是道家学说，道家发展至道教以后，其信仰核心在于"万象以之生，五行以之成"，后来又被玄妙化，并结合古代的一些神仙方术，成为人们试图长生不老的途径，如果一个宗教在信仰上只停留于关乎个人躯体的存亡，那么它的超越精神就被大大泯灭了。

与道教不同，佛教音乐则是佛教教义和众生愿望的艺术写照。佛教起源于公元前 6 世纪的古代印度，由净饭王的太子乔达摩·悉达多创立，本意在于普渡众生，赎救他人。佛教在东汉明帝时期传入中国以后，便与中国儒家、道家两大主流思想结合，形成了具有中国文化特色的佛教。

在信仰上，佛教超越一切爱憎之心，与道家精神同样存在自然本性。在实践上，佛教主张个人的积德和修行，与儒家的教义又有相似之处。儒道兼备的佛教，即是被本土化了的禅宗，它倡导以心传心，不立文字，直指人心，见性成佛，尽力做好眼前的事情，修行者对自己的信心尤为重要。这样一来，宗教上的信仰就转化为对修行者自身的信心了。想要成道，主要靠自身的顿悟。如果达到顿悟的境界，那么处处都可见佛陀。从对彼岸世界的关注到对现实世界自身的关注，这使得禅宗在诞生之初就具有儒学精神，符合中国传统社会文化。

因此，佛教音乐在这一时期是最为典型的宗教音乐类型，为中国传统音乐文化及乐谱记录注入了新鲜元素，其中的乐谱类型主要有以下几类：

（1）开凿于十六国前秦时期的敦煌莫高窟藏经洞里的大批经卷中，发现了手抄乐谱，尽管这种乐谱的类型属于器乐谱，内容上并无宗教含义，却是敦煌莫高窟的开凿本身却是佛教僧人路过甘肃所致，佛教为敦煌乐谱的存在提供了良好的空间环境。

（2）西安鼓乐俗字谱的演奏风格也被划分为僧、道、俗三派，前两者则或多或少地受到佛教文化的熏染。与此雷同的是，中国佛教京音乐也形成了以北京智化寺为中心的音乐记谱法则。

（3）在北魏时期，魏太武帝❶所信封的新天师道，即后来的北天师道，创立了与道教文化密切相关的晋北笙管乐及其乐谱记录法则。

中国传统音乐中的佛教元素则还包括同佛教教义相关的戏曲作品，如因果报应、生死轮回等内容，在后来的杂剧等戏曲作品中都有所体现。

需要补充的是：在这一时期，贵族及统治阶层对文化及教育的控制权力降低。频繁的战争及动荡的政治制度不得不让他们放弃对精神层面的控制，大量兴起的佛寺和僧侣便掌握了文化及教育的传播权利。这成为继春秋战国孔子兴办私学以来第二次非贵族阶层对文化阵地的占领。

（三）宋元以后宗教与音乐及记谱文化再次融合

在宋代，农业和手工业的迅速发展促进了商品的流通以及城市的繁荣，与此同时，专业的音乐表演艺人也大量增加。这一时期，是说唱音乐及戏曲音乐最为兴盛的时期，南宋姜夔的《白石道人歌曲》是现存最早的宋词歌谱；明、清两代，《神奇秘谱》及《纳书楹乐谱》相继诞生，后来西方传教士引入大量西方音乐文化，许多作曲技法和乐谱写法传入我国，导致近代的中国音乐又增加了欧洲基督教文明的新元素。

这一时期的宗教思想同上一阶段贵族和皇室化信仰不同，它是一种日

---

❶　魏太武帝（408～452），即拓跋焘，字佛狸，谥号太武皇帝，庙号世祖。在拓跋焘统治期间，北魏统一黄河流域，使西晋末年以来北方地区的割据混乱局面得以结束，为北方社会经济文化的恢复和发展提供了有利条件。

常性的、平民社会的宗教，并且信仰的力度和宗教精神逐渐弱化。尽管全真教在宋朝兴起，却并未取得思想上的领导权，反而精神领域的阵地被新平民学者——新儒家所占据。

佛教在上一时期的影响一直延续下来，书院的建立一开始就是模仿佛寺产生的，只不过佛教精神并不是书院传播文化的主要元素。这样一来，书院成为一种私立学校，讲述的是中国千年来的儒家传统文化。

市井中的文化元素主要体现为戏曲文化，这种最为接近现实的平民文化非常受当时民众的青睐；音乐也顺应了通俗文化发展的需要，从贵族走向民间。这是一个极其漫长的过程，同时也是宗教观念在中国传统音乐中一点点被淡化的过程。我们经历了先秦为宗教祭祀所用的雅乐，再经历了魏晋南北朝时期受佛教影响的音乐样式，直到宋代，有关宗教内容的音乐规模被缩小到十分有限的范围——鼓子词、弹词及用曲线谱记录的道教音乐。

三、结　　语

中国的宗教精神是一种大概念下的宗教精神，具有现实性、整体性和天人合一的特质，融合了极其强烈的政治观念，很多时候，政治力量超越宗教之上，宗教成为政治统治的手段。

在这种文化背景下出现的宗教音乐元素，主要有三种体现方式：

（1）将宗教元素以内容的方式融入音乐艺术之中，通过音乐作品来宣传宗教文化，达到在民众中的宗教教义普及。这种宗教音乐元素，其本质意义及着眼点主要在于宗教，宣传宗教文化和宗教教义、扩大宗教在民众中的影响是其最为直接的目的，因为只是实现这种目的的一种方法或一种艺术载体。换句话说，在这种目的的驱使下，美术、诗歌、文学，任何一种艺术门类，都有可能成为承载宗教内容的形式载体。

（2）通过长期以来形成的宗教仪式影响音乐形式，这其中既包括对音乐体裁的影响，也包括对音乐曲式构成方法、记谱法则的影响。在这一影响之下，音乐由于宣传宗教文化、宗教教义等元素的需要，自身不得不建构一种适合宗教元素呈现的法则，以便更好地用音乐形式展现宗教内容，长久以来形成的法则，经过演化，为其他音乐类型所应用，客观上促进了音乐艺术的多样化发展。

（3）以儒家精神为代表的附庸于政治统治观念下的非典型"宗教体系"，在制定"礼乐"精神法则的基础上，宏观影响着整个中国传统音乐文化的精神内涵。这里所涉及的是一个大的宗教文化概念，由于中国传统文化受儒家精神影响，因此儒家观念也一直渗透在多种多样的宗教文化中，不论是外来的宗教文化还是本土的宗教文化，在儒家文化的影响之下，都无法纯粹发展，儒家礼乐精神一旦为历代统治阶级所采用并以一种政治文化固化下来，任何一种宗教音乐都不得不依托这个根本而存在并发展下去。

因此，从某种程度上来说，纯粹的宗教元素在中国传统音乐的发展进程中是缓慢渗透的，它无法独立作用于音乐艺术，同时无法产生主流音乐文化及音乐类型，但对主流音乐文化却产生了深远的影响。

（朱星辰，中国传媒大学艺术学部音乐与录音艺术学院讲师、博士）

基督教精神的人类文化认同
——基督教文化传播的本质原因

■ 李贵森

世界分为东西南北，人群归属黑白黄棕，地域国家之间的差别很大，人类文化之间的区别不小。基督教从它诞生之日起，便以自身强大的诱惑力与影响力，迅速向世界的各个角落蔓延，并且在宗教文化领域逐渐占据优势。它能够得到人们的认同，其根本原因在于基督教传播的不仅是文化本身，它传承的更是宗教精神。

在大众文化层面，"宗教感情的宣泄展现为各种形式的艺术"，❶ 宗教因为依赖这些文学艺术的广泛传播而具有了对信仰者深厚的吸引力和感染力。不过，在各种宗教文化艺术中真正表现出永恒魅力的则是宗教精神。宗教确立和规范着信仰者的信仰追求和言语行为，影响和决定着信仰者的精神生活和社会生活。它与人类意识形态、文化思想密切关联，与道德、科学、哲学、文学、艺术等密切联系。但作为一种文化现象，宗教精神才是宗教文化艺术中的核心内容。

体现在宗教经典、宗教意识、宗教理念、宗教文化、宗教信仰、宗教体验等一切宗教仪式活动中的宗教精神，恰恰是宗教信徒们的价值取向的完美象征。当然，从古至今人类的思想和精神文化能够不断向前发展，正在于人类文化在宗教信仰和精神方面具有一定的趋同性特征，进而促使它与宗教神学、宗教哲学、自然科学、启蒙哲学、人类知识不断相互渗透和

---

❶ 吕大吉："中国现代宗教学术研究一百年的回顾与展望"，载《江苏社会科学》2002 年第 3 期。

激发，最终启迪人类的理论思维、思想意识、心理体验、情感交流等的发展与完善。正如《中国大百科全书》所言："在人类的文化意识活动领域中，宗教一直是重要的组成部分。它和科学及其他社会意识形态如哲学、文学、艺术、道德等都有着紧密的联系。"❶ 只是，这种宗教精神最终决定着宗教组织、宗教体制、宗教制度、宗教礼仪、宗教法规、宗教信徒的一切意识活动。不仅基督教如此，其实世界其他宗教尽皆如此。

法国历史学家阿尔德伯特在与他人合著的《欧洲史》中曾经指出："基督教在把人与上帝联系起来时，在宣布'耶稣、上帝创造人类'时，给每个人的命运带来个人的价值。灵魂得救被看做是最大幸福。但这不是集体的事情，而在于个人的态度。基督教精神反对把个人的成功与出身、财产、等级或荣誉联系起来，承认问心无愧地追求幸福。在这一点上，基督教精神又树立一种新的理想，欧洲人都是按照这种理想造就的。"❷ 而当欧洲人将西方的宗教神学和基督教信仰向东方世界广泛传播之时，西学东渐的过程开始让人类在政治思想、精神文化等领域的认同性越来越明显，人类的思维模式和思维风貌在继承各自民族厚重文化传统的基础上发生着巨大的变通与创新，东西方文化的本质差异在宗教信仰面前得到相应的弥合。当然，精神的碰撞所造成的震撼，不仅是民族文化体系外部的，更是内部的，表面的基督教传播带动的似乎只是东西方宗教文化精神的交汇与认同，实则是东西方两大文明之间的沟通与融合。时至今日，仍可以说，基督教精神文化以一种外域视野和开明态度，把世界各地的很多人聚合在信仰的旗帜下，不仅构成整个人类文化境界、理想和追求的汇通，而且在显现基督教精神浸润下成长起来的人类的理性认知、价值观念、行为准则、伦理道德、礼俗规范等境界方面，已经远远超越了基督教精神文化本源的意义和价值，而大众对基督教咀嚼、消化、升华的结果和对基督教文化精神与智慧的开发利用，最大的贡献就是加速了人类文明进步、进化的进程。基督教的生存机制和创造机制一定程度上适应着政治结构、文化理念、经济环境的历史性调整和功利追求的时代推动，不仅使其秉承的普世性原则得到

---

❶ 《中国大百科全书·宗教卷》，中国大百科全书出版社 1982 年版，第 5 页。

❷ ［法］德尼兹·加亚尔、贝尔纳代特·德尚等著，蔡鸿滨、桂裕芬译：《欧洲史》，海南出版社 2002 年版，第 11~12 页。

一定的落实与贯彻，并且借助它的广泛传播在世界范围得到充分展示和发挥。在这样的前提下，世界上许多人不仅认同了这种宗教信仰和文化的合理性、独立性和亲民性，同时也积极地去推动它的体系延展与精神的周流运通。

那么，什么才是基督教精神呢？"所谓基督精神，应指耶稣在宣道中提出的基本观点，即'原始宗教的观点'。认真研读《圣经》中记载耶稣言行的四大福音书后可以看出，耶稣的观点是在继承和扬弃犹太教观点的基础上形成的"。❶ 也就是说，耶稣基督创立的基督教本身与犹太教有着密不可分的关系，事实也证明基督教的《旧约全书》与犹太教的《旧约》之间有着紧密的联系。从这种联系中，可以想见的是当时犹太教的传播已经取得了很好的效果，只是基督教的创始者不想依附于犹太教，而要另立宗派，但基督教的开创者最初显然应该是缺乏足够的力量与智慧，没有能力创立一部能够受人尊崇的经典出来供人膜拜，只好把一部现有的属于犹太教的东西拿来加以改造，并把自己的理念融汇进去，使本来就已有人尊崇的神话理念和文化概念作为自己的信仰模板，正是在这样的基础上，基督教的宗教信仰和顶礼膜拜的《圣经·旧约》转瞬间问鼎于世了。这是基督教的创始人善于学习和敢于承担大任得来的善果，更是犹太教的《旧约》和教义被广泛传播之后结交的良缘。只是没人想到的是，犹太教却在自身存在的问题和后起的基督教打压的共同作用下逐渐衰微，而基督教在日益强劲的文化传播中逐步发展壮大起来。基督教在一定时期能够迅速形成并繁荣发展的原因：一是它适应了跨欧亚非三洲的庞大罗马帝国急切建立一种普世宗教，来摆脱多神教信仰束缚需要，从精神上来维护大一统的政治、经济和文化利益；二是它肯定并利用了犹太教的现成律法和先知预言的基本信仰，省却了初创时万般辛苦，一开始就有章可循，之后则将其改造完善来适应自己又恰到好处；三是它在犹太教传统信仰的基础上提出了超越其信仰的新主张，将"爱上帝""爱人如己"和注重心灵信仰的虔诚和纯洁，作为基督教的核心内容和道德的最高境界。基督教期盼建立一个充满仁爱之心和善言善行、可享现实与天国之福的环境，将人类社会变成一个人人

---

❶ 郝涂根："论托马斯·哈代的基督精神观"，载《学术界》2010 年第 10 期。

相爱的大同世界。这给了人们追求一个美满幸福的归宿的希望，引导人们信心满满地、不顾一切地走向这种大同，而这也恰恰体现了基督教的博大、宽恕、真诚和自我牺牲精神。

"基督教精神是一种心灵信仰和纯洁的精神，是一种博大、宽恕和自我牺牲的精神。它要求以动机为衡量善恶的标准，以'爱上帝'和'爱人'两条诫命作为其教义与律法的出发点和归宿。令人遗憾的是，两种博大的基督精神在经保罗、奥古斯都等人发展起来的日益重外在仪式和善功的基督教中隐而不彰，在中世纪遭到伪善的基督教道德最粗暴的玷污。诚如哈代所言：'基督教（实际上是保罗神学加偶像崇拜）……与基督教精神几乎没有共同之处。'值得注意的是，由于哈代在19世纪60年代中期放弃了对上帝的信仰，且其绝大部分作品是在他对宗教产生怀疑之后创作的，哈代宣传的基督精神绝不会含有宗教神秘主义成分。"❶ 按照郝涂根的解释，现在的基督教经过保罗、奥古斯都等圣徒的改造之后，已非当初上帝所说的"你们要彼此相爱，像我爱你们一样，这就是我的命令"❷ 的基督教，更非用内心的虔信和心灵的纯洁品质去追求永生幸福的基督教。他甚至以哈代为例说明基督精神并不一定具有神秘主义的内容。其实，对基督教精神，甚至对宗教本身大加怀疑与否定的并不乏其人。唯物主义者认为宗教是盲目信仰，没有理性和思辨。伏尔泰甚至说宗教是"骗子遇上了傻子"；梅叶称"宗教是无知加上欺骗"；霍尔巴赫则言"人之所以迷信，是由于恐惧，人之所以恐惧，只是由于无知"；任继愈讲："我们在政治上尊重教徒的宗教信仰，但在思想上我们也要看到，宗教的信仰主义对于人们改造自然和社会的斗争是不利的，对于科学的发展是有妨碍的，对于青少年接受唯物主义世界观和健康成长具有消极作用。"❸ 唯物主义者和无神论者认为宗教起源于愚昧，将宗教与科学截然对立起来，但古往今来不仅众多的哲学家、

---

❶ 郝涂根："论托马斯·哈代的基督精神观"，载《学术界》2010年第10期。

❷ 中国基督教协会：《新旧约全书·新约》，南京爱德印刷有限公司1994年版，第122页。

❸ 任继愈："关于宗教与无神论"，见《任继愈宗教论集》，中国社会科学出版社2010年版，第195页。

思想家、文学家、艺术家信奉宗教信仰，而且许多科学家也都有自己的宗教信仰。纵观人类历史文化现象，宗教与古今中外的人文科学、社会科学共存共融却是不争的历史真实。任继愈把宗教信仰划分到唯心主义的范畴，并将它与唯物主义的世界观对立起来，十分值得商榷。因为他自己在同一篇文章中也说过："宗教继续存在这个事实，可以找到科学的说明。"❶ 事实也的确如此。现代自然科学早已证明地球是太阳系中的一个行星，因为围绕太阳旋转而有了一年四季的变化，因为地球自转而有了白昼与黑夜之分。但是早在 3 500 年前的《圣经·约伯记》第二十六章第七节中写道："神……将大地悬于虚空。"《圣经·创世纪》第一章第五节中写道："有晚上，早晨，这是头一日。"这就已经揭示了地球悬于太空和昼夜之形成不单是有个光源，而是因为地球在自转的奥秘。望远镜是发明在 17 世纪以后，但早在 2 500 年前的《圣经·耶利米书》第三十三章第二十二节中说："天上的万象不能数算"。而现代天文学家一致认为，人要计算宇宙中星象的数目是不可能的事情。《圣经》已经向人类预告说风是有重量的，是可以定轻重的物质。《圣经·约伯记》第二十八章第二十四节、第二十五节中说："以因他（神）鉴察，直到地极，遍及普天之下，要为风定轻重，又度量诸水。"而直到 300 年前的科学家伽利略才断定空气是有重量的，是一个可以度量的物体。分类学的鼻祖法国科学家兰纳就是一位基督徒，他就是读到《圣经·创世纪》中"各从其类"的原则，才悟出了分类学的观念。事实证明，宗教与科学的关系是相互依存的。法国化学家萨巴弟认为："只有那些没有受过良好教育的人，才把科学同宗教对立起来。"❷ 英国核物理学家卢瑟福指出："认为学者比其他人更多地知道存在，所以就不信上帝，这种看法实在是凡夫俗子的错误之见。恰恰相反，我们的工作使我们更接近上帝，我们的工作只会加深我们的敬畏之心。"❸ 美国实验物理学家康普顿认为："科学与宗教远不存在什么冲突，科学愈来愈成为了宗教的

---

❶ 任继愈："关于宗教与无神论"，见《任继愈宗教论集》，中国社会科学出版社 2010 年版，第 195 页。

❷ 转引自卓新平：《宗教理解》，社会科学文献出版社 1999 年版，第 525 页。

❸ 同上书，第 525 页。

盟友。我们对大自然理解得越深，我们对大自然之神也就认识得越清。"❶ 德国理论物理学家玻恩指出："正像教徒的虔诚信仰或艺术家的灵感一样，科学家在科学研究上的冲动，表示人类在万物的急旋中渴望找到某些固定的东西，安静的东西，那就是上帝、美和真理。"❷ 上述几位科学家的成就斐然，都曾是诺贝尔奖的获得者，作为虔诚的基督教徒，他们将科学与宗教信仰完美地统一起来，而且使它们真正达到了相得益彰。自然界的众多现象告诉我们，世界上的一切都是相辅相成的，动物吸进氧气呼出二氧化碳，植物吸进二氧化碳呼出氧气，生与死之间在自觉遵守着一个平衡的生存法则，人为地违反它只会带来灾难和痛苦，基督教信仰者将其视为上帝的安排与眷顾。现代生物学提出了"物竞天择、适者生存、弱肉强食"的口号，让生物在它的生存环境中自生自灭，这种生存法则在一系列自然现象中得到了证实。只不过，这一理论被现代社会学引用的结果却适得其反，成为破坏平衡关系的依据，甚至促进了许多著名生物的绝种和人类社会的自相残杀，成为悲剧因素之所在，这其中的是非曲直当然不说自明。

笔者并不否认宗教本身带有神秘主义色彩，就基督教的有神论世界观来看，的确表现有唯心的倾向，但既然承认"宗教继续存在这个事实，可以找到科学的说明"❸，其实也就相应地承认宗教本身与科学之间并不绝对或完全矛盾，而科学本身是属唯物主义范畴的东西，它与宗教这种唯心主义的东西能够相互说明，说明它们就像两条平行线，且有互相渗透的因素在当中。所谓的宗教狂热、宗教分化，从历史上来说，其实就是随着社会的进步，人们对宗教信仰的认知程度和心灵虔诚状态的真实写照以及他们对宗教本身为适应时代的需要所做的改造。例如，1054 年基督教的第一次分裂、16 世纪的宗教改革尽皆如此。马克思曾经说过："国家、社会产生了宗教，即颠倒的世界观，因为它们本身就是颠倒的世界。宗教是这个世界的总的理论，是它的包罗万象的纲领。"❹ 把宗教看做颠倒世界的颠倒的世界

---

❶ 转引自卓新平：《宗教理解》，社会科学文献出版社 1999 年版，第 525 页。

❷ 同上书，第 525 页。

❸ 同上书，第 525～526 页。

❹ 《马克思恩格斯全集（第 1 卷）》，人民出版社 1965 年版，第 452 页。

观，其实并不是对宗教的彻底的否定。因为正与反本身不过只是一种对应关系而已。唯物主义与唯心主义其实也就是哲学领域中的一种对应关系，两种体系中对任何东西的揭示与解释本质上都是相反的，至于谁说的是真理，社会科学与自然科学的检验才是最为合情合理的。据说，初生婴儿眼中的事物影像就是颠倒的，只是在他渐趋成熟的成长岁月中，他将颠倒的成像再颠倒了过来，于是反的才成了正的。这种源自于自然的现象肯定不是唯一的，它们应该具有一定的广延性。而且，谁也不能否认哲学思维中的正与反与那些自然现象、社会现象没有直接的联系。

　　基督教文化源于基督教创立时代的古罗马，古罗马利用军队、制度和法律战胜了具有典雅和深邃文化的古希腊，"武力"打败了"思想"。但是当基督教在罗马上层人士中找到自己的信徒，并取消了过去对基督教的迫害之后；当基督教被奉为古罗马帝国的国教，所有人都有了信仰根基之后；当基督教吸收了希腊哲学的精华和传统的多神教各宗教教派的精髓之后，基督教教会开始带领地中海各民族走进了一个新的文明发展阶段——开始建立和发展古罗马的历史和文化。当古罗马帝国在北方蛮族的入侵下渐趋灭亡之时，教皇作为罗马帝国唯一的精神支柱，不仅以上帝的名义成功地劝说侵略者熄灭了战火，而且将一批北方蛮族的国王和掌权者发展成为基督教徒，从而使罗马帝国灭亡之际并没有因为权力的转移使古希腊、罗马的文化被彻底毁灭。就此而言，基督教对古代文明和文化的作用并不全然是消极的。当然，因为统治者与大众对基督教信仰的尊崇，欧洲的中世纪成为了一个神权统治的时代。在这个封建时代，基督教起着特别重要的作用，基督教教会把一切都纳入神学的范畴，文化艺术也被用来为宗教服务，因此，中世纪文化不仅全面地渗透着基督教的思想和精神，而且都带有浓重的宗教色彩。其实这种垄断局面的出现，恰恰让基督教的思想得到了发扬，让基督教的精神得到了传承，让中世纪的文化成为西方文化发展史上的一个重要阶段，基督教的普世性也才有了坚实的根基。尤其是如果没有这个历史时期的文化涤荡，也就不可能有资产阶级思想文化的建树与发展。16 世纪中期历史上曾经有一场大规模的宗教改革，但那只是西方资产阶级为了自身利益对基督教进行的改造而已，绝非对基督教信仰的否定。而以文艺复兴为起点的西方近现代思想文化的形成与进展，甚至包括西方当代思想文化的形成与进展都始终没有偏离基督教文化的核心，特别是基督教思想与精神的本质，否则人们就早已看不到遍布世界、声势浩大的基督教信仰与文化的号召力和影响力了。这也表明，基督教不仅在西方封建时代具有重要的作用和价值，而且在西方资产阶级思想文化发展史上具有巨大的作用和意义。因此可以说，西方的人类历史和思想文化史的进步显然得力于基督教在历史的演进过程中不断完善与升华的成功传播中所承载的历史责任以及为这个责任所付出的各种担当。

进入 20 世纪之后，整个世界发生了天翻地覆的变化，人的政治观、思想观、价值观、文化观、宗教观和思维模式都发生了一系列变化。社会发展的高度工业化推动着人类文明的进步，也酝酿出一系列的社会问题。世界文化成为人们的希望所在，并呈现出一种新的发展态势，从过去的"欧洲中心主义""西方中心主义"走向东西方文化并举、民族文化与西方文化抗衡的时代，走上了世界多元文化共生、共存、共同寻求发展的道路。但是自我意识高度觉醒的新时代同时带给人们物欲侵蚀下精神领域的落寞、孤寂与困惑，而彼此争吵、相互拆台也在某种意义上成为世界文化精神差异和情绪对立的人间写照。为基督教的普世运动也必然表现出世界各国教会与宗派的分庭抗礼或针锋相对。20 世纪 80 年代，罗马教廷甚至给因为提出"日心说"丢了性命的伽利略平反，事实证明，人类社会已经进入一个宽容的时代，科学与理性的精神被更加推重，《圣经》还是那本《圣经》，教义还是那个教义，但神学思想的全新阐释和在人间建立公正慈善的"上帝的国"之企盼标志着现代派神学家的诞生。"现实使人们清醒，抛弃了过去养成的盲目乐观情绪，开始认识到人类生存环境的恶劣和人在其中的无能为力。而强调上帝的启示和人的局限的新正统神学正如同当时人们的思想发生共鸣，得以迅速传播"。❶ 这种阐释，显然已经把基督教上升到理性的层面，强调它透析人们的思想灵魂，关怀人们的情感，鼓励人们的践行，证明人们的抉择，显然是为了将福音能够更及时准确地传播给这个时代的各民族大众，是为了更好地得到新时代人文环境、社会科学进步条件下的人类认同。

---

❶ 黄心川主编：《世界十大宗教》，社会科学文献出版社 2007 年版，第 245 页。

　　基督教在西方世界的思想文化领域所起到的作用当然是双重的，对它所起过的那些进步作用自然是不能否认的。它作为西方社会的精神支柱，不仅在思想精神文化领域中的地位不能质疑动摇，而且在哲学、政治、伦理、法学、人文等领域的根基也是越来越雄厚稳固。这是当今世界对基督教信仰与精神的人类认同之结果，也是当今社会对基督教意义、价值与作用的人类认同的前瞻。

　　（李贵森，中国传媒大学文法学部文学院宗教学与文化传播研究所教授）

"主动"之欣然与"被动"之痛苦
——比较中国与日本近代接受西方思想文化上的差异

■ 宋素丽

一、引 言

在日本明治维新之前,中国和日本的经济发展水平都落后于西方,两国之间相差并不大,甚至日本还落后中国一点。也就是说,中国和日本近代化运动的起跑线可谓相差无几,两国都是在被动挨打的情况下开始了奋起自强的近代化运动。但此后,两国发展水平差距突然拉大,一百多年过去了,日本成为世界上最发达国家之一,真正"脱亚入欧",与美国比肩翘楚于西方。而中国一百多年来一直在世界上落后国家的圈子里彷徨。直到20世纪80年代,中国实行改革开放,举国上下一心一意抓发展,才取得了令世人瞩目的成就。即便如此,也只是进入发展中国家的行列。

这样的差距让中国人在震惊的同时,也开始深刻反思和比照。中国社会科学院世界经济与政治研究所研究员李少军在《近代中日比较研究综述》中写到,在我国的中外历史比较研究中,投入力量最多、取得成果最丰硕的,当推近代中日比较研究。尤其是在改革开放后,研究已不再是具体事项的简单罗列和对比,而是探索表象后面的深层次问题。他们采用的比较方法和分析视角,对于后来的近代中日比较研究具有深远的影响。到2000年,发表专题论文150多篇,学术专著8部。❶

---

❶ 李少军:"近代中日比较研究综述",载《近代史研究》2001年第4期。

在这些研究文章中，有一个基本观点是一致的，即认为对西方思想和文化的接受的差异是导致两国发展差异的一个不可忽视的问题。甚至有学者指出："在很重要的成分上，不但近代化路径中所表现出的两国间一眼能察的相异性，是由文化决定的，而且，至今难为人们洞幽并提出的两个民族间所表现出的趋同性，亦是由文化决定的"。❶

19世纪中期的近代中国和日本，由于心态不同，在接受近代西方思想和文化冲击时，一个消极接受，一个积极摄取；一个舍本求末，一个本末兼学；一个注重"价值合理性"，一个积极探寻"目的合理性"。

二、消极接受与积极摄取

对于西方思想与文化的接受心态，很明显，日本积极，中国消极。

众多研究者从各个方面分析原因，但我更信服有关"岛国文化"和"大陆文化"差异的论述。岛国多水，大陆多土。丹纳在《艺术哲学》中曾经论述了地理环境对人的思想和行为方式的影响。我国改革开放以来南方沿海和北方大陆在接受外来信息和观念转变上的不同也是很好的印证。从20世纪90年代一部名为《沙与海》的电视纪录片中我们也很容易地捕捉到这种差异。

在我看来，这两种文化的差异和"水"与"土"的特性紧密关联。

首先，水因无形而包容性强，土因有形而排斥外力。初版于1928年的《日本论》中有一段话极为精辟："如果从日本史籍里面，把中国的、印度的、欧美的文化，通同取了出来，赤裸裸的留下一个日本固有的本质，我想会和南洋吐蕃差不多。"❷ 即使他们神话中存在的三样神器"剑""镜""玉"从哪个时代来的、什么地方来的，也都没有严格的考证。但就是这样一个一无所有的民族，从海上流亡到岛上，居然能够平定吐蕃，形成强大的部落，支配土著和外来民族并同化他们，更从高丽、中国、印度输入各种物质和精神的文明，通通消化掉，形成适于自己的生活，形成一种独特的民族性格。事实上，传入日本千年的印度、中国思想都已经和日本人的

---

❶ 胡平："中日文化的历史吊诡"，载《粤海风》2005年第3期。
❷ 戴季陶：《日本论》，九州出版社2005年版，第30页。

生活融成一片，难能可贵的是，这种力量在19世纪初又让日本人勇敢自信地迎接着欧力东侵的时代趋向，接受西方传来的制度文明和科学文明，形成了现代的势力。

从日本本身来看，绝不容易创造世界的特殊文明，而接受各种文明，却是岛国的特长。一个民族，有如此强大的对文明的同化性，能吸收世界上的各种文明并进行适当的转化，其进步是显而易见的。对文明有如此强大的同化性，其进步也是必然的。

而在同时代的中国，我们看到的却是清朝皇帝们以不变应万变。康熙在厉禁天主教传播以后，又实行严格的限关政策，还更定章程，千方百计将洋船限制在广州。到了咸丰时代，朝廷宁可放弃海关税收，也不要西方各国公使入住北京。闭关锁国的后果是进一步加快了中国落后于世界的进程。1793年，英国使者马戛尔尼来华看了3个月，就已敏锐地察觉到清朝的衰落，将之视为一艘破烂不堪的头等战舰，拥有的仅仅是庞大的外表。

1840年鸦片战争爆发，惨痛的失败使中国人首先认识到西方军事技术的先进，并逐步通过军事技术了解到西方近代工业和科学技术的先进，从而使中国人产生了学习近代工业和科学技术的动机。洋务运动由此开始。但中国人对于思想文化，尤其是政治体制革新的学习，却不容易。林则徐、魏源和洋务派人士通过鸦片战争看到的中西方文化的差异仅仅停留在器物层面。即使戊戌变法、辛亥革命和新文化运动，也只是让改革停留在学理和有识之士的竭力倡导的层面。

其次，水因无常而使人产生"自危"，土因稳定而让人"自安"。这一点可以从日本坚持遵从的神道和中国一而贯之的儒学的比较中得出。

处在四面皆水的岛上，不稳定的感觉是与生俱来的，但人类生存总需要一种稳定感，这种稳定感更多时候是一种精神力量的寻求。日本没有历史上可以依存的由文化而生的信仰，却有一种更无迹可寻的信仰——神教。表面上看，佛教在日本很兴盛，实际上，日本统治阶级的宗教是神教，也可以说是神道。这种信仰是不容易有什么一成不变的框架的，只是规定了几个也许并不存在的象征物，如剑、镜、玉等。这些东西，对人并没有实际约束力，即便在国体中将神权固定到天皇那里，也只是一种神道唯一信仰的表现，没有在民间产生具体的行为规范和准则。这种"无常"的状态是最适合吸收外来信息的，而且也最容易加工外来信息。如日本姓氏的发展演进。在中国有着悠久历史传承的姓氏在日本本来也是很严肃的事情。近代以前，大多数日本人有名而无姓，姓氏仅存在于上层社会，只有贵族和武士门第的人才允许使用。那时的姓氏实际上是一种政治组织，如著名的源氏、平氏等，整个日本只有为数不多的姓氏。19 世纪，随着幕府时代落幕、平民运动展开，下层社会才获得使用姓氏的权利。1870 年（明治三年），日本政府决定，一般百姓可以取姓，但许多人仍不敢给自己取姓。直到日本政府 1875 年再次下令：所有国民必须有姓，否则受罚。这才出现了很随意的日本姓氏：有的人以自己所在的自然环境、面对的山川河谷的名称为姓；有的人则以动植物、房舍、建筑、村庄、田野为姓。住山脚下便姓"山本"，宅门前有一条河便姓"川边"，家附近有一个渡口便姓"渡边"，庭院里有一棵松树便叫"松下"，等等。于是，日本反倒成了世界上姓氏最多的国家，1.2 亿人的日本，估计姓氏超过 12 万个。日本的灵活性由此可见一斑。

而在中国，由于儒学已经建立起理性主义的"人文天道观"的理论框架，并且，这种框架又和"阴阳五行说""天理人欲论"等具有强大的行为指导力的理论结合在一起，进而形成完备的社会政治的世俗框架，也就是"大经大法"的礼法制度。经过几千年的积淀，这些理论不断制度化，竟然被认为是普遍必然的客观理则，支配着人们的行为、观念、思维方式，甚至情感态度。

从大的方面讲，以孔子为代表和"旗号"的儒学，从秦汉以来就是中国文化的主干。《史记·孔子世家》记载："孔子布衣传十余世，学者宗之，自天子王侯，中国言六艺者折中于夫子，可谓至圣矣。"汉代以来，由于文官制度的建立，诵读儒家典籍的士大夫知识分子成为中国传统社会的"骨架"。上至载入史册的"儒林""文苑""循吏""名臣"，下到《儒林外史》中描绘的林林总总的各色人物，无不显示出儒家学说的精髓。儒学的理性主义以各种不同方式、形态并在不同程度上统治、支配和渗透在社会"精英"们的思想、生活、行为、活动中，并已成为他们有意识和无意识的文化心理状态。

从小的方面看，以董仲舒为代表的天人感应理论系统深入人心。宋、明以来流行在民间世俗中的各种族规、家训、乡约、里范以及《三字经》《千字文》《增广贤文》等成了儒学"教化"的作品。所有这些，显现出儒学决不仅仅是某些思想家或精英阶层的书籍理论、思辨体系、道德文章，它已成为规范整个社会活动和人们行为的准则和指南。百姓日用而不知，由文化而心理，极大地支配和影响了人们的思想、理解和认识，而且也作用于人们的情感、想象和信仰，构成一种内在的心理结构。

因为"无常"而自危的日本在近代提出了"和魂洋材"，因为"稳定"而自安的中国提出"中体西用"。日本保留了神道的"魂"，其余一切有利于民族前进的"材"都给予采纳；中国保留了长期形成的儒学的"体"，试图单纯学习有用的技艺。殊不知，近代西方的先进之处最主要的是政治思想中的合理因素，之后才有了科学技术、人文的健康良性的发展。

三、舍"本"求"末"与"本""末"兼学

这种学习理念和学习方式的不同从根本上决定了学习的成果。这里的"本"指的是立国之本，其实是政治文化思想，指政治体制和制度。"末"是指先进的科学技术和艺术技艺。

在接受西方思想和文化中，日本"本""末"兼学，以"本"为重点。日本的政治家非常明白自己的目的，很快就从技艺的学习转入政治体制的学习和建立。"日本的政府机构在形式上和荷兰、比利时等西欧国家丝毫没有两样"。❶

而中国在近代化过程中，对"末"的倡导从未消失，对"本"的追寻难以应声。1840～1894年，从鸦片战争到中日甲午战争，完全是一个只注重器物层面的时期；1898～1911年，从戊戌变法到辛亥革命，这个时期的制度层面的探索只停留在了学理层面，并没有多少付诸实践；到"五四"新文化运动时期，"民主""科学"的大旗还没有举得高到让全国人民都看到，就被日本的青天白日旗遮挡了视线。历史的长河中，沉重的代价让人心痛。

其实，19世纪80年代，对"本""末"观的认识，中国和日本的贤明

---

❶ ［美］鲁·思本尼迪克特著，吕万和、熊达云、王智新译：《菊与刀》，商务印书馆1990年版，第59页。

志士是一致的，不同的是统治者的气度和魄力。

以 1878 年清政府派出的第一个驻外公使郭嵩焘和 1880 年同在英国的日本派出的木户（孝允）为例。

郭嵩焘在中国最早提出了"西洋立国有本有末"的观点。他认为"本"是指政教和政治方面的创制，"末"是指先进的科学技术。只承认中国之"用"即科学技术不如人，而不承认中国之"体"，即当时的封建制度落后于资本主义制度，无疑割裂了体与用的统一关系。出国之前，他也相信以西洋先进的器物、技艺，嫁接中国传统的纲常政教就足以解决天朝所有的困惑。然而在国内洋务实践的处处受阻、事事受挫以及整个洋务事业的了无起色使他的看法发生了变化。出使英、法以后，他的认识更加清晰和明确。在担任英、法公使期间，他对西方国家的新事物、新学理细细研究，勤奋考证。刚到英国，他亲赴下议院，听议员言语颇为强硬地责诘政府；他看到西洋国家新闻报纸议论时政的舆论监督作用以及衙门和议院行政、立法的分权；他注意到有着 200 多年历史的英国两党政治，比专制政体有很多高明之处。

在《养知书屋文集》中，郭嵩焘详细论证了西方的"君民"理论："推原其立国之本末，所以持久而国势益张者，则在巴力门议院（Parliament）有维持国是之议，设买阿尔（Mayor）治民有顺从民愿之情。二者相持，是以君与民交相维系，迭胜迭衰，而立国千余年终以不败，人才学问相继以起，而皆有以自效。此其立国之本也。"❶所以在郭嵩焘看来，要使中国富强，不能光学西方的坚船利炮，也不能只学西方的工业制造，关键还是要从政治上进行改革，才算抓住了根本和基础，否则只能是舍本逐末。

但作为改革的竭力倡导者，郭嵩焘的许多思想行为大大超出了封建主义本身所能调适的范畴。在当时的条件下，他已经走得太远，因而几乎受到举国士人的讥嘲和辱骂。郭嵩焘势单力薄，寡不敌众，只能败下阵来。晚年，郭嵩焘回到湖南老家，依旧以挽救人心风俗为责，孜孜于教育事业。

在封建制度下，思想的先行者，注定是孤独的；改革的先行者，结局是悲哀的。然而，郭嵩焘的悲哀，也是中国近代化的悲哀，更是中国政治

---

❶ 转引自王继平：《论近代中西文化的交流与整合》，中国社会科学出版社 2003 年版，第 305～319 页。

体制改革的悲哀。

和郭嵩焘同时期的日本外交官木户（孝允）则不同。1880年，身为侯爵的木户（孝允）在英国就修改宪法的问题向英国著名的进化论社会学家斯宾塞征求意见。那时的日本，已经明确地感受到西方政治制度的先进性。同样是这个非常会学习、吸收和消化的民族，竟然在幕府时代，又被欧美来的势力压迫出一个新的思想，民权思想和欧化的风潮在日本又开出了灿烂之花。日本以自由、平等、博爱为旗帜在明治维新后期产生出了"世界人类的同胞"的观念。九年之后，在对西方各国的宪法进行细致的研究批判后，宪法起草者精心拟订了《大日本帝国宪法》。1889年，日本天皇宣读了《大日本帝国宪法》，设立议会，规定人民在国家中的地位。

在中、日两国外交官的背后，真正起作用的其实是他们的直接领导者。郭嵩焘背后是曾国藩、李鸿章等洋务运动的倡导者。郭嵩焘的使命是学习造船造炮之技，这些被他看做是"末"的东西。而木户（孝允）的领导是雄心勃勃的伊藤博文。明治时期的政治家非常懂得：只有先进的西方制度文明和中国、印度的文化文明，再加上日本人的坚忍、自信，这众多元素再一次的结合才会让日本立于世界强国之列。事实上，日本很快就达到了其目的。

但有一点不得不说，那就是日本似乎天生就是一个分得清各种各样的界限和义务的民族。在日本，任何文化、文明都会被合理改造，而且不会因为新力量的进入而削减原先力量中的合理化成分，如日本的等级制度。这种制度是日本在吸收儒家文化时建立的，只不过他们将中国的"家"中的等级更好地运用到了"国家"和"行业"中，从而形成了较为稳固和稳定的国家秩序和行业秩序。近代化转型过程中，关于等级制是"留"还是"去"的问题，日本政治家们有过精细的研究和论证。斯宾塞认为日本的等级制虽然形成于封建社会，但已经成了"其传统习俗中无以伦比的、国民福利的基础，应当加以维护、培育"。❶斯宾塞认为，在日本，对天皇、对长辈的传统义务，是日本国民的一大优点。在这样的"长辈"式的领导方式中，社会不但可以稳步前进，还可以克服个人主义国家中无法避免的种

---

❶ ［美］鲁·思本尼迪克特著，吕万和、熊达云、王智新译：《菊与刀》，商务印书馆1990年版，第59页。

种困难。学者的支持坚定了日本政治家保留等级制，让国家和人民"各安其分，适得其所"的决心。

"本""末"兼学而不失其魂，日本在近代西方思想文化的学习中又大得裨益；舍"本"逐"末"让中国的近代化路程起起落落，一直在回落到正常的位置摸索。当今中国的历史似乎依然走上了当年郭嵩焘指出的那条道路，所不同的只是付出了更高的代价而已。

四、价值合理性与目的合理性

任何人、任何组织和国家做事时都在寻求合理化原则，即在合理性的指导下做事，但合理性由于其背后的指导逻辑不同可分为价值合理性和目的合理性。

价值合理性属于思辨合理主义的范畴，马克斯·韦伯将这种思想指导下的行为命名为"价值合理行为"。价值合理行为指不考虑预想的结果而按照义务、名誉、美、宗教的指令以及对传统的忠诚来要求自己并付诸行动的行为，即行为者按照自己所信奉的理念、价值观来行事。目的合理性属于经验合理主义的范畴，马克斯·韦伯将这种思想指导下的行为命名为"目的合理行为"。目的合理行为是指行为者按照目的、手段及其附带的结果来定位行为，把目的的满足作为行为的标准。

先看日本。日本的合理主义思想是在中国儒学的思想影响下形成的，尤其是宋明理学中"理"的思想诱发了日本合理主义思想的萌芽。但日本儒学所排拒的是中国儒学的理论思辨的理性系统，日本对中国儒学中非人格神的天道论包括阴阳五行说（汉儒）和非人格神的本体论如天理人欲论（宋明理学）等具有一定理论系统和思辨特征的理性化的意识形态并无兴趣。而吸取和发挥的是中国儒学中具有实用价值和社会性内容突出的方面。他们一致强调的是"实学"。比起中国儒学、特别是宋明理学来，他们更注重实践、行为、活动，他们重"气"、重"物"、重"行"、重"欲"，具有明显的经验论特色，而并不是理论上的唯物论。而且，对宋明理学的形而上学和思辨理性进行反驳的有力武器正好就是以"天不可知、理不足情"的神秘主义的原神道。

日本学者源了圆也认为：在日本，尽管价值合理性和目的合理性都存在过，然而"日本的合理主义以目的合理性为其基本特征"，"至少在近代以后，目的合理性占优势"。❶

日本文化中的目的的合理性的优势特征从"南蛮文化"的影响就开始了，16 世纪后期"战国时代"武士对实力的追求以及室町时代末期"町人"对商业利润的追逐都导致对目的合理性行为的偏好。近世日本的思想家把中国"天人合一"思想中的"理"划分成"心之理"和"物之理"，把"理"局限在自然领域。通过改造儒学而使自然领域和道德领域的界限变得清晰起来。还有思想家从政治思想的角度将儒学的道德性和政治性加以区分，最终将中国儒学中的"原则性"弱化，"灵活性"加强，日本文化中注重目的合理性的特征日趋明显。日本社会从东方"天人合一"的一元论世界观到西方"物质精神"二元论世界观的过渡为日本接受西方的价值观念奠定了基础。"存在的就是合理的"这一哲学思想在日本起支配作用。

所以，日本社会的变革，日本人做事，向来可以采新弃旧，也可以新旧并存；可以坚持到底，也可以一百八十度的转弯。只要忠于君，忠于神，符合现实利益，便无可，也无不可，而决不必有思想情感上的争论和障碍。

再看中国。从孔孟开始中国就走上了试图以一个"理"字而尽天下之事的路途。董仲舒说："权虽反经，亦必在可以然之域。不在可以然，故虽死亡，终弗为也。"❷朱表说："论权而含离经，则不是"，"权只是经之变"。❸即是说，"权"有"可以然之域"的限制，不能脱离"经"来讲"权"，不能越出礼制经法的框架范围来讲变异和灵活。中国虽然也讲求"经"与"权"即原则性与灵活性（亦即变异性）的结合，但由于中国儒学已建立起来强大的理性主义原则，这种理性原则甚至构成了某种伦理原则和准宗教信念，其灵活性、适应性、实用性比倡导"权外无道"（中村藤树）❹的日本儒学要远为局促狭窄。

这就使得中国的历次变革都没有在"体"上突破，总是在"理"的纠

---

❶ 转引自王屏：《近代日本的亚细亚主义》，商务印书馆 2004 年版，第 322 页。

❷ 董仲舒：《春秋繁露·玉英》。

❸ 《朱子语类》卷三十七。

❹ 王家骅：《儒家思想与日本的现代化》，浙江人民出版社 1995 年版，第 205 页。

缠错节中举步不前，不要说"情"和"理"冲突时要让理先行，当"事"和"理"冲突时甚至可以不做事。在某种程度上，由于儒学在中国的兴盛和一而贯之，最终成了封建秩序和道德结构的坚强的维护力量。这样，中国传统哲学中道教的"实践"思想和法学的合理秩序都被削弱，以至于近代中国在吸收西方思想和文化时缺少的还是目的性的合理行为，占上风的仍旧是"中体西用"的价值合理性行为和思想。

当这种理性的压制特别强大时，西方政治文艺思想冲击使一部分青年人走上了另一个反叛的极端：浪漫的理想主义。洋务运动、戊戌变法、辛亥革命，一次次的失败挣扎让一部分人在苦苦挣扎中毅然走上了传统理性的反面，中国新文化运动正是如此。

最终，在向目的合理性的转变中，中国步履缓慢。当然，也有人说，在当今新一轮的中外文化经济交流中，我们也要警惕国人丢掉了价值合理行为，转而完全采用目的合理行为，造成矫枉过正的结果。我们希冀出现的还是一种价值合理性和目的合理性可以相互统一、相得益彰的局面。

五、结　语

有比较才有鉴别，有反思才能创新。对中国与日本近代接受西方思想文化上的差异的比较可以让我们在新世纪新一轮向西方学习的过程中有基本的鉴别能力，能大胆地去伪存真，能放弃一些枷锁、放远一些视线。同时，在这种比较中，更能培养一种反思的思想品格，对既往历史的反思也是对当今时代的关照。今天的足迹是今后历史反思的线索，为了未来的反思能少些遗憾和扼腕，我们今日的反思就需要更加深刻有力。

（宋素丽，中国传媒大学文法学部政治与法律学院副研究员、博士）

两部日本人旅华游记中的卫生书写及其文化阐释*

■ 张一玮

　　旅行是人在空间移动中获取感知体验与文化认同的过程，通常会由于不同文化背景中的个体之间的文化接触而导致跨文化交流的可能性，并同时与知识的生产、空间的呈现和意识形态等文化主题发生关联。审视明治维新后的日本旅行者所创作的旅华游记可以发现，这些文本在呈现如上特征的同时，还提供了颇具矛盾性的文化印象：来自日本的现代旅行者一方面对中国的物产、自然环境和悠久的历史表示赞赏，认同日本和古代中国之间的历史文化关联；另一方面，他们对20世纪初叶中国的社会现状多采取批评、轻视和贬低的态度，集中呈现在对当时中国城市规划、卫生状况、民众形象的再现和评价当中。在这个意义上，日本旅游者在游记文本中的卫生书写参与建构了一种对中日文化关系的论述。本文即希望由20世纪初叶日本旅行者中野孤山和德富苏峰两人旅华游记的文本入手，阐释这些游记文本中的卫生书写与现代性话语之间的关联。

一、《横跨中国大陆——游蜀杂俎》中的卫生书写与分类意识

　　中野孤山的旅华游记《横跨中国大陆——游蜀杂俎》记录了作者1906年从上海出发沿长江展开水陆旅行并最终抵达成都的过程，其中涉及沿途各地风俗、物产、人口、风光以及交通状况。游记文本中的许多章节和段

　　* 本文为中国传媒大学科研培育项目"旅行与现代性：中国游记文本的文化分析"（项目批准号：CUC14A64）成果之一。

落均可以视做一种民族志式的文本，它们勾勒出以更具现代性眼光的旅行者如何记录和再现异域的自然与人文景观，其中渗透了"脱亚入欧"思维背景下的日本人对中国的叙述和想象。游记在涉及卫生问题时的记述，通常都会由场景的无序而推及对场景中的人群的评价。

在游记的开篇部分，中野孤山对上海中式旅馆的描述集中在牢固的建筑、简陋的布置、粗糙的饭菜和厕所的构造之上，其中饮食卫生的情况是旅行者描述的重点之一："擦餐具的擦碗布和擦鞋台、凳子等的抹布不加区分，擤了鼻涕的手在衣服上擦，然后又用衣服擦餐具。诸如此类不讲卫生的现象，华人毫不在乎，而在我们看来，完全无法忍受。"●旅行者借助卫生问题营造了一个以现代分类视角观察和评判"他者"的过程，游记作者对华人进行了本质化的描述，并刻意将日本人和中国人区分开来，成为基于不同种族和文化特质的群体。与此相应，住宿条件相对于日本轮船上的差异，又令旅行者感受到身份的"降格"："昨天还在'春日丸'上当绅士，今天就要睡在仓库一样的地方或比仓库更糟糕的地方，而且还得自己去铺床叠被。由绅士降格为伙计，落差实在太大了，也难怪大家会抱怨。"❷"比仓库更糟糕"是针对环境的无序和不整洁所作的描述。中野孤山其后的记述集中在对并不保护个人隐私的厕所之上，游记作者显然借助对私密空间来表达一种基于现代文化的态度。文明的进步不仅建立在科技的演进和社会财富的增加之上，还意味着新型空间及其容纳的社会关系的变迁。现代空间包含对公共空间和私密空间更合理的划分方式，并在这一划分中表达了对身体的私密性的必要尊重。在厕所、盥洗室的设置上，现代空间更倾向于令"排泄"这一过程成为"私密的"和"不可见的"。由于20世纪初期公共卫生的观念在广大的中国城乡社会尚未普及，中野孤山的游记就成为旅行主体与在文化观念上差异巨大的他者相遇过程的记述。作者由日本人的普遍观念出发，认为"文明的"个人作为人的隐私被中国之旅中那些缺乏功能区分的空间彻底消解了。

无独有偶，中野孤山在后文记述旅行者在宜昌住宿经历时又评述了旅

● ［日］中野孤山著，郭举昆译：《横跨中国大陆——游蜀杂俎》，中华书局 2007 年版，第 8 页。

❷ 同上。

馆空间中的卫生状况："当我们一行人被带到二楼时，那纯粹的中国特色给
了我们沉重的打击。客房与接待室简直是天壤之别，室内的一切都是那么
粗糙，没有一件像样的东西，而且陈旧不堪。……竹席顶棚有一半已经破
损，中央部分垂吊着，积满灰尘，老鼠在上面一跑，灰尘就如同松树花粉
被微风吹拂一般满屋乱飞。柱子、墙壁都被煤烟熏得面目全非，房客又往
上面擦鼻涕，煤烟再往上面熏。另外，前夜有房客在四个墙角的暗处撒过
尿，尿味刺鼻。夜间还有臭虫袭击。"❶这一段落中，接待室的整洁和客房的
污秽无序之间的矛盾构成了一个表里不一的旅店空间，后者令前者成为一
种空间和秩序上的假象，引起失望和被欺骗的心理体验。围绕排泄物的处
理，卫生书写背后的文化意识再一次凸显出来，提示着欠发达城市背景下
旅馆中缺乏必要的盥洗室设置。换言之，有关公共卫生的观念和思想并不
取决于个体的卫生习惯，而是建立在诸如现代公共空间的形成、围绕卫生
问题展开的教育与规训、医疗文化的现代化等条件及这些条件的交互作用
当中。

在划分公共空间和私人空间、华人和日本人之外，中野孤山又以上海
城市商业的发达和卫生状况的相对落后作为一对文化矛盾，勾勒了他观察
到的异国风情：一方面，当时的上海是一座消费文明发达的城市——"沪
城位于黄浦江西岸，蜿蜒三里，用大青砖砌成，城墙上安放有大炮。城内
商店鳞次栉比，朱色、黑色的招牌装饰得美观漂亮，绸缎店铺尤为醒目"。
另一方面，"道路狭窄，路面疏于修缮，常有雨水积成水坑，粪便混在其
中，臭气刺鼻，使嗅觉器官麻痹"。❷在中野孤山的视角中，正是租界为这座
城市带来了卫生方面的基础设施，代表了殖民地城市中现代文明的进步。
"这里土地极为潮湿，饮用水水质很差，偶尔有地方病猖獗一时。据说近来
租界里铺设了管道，改良了饮用水，其结果使流行病魔的势力有所减弱。"❸
在现代旅行者眼中，饮用水的状况是衡量文明状况的又一个重要标准。
中野孤山在后文记述途经长江沿岸城市的见闻时，认为当时沿岸中国居民

❶ ［日］中野孤山著，郭举昆译：《横跨中国大陆——游蜀杂俎》，中华书局2007年版，第
47～48页。
❷ 同上书，第19页。
❸ 同上书，第19页。

把长江水同时作为饮用水水源和污水排放处的做法不符合日本的卫生观念。两者之间所需要的必要分隔也正是区分文明、非文明的要点。"当地人毫无顾忌地在这些污水横流的地方取水。据说，那些乱哄哄的船夫苦力自不必说，来来往往的行人也都随处大小便。由于他们太自由散漫，所以，不知谁定下规矩，他们不能进入汉口沿岸的彩带公园。"❶将这一描述同中野孤山笔下的上海对照来看，上海租界公园整洁的环境，成为了租界与华界之间区别论述的重要起点："公园门口写着'华人不可入内'几个大字，这大概是因为华人不讲清洁卫生、随地大小便、乱擦鼻涕、到处吐痰之缘故吧。其不卫生之程度可想而知。"❷这种评价虽带有想象和猜测的色彩，但在美学层面上注解了殖民视角下的社会分层。另一种试图在中国人和日本人之间进行本质性划分的意图出现在有关旅途饮食的描写当中。中野孤山笔下的日本人烹饪前首先要处理水，因为"江水浑浊，不能直接使用，要先放在水罐里用明矾沉淀之后才可利用"；❸而作为中国船工则迥然不同，"他们直接用浑浊的江水煮饭，并且直接饮用生水也毫不在乎"。❹

中野孤山的游记在记述中国城乡生活的环境和民众生活习惯的基础上，试图更为详细地绘制中国民众的形象。这个形象在文本中不是由独特的民众个体组成的，而更像是一个巨大的具有整体性和本质性的身体形象，它代表了中野对中国人的整体认知与评判：处于落后社会状况下的一个失序族群。在上海，中野孤山眼中的中国苦力的身体充满了怪诞色彩："他们手脚的皮肤很特别，是由污垢堆积而成。他们疮疖满身，褴褛蔽体。这些苦力不是探头探脑地挨个客舱窥视，便是在客人的残羹剩菜中翻找肉食的蛛丝马迹，一旦寻得，便咋着舌头津津有味地大口咀嚼。其情景之恶心，无人不为之震惊。"❺在内陆，中野孤山眼中的中国轿夫是"衣衫褴褛，皮肤患病，满身疮癣。歇脚时，他们一定会抓虱子。如果休息时间延长，他们就

---

❶ ［日］中野孤山著，郭举昆译：《横跨中国大陆——游蜀杂俎》，中华书局 2007 年版，第 50 页。

❷ 同上书，第 7 页。

❸ 同上书，第 64 页。

❹ 同上书，第 64～65 页。

❺ 同上书，第 5～6 页。

会不择地方倒头便睡，要么就去抽鸦片"。❶在餐馆，准备饭菜的幺师"她们不讲卫生，不懂规矩，用衣裤擦饭碗。鼻涕肯定是用手来擤，一旦沾在手上，她们就将其擦在衣裤上……她们又用那样的衣裤来擦饭碗。虽然也有擦碗布，但这种布又兼做擦桌布用……不像我国（日本——作者注）那样，擦碗布与抹布是有分别的"。❷审视如上的文字可知，中野孤山书写的中国人的卫生状况正是建立在饭菜与废弃物（残羹剩饭）、体力劳动者（轿夫）与病人（满身疥癣）、擦碗布与抹布的划分之上。在这篇具有民族志色彩的游记文本中，二元化的分类最终构成有关中日文化差异的论述。

二、《禹域鸿爪录》中的卫生书写与国族意识

游记文本针对环境的描述承载了旅行者自身文化的视角，也是其理解和诠释异域文化的重要指针。与中野孤山提供的文本类似，德富苏峰的旅华游记中有关卫生状况的勾勒与描绘并不仅仅针对特定时间和地点的"他者形象"，而且延伸出对民族或国家文化的评价。德富苏峰于1906年和1917年两次游历中国，分别写下《中国漫游记》和《七十八日游记》，记录了旅行过程中的见闻与随感。《禹域鸿爪录》是《中国漫游记》中的一篇，针对这篇游记的解读可以透视其卫生书写背后的国族意识。

《禹域鸿爪录》在述及中国东北的社会风貌时，将城市和火车车厢描述为脏乱无序的，语调中充满轻蔑。❸在这些轻蔑的叙述当中，日本人作为来自当时亚洲较发达国家的个体，其民族优越感得到了彰显。他们是当时缓慢发展的中国的局外人和审视者。他们审视中国和中国人的目光不可避免地受到当时中国和日本之间复杂文化、军事与政治关系的影响，而渗透进殖民者的注视。德富苏峰在描述南昌旅行见闻时，以更为明确的语言对旅社和家庭卫生状况进行了描述和评价："我们到了南昌以后，到怡园客栈放

---

❶ ［日］中野孤山著，郭举昆译：《横跨中国大陆——游蜀杂俎》，中华书局2007年版，第109页。

❷ 同上书，第93页。

❸ ［日］德富苏峰著，刘红译：《中国漫游记 七十八日游记》，中华书局2008年版，第36～37页。

好行李。从中国的标准来看的话，怡园是管理得比较好的客栈。有电灯，有床铺，可是没有被褥，也没有像样的厕所，这一点让人不能忍受。被褥可以拿自己带的毛毯代替，厕所只好忍受着使用了。世界上再也没有像中国人那样为了一饱口福而费心竭虑的了，可是他们对厕所的要求却很低，真是让人不能理解。"❶这一段落中，旅行者持有的态度进一步由现代性所要求的"秩序感"和整齐划一发展为更加细致的卫生诉求。围绕"卫生"这一本身即带有现代文化内涵的问题，德富苏峰由"口腹"和"排泄"之间的关联入手，评价当时的中国人片面注重满足饮食口腹需求而忽视排泄物处理的状况。这一评述与现代文化在建筑规划、防疫、给/排水等方面的要求有关，但在游记中却落实到对种族的本质性论述之上，这是游记文学中旅行者主体性的凸显。从更广泛意义上来说，环境的卫生与种族整体的健康之间的关系很容易同现代国家强盛与否联系在一起。因此，"卫生"不仅因与个体生活的密切关系而显露其生物学意义，而且因其与医疗和文明的关联而成为现代"民族—国家"论述的重要基础。

《禹域鸿爪录》在谈论上海这座城市的时候，再一次由对卫生状况中的中日优劣论导引出本质性的国族评价："世界上大概再也没有像中国人这样不可思议的人种了。他们非常现实却又是极端的空想主义者，他们极端物质化却又是完美的理想主义者，他们非常节俭却又非常浪费，非常满不在乎却又极其讲究。他们凡事除了计较利害得失，对别的事都不在乎，可是他们又非常讲究体面，在你面前作出一副一本正经的样子来。"❷这种评价的背后，存在"表面、内在"之间的矛盾和紧张关系，而这种关系正可视作上文"口腹、排泄"之间矛盾关系的更为抽象的表达。在"卫生"这一问题上，"满不在乎"代表了德富苏峰笔下中国人形象与日本人所理解的现代文明之间的距离。从"东方学"式的角度来看，西方视野中的"东方"不仅可以被描述为肮脏无序的，而且能进一步被塑造为非理性、注重享乐和有道德缺陷的他者。面对相对落后的中国，吸收了西方文明的日本采用西方式的视角进行观察和评价，是自然而然的事情。

---

❶ ［日］德富苏峰著，刘红译：《中国漫游记 七十八日游记》，中华书局 2008 年版，第 145 页。

❷ 同上书，第 199 页。

　　而作为与中国和日本均形成对比的德国，则成为《禹域鸿爪录》塑造的一个现代国家样板。但矛盾的是，旅行者是在游历崂山时见到沦为德国殖民地的中国城市时作出此类评价的，来自日本的旅行主体在"脱亚入欧"的思维基础上萌生了"彼可取而代之"的殖民想象。他面对青岛城市道路规划和周边风景时写道："这再次让我们了解到德国人是怎样征服大自然的，而且征服得是那么的彻底。过了崂山山脉，就看到了几条道路，这些道路都直通崂山山顶，这条路都编了号，都设有白色的路标石，就是晚上也不会迷路的，在这里随时随地每一件事都让我们看到了德国人的气质，韵味无穷。"❶ 这段叙述中的"征服大自然"和"征服殖民地"在西方文化主导的现代性话语中具有同构性，因为殖民地人民通常也被殖民者视做"原始的""前现代的"或"自然的"，是有待征服的对象。德富苏峰在对德国人的严谨和一丝不苟表示钦佩的同时，又希望日本不要令已经占据的殖民地得而复失，这可以视做日本在东亚展开殖民实践的一个文学注脚。此外，青岛都市规划的严整性和明晰性在游记中具体表现为依照数字编号的道路系统，这是殖民权力掌控者对空间进行塑造的结果。

　　值得注意的是，德富苏峰的旅华游记还影响到其后的日本文人（如芥川龙之介）对于中国的态度。德富苏峰有关中国的描述与谷崎润一郎、芥川龙之介、横光利一的中国见闻录相互扣连和接续，形成面对日本人讲述清帝国至民国时代中国形象的系列文本。这段历史时期日本人旅华游记的文化语境包含如下几个方面：（1）日本在赢得甲午中日战争和日俄战争之后，民族主义意识膨胀，因此会以带有优越感和怀旧意识的心态来描述已然衰败的中华帝国；（2）明治维新后不断处于现代化进程中的日本，在审视和再现中国的视角方面日益同西方列强趋同，形成源自东亚的"东方主义"视角；（3）日本在仿照西方列强建构自身的强者形象时，不可避免地需要一个同属东亚的"他者"的参照，而游记恰好提供了强者与弱者、先进与落后、文明与野蛮等一系列二元对立表

---

　　❶ ［日］德富苏峰著，刘红译：《中国漫游记 七十八日游记》，中华书局 2008 年版，第 246～247 页。

意模式。❶ 而有关卫生状况的书写，正处于这些二元对立表意模式的交界之处——强盛的现代国家必然能够提供更为安全可靠的公共卫生设施，进行相关的规训与教育，并形成必要的卫生观念；先进的科技能够改良城乡给/排水的状况，并与医疗手段的进步相配合，降低疫病的传播；文明的国家是由单一的文明个体所构成的庞大的主体，这种主体性的确立有赖于现代文明在民众中的普及和推广。从这个意义上讲，清帝国晚期至民国时期的日本人旅华游记，不仅记录了日本人眼中的中国形象，而且串联起一系列有关旅行者心态史的片段。

（张一玮，中国传媒大学文法学部文学院副教授、博士）

---

❶ 苏明："'诗意'的幻灭：中国游记与近代日本人中国观之建立"，载《学术月刊》2008 年第 8 期。

城市文化与文化城市

■ 林　坚

一些历史文化名城提出"城市即文化，文化即城市"，这是为了强调城市和文化的结盟。城市文化和文化城市，越来越引起人们的关注。

一、对"城市"和"文化"的认知

城市是人类社会进入文明时代的鲜明标志。城市发展经历了从原始社会的中心聚落，到设防城堡、城寨，到专为护卫统治阶层的王城、王都，再发展到政治中心、经济中心、商贸中心以及交通枢纽、重要港埠、军事重镇等具有各种功能的城市的不同发展时期。

古希腊人对城市的定义是：城市是一个为着自身美好的生活而保持较小规模的社区，社区的规模和范围应当使其中的居民既有节制，又能自由地享受轻松的生活。

马克思指出："没有城市，文明就很少有可能兴起。"[1]

中国传统城市设计理念反映了人们对美好自然环境的向往，与中国特定的地理环境和传统文化相结合，总结出一系列人居环境建设理论，如选址考虑"相土""形胜""择中"，追求"天人合一""象天法地""辨方正位"等。

英国社会活动家霍华德（E. Howard）提出"田园城市"的设想，他认为田园城市是为健康以及产业而设计的城市，它的规模足以提供丰富的社

---

[1]《马克思恩格斯全集（第46卷·上）》，人民出版社1979年版，第499页。

会生活。他提出用城乡一体的新社会结构形态来取代城乡分离的旧社会结构形态，认为城市和乡村的联姻将会迸发出新的希望、新的生活、新的文明，融生动、活泼的城市生活优点和美丽、愉悦的乡村环境为一体的田园城市将是一种"磁体"。他还认为社会变革对城市文化的塑造，包括物质的和精神的，应该是永远的追求。他提倡"社会城市"，开创了区域规划、城乡结构形态、城市体系的探索，开创了围绕旧城中心建设卫星城、用快速交通联系旧城与新城的规划模式的思考。

20世纪初，全世界有1.5亿人居住在城市，占世界人口不足10%。21世纪初，世界城市人口约30亿，几乎占世界人口的一半。

任何城市有效的维系和发展都有赖于几个基本的系统：政治系统、经济系统、文化系统、社会系统、生态系统。政治系统提供一个城市的基本制度结构以及相应的规则、秩序，以保障城市的稳定和有效运行；经济系统提供一个城市的物质基础、各类设施和条件；文化系统提供城市精神、价值观、道德风尚、文学艺术等，代表着一个城市最具个性的色彩；社会系统维系城市生活正常运转的体制机制；生态系统为人们提供基本的生存条件和生活环境。这几个系统缺一不可，相互联系，共同运行。

文化是一个多重复合系统，具有复杂的层次结构。大体可以划分为狭义和广义两种。广义的文化指人类创造的一切物质产品和精神产品的总和。狭义的文化专指语言、文学、艺术及一切意识形态在内的精神产品。按不同的角度，对文化结构有不同的划分，主要有"二分法""三分法"和"四分法"。

"二分法"是把文化分为物质文化和精神文化、实体文化与观念文化、有形文化与无形文化、外显文化与内隐文化、意识上的文化与意识下的文化。还有科学文化和人文文化、理性文化与情感文化之分。中国的社会学家孙本文把文化划分为物质文化和非物质文化两大类，再划分六小类。❶

"三分法"是把文化分为物质文化、制度文化、精神文化；或物质文化、政治文化、观念文化；或物质文化、精神文化、行为文化。从文化起源的角度看，满足本能需要的文化形态构成最基本的文化层次，如衣食住行等

---

❶ 孙本文：《社会学原理》，商务印书馆1935年版，第306~307页。

方面；中间是通过一种社会层面展示的文化，如社会关系、社会地位等内容；再高一层则是心理层面，在不同的历史时期、不同的社会形态中，不同的种族或民族和地区，在不同的性别或不同的年龄阶段，人类的心理需求和满足过程极其不同，而具有丰富多彩的特点。有人将文化分为大文化、中文化、小文化。大文化即广义文化，是人类改造客观世界和主观世界的活动及其成果的总和，包括物质文化、精神文化。中文化主要体现为人的精神活动及其成果，如语言文字、思想道德、科学理性、文学艺术、社会习俗以及制度体系文化等。小文化含义较为狭窄，主要指语言文字、文学艺术等。

　　"四分法"则把文化分为物质、制度、风俗习惯、思想与价值四个层面。英国人类学家马林诺夫斯基根据文化的功能，把文化分为四类：物质设备、精神方面的文化、语言、社会组织。❶

　　对于文化形成、文化创造来说，物质文化是基础和前提；制度文化是协调和保证；精神文化是核心和根本。物质文化是人们的物质生产活动方式和产品的总和，它反映人与自然的物质变换关系，表现为一定的社会生产力的发展水平。物质文化是观念的浓缩物，是积淀着观念形态的文化。物质文化的发展水平、状况对制度文化、精神文化的创造有着极大的推动作用。制度文化是以制度为中心的文化，是文化系统中最具权威性的因素，规定着文化整体的性质。制度能保存文化，能够把人类创造的文化保存下来传给下一代，通过价值导向来影响精神文化发展的方向。制度文化为物质文化、精神文化之间的中介环节。精神文化是最核心也最稳定的部分，它由价值观念、思维方式、道德情操、民族性格等构成，还包括文化信念、文化情趣等，对物质文化、制度文化的发展起着巨大的制约作用，是制度运行的保证和变革的先导。精神文化具有相对独立性，具有认知和价值定向的功能，体现了时代特点、民族特点。行为文化是人类在社会实践中以约定俗成方式构成的行为规范。人们的行为与物质、精神密切相关。行为文化也具有较强的时代色彩和民族特点。制度文化构成人类行为文化的习惯、规则，提供了观察和理解人类行为和活动的钥匙或模式。

---

❶　［英］马林诺夫斯基著，费孝通等译：《文化论》，商务印书馆1945年版，第4～8页。

从文化创造的角度看，一般先进行学术层面的开辟和研究，当它被统治集团采用后，即形成一整套体现这一思想的政治、律令、制度等，然后通过教化，贯彻到全体民众之中，自觉或者被迫形成一系列上行下效、以整体一致为目标的，包括社会伦理、道德规范、礼仪礼节、民风民俗、生活习惯、价值观念等在内的行为文化。而从思想文化到制度文化再到行为文化的结构一旦形成，也就有了民族意识的深层结构，或者说文化积淀。文化心理结构由表层结构、中层结构和深层结构构成。

城市是人类文明的载体，是文化传承的场所。

二、对城市文化的觉悟

城市不仅是人们日常生活的家园，而且拥有文化、记载和传承文化。

城市文化是一个城市经过长期的历史演进，在各种文化融合中逐步发展，以其独有的历史背景和人文传统留下的文化烙印。城市文化是特定的城市人群生存状况、行为方式、精神特征及城市风貌的总体形态，是体现城市生活的完整价值体系，是反映一个城市历史传统和精神世界的窗口。

城市文化是由历代生活在城市中的众多市民创造的，人们的文化追求在其艺术的、知识的、科学的和观念的作用下有着突出的表现。文化遗产资源是一个城市最为宝贵、最为独特的文化优势，是一种不可复制的稀缺资源，为城市文化的繁荣提供了丰富的营养。科学技术的进步和经济实力的增长离不开人文创新的引导，离不开文化的繁荣。

城市文化分为三个层面：表层的文化是可视的城市形态；中层的文化是种种城市特有的习俗；深层的文化是城市的集体性格，是历史积淀下来的一个城市的灵魂。

城市文化特色包含外在形象和内在素质。城市的外在形象由地貌、建筑、道路、广场、结构布局等形体语言构成；内在素质包括精神风貌、文明程度、社会风俗等因素。城市文化特色是一个城市文化积淀的外在体现，是一个城市内在本质的外部表现，由历史沿革、地理特征、经济实力、对人口的吸引力、影响力等多重因素共同作用、长期演化而来。

城市文化的多样性构成不同城市各具特色的文化生态。城市文化代表着一个城市的精神核心、创造力、社会价值观念和行为方式。对于任何城市，历史都是极具个性的文化遗产，其精华是独特的城市精神。

城市文化是城市的物质环境和人文环境的统一，是城市外在形象与精神内质的统一，是城市的历史文化和现代文化的统一，是城市的"硬件"和"软件"的统一。

城市文化保存城市记忆，明确城市定位，决定城市品质，展示城市风貌，塑造城市精神，支撑城市的发展。城市文化生活反映了市民整体的心理状态，是各种传统与习俗、思想与情感所构成的系统。

城市文化与城市经济、城市管理成为决定城市发展的三项要素。城市文化的发展推动着城市经济的发展和城市管理水平的提高。城市文化会通过对个人思想和情趣的净化、对心理及行为的渗透影响市民的整体素质。深厚的、独特的文化底蕴是城市发展的重要源泉，也是城市的重要资源。城市文化成为重要的社会资本，支撑和决定着城市的发展进程。

城市文化承载着人们的家园情感，深深地熔铸在城市的生命力、创造力和凝聚力之中。了解城市文化，并积极建设、提升城市文化，可以提高市民对所在城市的认同感、满意度，为城市而自豪，从而产生强大的向心力、感召力，这是城市文化发展的根本动力，也是城市文化发展的根本价值所在。

在科学发展观指导下，在追求经济、社会、生态环境协调发展的实践中，每个城市都应更加关注人的生存环境，提高生活质量，建设宜居城市，在追求城市建设和人文环境的协调发展过程中，更应突出城市的文化品位，提升人文素养，塑造城市形象。

城市文化是不断发展、更新的动态文化，是既保留传统特色又体现时代特征的文化，具有民族性、地域性，具有反映民族精神、地域特性的思维方式、生活品性、人格追求、艺术情趣等城市文化的本质特征。城市文化的地域性特色是由特定区域的地理环境、气候条件、物质生活、民俗风情、社会风气、语言特点、文化传统等诸多因素综合作用下逐渐形成的，并在城市的规划布局、街道景观、建筑风格等方面得到展示。一个城市的精神气质来自于历史的积淀和文化的积累，体现于传统文化和地域文化的有机结合。

城市文化体系应包括城市历史、现实定位、城市核心价值、城市科技教育文化要素、城市个性、市民风俗、产业亮点、特产、语言特点、旅游特色、城市符号、城市形象等方面。而城市品牌是城市文化体系的代表，是城市的无形资产。

三、文化城市的构建

文化是一个城市的名片，是一个城市向高端发展的必要保障，是走向世界城市的必备要素。宽容和谐的城市氛围、舒适的生活、文明的城市环境，是吸引外来人才和国际人口的重要因素。未来的世界城市之间的竞争将从经济实力竞争转向文化竞争。

文化是城市社会生活的重要组成部分，是一个城市赖以生存和发展的重要智力资源和精神动力。文化作为城市生存和发展的方式，能使人们的生活更有质量、品位和档次，能够更加关怀人的幸福、爱护人的生命、维护人的尊严、保障人的自由。

文明孕育了城市，又创造了各具特色的城市形态，可以说城市本身就是文化的产物。芒福德认为，城市是地理的织网的工艺品，是经济的组织制度的过程，是社会行为的剧场，集中统一体的美的象征。一方面，它是一般家庭及经济活动的物质基础；另一方面，它又是重大行为和表现人类高度文化的戏剧舞台。城市在培育艺术的同时，本身就是艺术，在创造剧场的同时，本身就是剧场。

城市特色是在一定时空条件下，城市社会为了自身的生存和发展所创造的有别于其他城市的、包含物质和精神成果的外在表现形式。城市的魅力在特色，而特色的基础在于文化，只有突出个性和特色，城市才有活力。

城市发展的重心是文化，城市是文化的舞台。

文化是城市的内核。文化对城市发展所起的作用是内在的而不是表面的、是长远的而不是暂时的。只有文化，才能够真正展示城市的价值、品味和风尚，也只有文化能够成为一座城市的凝聚力和自信心的源泉。

文化是城市的灵魂。一个城市的灵魂就是文化。文化特色既是城市景观中极具活力的视觉要素，又是构成城市形象的精神和灵魂。城市的魅力和吸引力，主要来自文化，文化决定城市发展的本质特征，城市正因为有了文化，才能有源源不绝的活力，才能有鲜活灵动的气息，才能显示其素质和品位。

文化是城市的标志。一个城市的象征和标志，最终是由文化来展示的。文化既塑造城市的形象，又体现城市的气质，是城市文明程度、精神风貌和人们综合生活质量的重要标志。个性和特色，既是城市文化的魅力所在，也是城市文化的生命力所在。城市的文化形象决定了人们对一个城市的第一印象和整体印象。

每个城市都要突出自己的优势和独特性，充分展示城市个性和特色，从自然环境、历史、文化、建筑、产业、产品、管理和服务等方面提炼出城市品牌，而贯穿其中的主线和灵魂是城市文化。在"千城一面"的城市风格"同质化"时代，开发和运用城市文化资源成为城市从差异化竞争中脱颖而出的关键。

城市的性格，对于人们具有什么样的素质和品行以及他们如何看待这个世界，都有重要的影响。独特的富于魅力的文化品格、城市形象和市民文明素质，成为城市获得最佳品牌效应的重要途径。

要用先进的城市文化理念引导城市的发展，弘扬优秀的文化传统，努力创造和发展新的城市文化，使城市永葆鲜明的特色，永葆蓬勃的生机。

只有真正认识到文化的价值和力量，积极进行城市文化生态建设，才能塑造出具有个性特征和恒久价值的城市形象，提升城市的综合竞争力。

（林坚，中国人民大学国家发展与战略研究院研究员、《中国人民大学学报》编辑部编审、博士）

北京名人故居的价值与保护问题

■ 杜寒风

北京名人故居是约定俗成的专指概念，指的就是北京旧城区保存的名人故居。有人把这一概念扩大了，说是应该包括远郊区县的名人故居。"凡在今北京市域范围内，无论是城区、近郊区、远郊区（县），只要有名人故居分布，都应纳入北京名人故居认定和保护的范围。"[1] 笔者以为它与约定俗成相违，没有多大的实际意义。北京城做过元、明、清等朝代的都城，具有悠久的都城文明史，由于朝代更迭、自然与人为的破坏，现存城内最早的名人故居建筑应是明代的建筑（此处不包含没有实存建筑的故居遗址）。远郊区县的名人故居绝对没有城区这样集中且为数众多，够不成规模，在具体称谓上，可以称北京某远郊区县的名人故居，以把之与旧城区的故居相区别，否则会引起混淆。

北京城区的名人故居是历史文化遗存，不只是一般的旧房子、旧宅子，而是具有一定的历史文物价值，既是历史人物生活的环境，又是城市发展的见证，有其沉积的生成过程。名人类型有政治、军事、文化、科技、艺术、经济、医学等。这些名人不管是正面人物也好，反面人物也好，由于人性的复杂性，历史人物也是复杂的，没有绝对的坏人和绝对的好人。一个人物在某一时期是有功的，却在某一时期是有过的，功过是非，自有公论。他们都与这个城市发生着联系，参与了北京历史的书写，对这个城市发生了影响，起到了非名人所不能起的作用，留下了印痕。即使是负面人

---

[1] 丁超、张秀娟："北京名人故居的三重属性及其认定与保护原则"，载《北京社会科学》2006年第4期。

物起过的消极作用，后人也可以引以为戒，总结出历史的经验教训，丰富后人对人物、对历史、对文化的感性认知。故居在，名人的气息则在，名人生存的历史氛围在特定的空间还可依稀还原，名人在北京的活动通过故居这一载体而得到呈现。北京名人故居是文化遗产，其历史信息、文物价值、审美功能等是教科书所不能替代的，它是北京历史乃至中国历史的组成部分，应予以积极保护，留给后代传承文化的血脉。北京名人故居中，带有园林的故居，一般占地面积较大，游客呆的时间长些；没有园林的故居、占地面积较小的故居，游客呆的时间就短些。后者就要在可看的点上谋划好。好在北京的名人故居数量多，也比较集中，可以点带面，附近几个故居组成一个片区。名人故居里面有建筑、有景色，乃至涉及文学、绘画、书法、雕刻等艺术门类，只要精心布展，做好开放，不但能够为游人提供一个休憩的场所，而且也能使游人直观地了解名人的居住环境，怀念名人的业绩，成为传承名人文化的空间。名人故居可陶冶人的身心，触发感怀，有助人的品德情操的提升。无论是古色古香的四合院，还是洋里洋气的西式楼房，故居多多少少都有其审美价值。如果更多的北京名人故居进入旅游线路，可以为更多的游客所欣赏。如位于东城区张自忠路5号的欧阳予倩故居，"高高的门楼和两边狭长的窗户，却呈现出别样浪漫的西洋风格。走进去，又真是别有洞天。第一眼望去，仿佛置身于一个荒废的欧洲庭院：花草繁密得似乎已好久无人打理，中间一条小青石子铺就的小道时隐时现，直通到院子中央的一座西式建筑。那房子有着高大的尖顶门廊，四根希腊式石柱肃穆典雅，整个房子如同一座小小的宫殿。'宫殿'四周也都是民国时期建的老房子，最北一排则是清水瓦脊的中式建筑"。❶ 这段对故居的文字描写，使没有进入过故居内的读者也能领略故居景物之风韵，生发让人流连的遐思。

迁移到其他地址的故居和在原址或原址附近重建、改建的故居，都是有瑕疵的，因为违反了历史的真实，原真性就无从谈起，是对历史的不尊重。若故居重建、改建，那也得看具体情况，重建不伦不类，改建改变过

---

❶ 张文彦、潘达撰文、摄影：《中国名人故居游学馆. 胡同氤氲·北京卷》，黄山书社2013年版，第279页。

多，则无多大历史价值，都不应以原故居命名。张学良故居（有称张作霖故居的）原位于西城区太平桥大街麻线胡同 23 号（原顺承郡王府），❶ 已被全国政协于 1994 年 9 月拆除，就是一个令人痛心的例子。

可悲的是，时间沧桑抵不过忠贞爱情，经历百年风雨的古典建筑抵不过一纸红头文件，那座曾承载过张学良与赵四小姐优美传说的顺承郡王府，记录下一段民国历史的大帅府（后来的少帅府），并没能坚持到恋爱的两位主角去世，就在巨型铲车的肆意践踏下轰然倒塌。1993年，当时在顺承郡王府办公的全国政协要把府邸拆毁，在原有基址上建立新的政协办公大楼，遭到知名人士侯仁之、单士元等人的联名反对，但未能奏效。1994 年 9 月，它还是以"整体异地复建"的方式被拆除，然后，在朝阳区朝阳公园东侧建起一座所谓与它一模一样的府邸。但实际上，这座府邸却变成一个供人吃喝玩乐、住宿娱乐的高级会所。王府前加了个花里胡哨的喷泉广场，王府后加了个有辽阔水面的花园，至于王府的内在结构，也完全走了样。正因为此，文物部门责令它不得再打着"顺承郡王府"的招牌，而改称其为郡王府。因此真正的顺承郡王府，张学良曾居住过的少帅府实际已经灰飞烟灭，不复存在了。❷

当今对故居保护构成最大威胁且造成新劫难的就是拆除或部分拆除。拆除或部分拆除故居，是极其野蛮的对名人故居不尊重行为，是对文化遗产的破坏。由于当今中国存在法制不完善、司法不公正等难以消除的弊端，名人故居保护的具体规定有待产生，涉及名人故居保护的法律如《文物保护法》等语焉不详，无法实际操作，致使拆除或部分拆除故居成为社会的一大毒瘤、一大公害。这些破坏文化遗产的有关政府部门、房地产开发公司等企业的负责人没有得到应有的惩罚，他们所在的单位也没有得到惩罚，即使有良知的名人后代、专家学者、媒体记者等向社会千呼万唤，开展阻止拆除或部分拆除名人故居的正义行动，也并不是每次都能够奏效并确实保住要拆除或部分拆除的名人故居。拆除或部分拆除名人故居，就是消灭

---

❶　全国政协文史和学习委员会、北京市政协文史和学习委员会编：《名人故居博览·北京卷》，中国文史出版社 2011 年版，第 326 页。

❷　代明、李玉兰：《民国遗迹在北京》，燕山出版社 2009 年版，第 119 页。

文物、消灭历史街区的恶行。这些文物、历史街区不能再生。制造假文物、假古董，只能证明一些政治与经济利益集团结盟后之独断专行与丧心病狂。近些年来，北京拆除或部分拆除名人故居之多，让人触目惊心。京城之大，竟容不下这些名人故居的存在。北京城建筑的驳杂拼贴，成为一个时代的怪胎。

对于违法拆除名人故居的机关团体、企业公司应公布单位名称、负责人，号召全社会抵制这些企业、公司，让他们为拆除故居的破坏文化遗产行为付出代价。明知是文物保护单位，不顾社会上反对拆除之声，执意拆除或部分拆除故居，应及时追究这些企业、公司的法律责任，及时追究行政部门的法律责任，务必把拆除故居或部分拆除故居的相关负责人绳之以法。不然，拆除或部分拆除名人故居的事还会发生，他们得不到及时的惩处，就还有利益熏心的仿效者步他们后尘，继续毁灭名人故居，毁灭我们的文化遗产，为了我们的后代必须坚决抵制他们的无耻行为。政府应大力鼓励、催生多个保护名人故居的民间团体、组织，在拆除不拆除名人故居上绝不能只有政府部门说了算，不能政府组织说了算，房地产公司等企业说了算，而是社会各界要广泛地结成保护名人故居的统一战线，让民间团体、组织活动的空间增大、影响扩大，让名人故居所在社区的居民，让每一个北京市民都来关心名人故居，在名人故居的保护与开发上公开透明，建立磋商协调机制，倾听多方意见、建议，坚决反对以权势强奸民意。"以文化遗产保护为第一位，其他工作要服务于这个大局。尤其是为了追求经济利益而侵犯文物、文化遗产的时候，必须无条件让位于保护。"❶ 让人民监督政府，让人民监督企业，让人民监督司法，同样在故居保护与开发上适用。

国外一些国家在保护名人故居方面，走在了中国的前面。英国的蓝牌制度就是给世界提供的一种文明制度，可以拿来为我们所用。名人故居要挂牌，向社会公众展示其存在的意义。一个城市的名人故居越多，这个城市的文化内涵就越丰富，城市的公民自觉保护故居的工作就做得越好。城市居民为这个城市生活过这么多名人而感到自豪，即使是所谓的反面人物，

---

❶ 杜寒风："'北京符号'面临文物保护困境"，载《中国社会科学报》2011 年 1 月 13 日。

也能够说明这个城市的包容，对历史的起码尊重。只要挂了牌，任何个人、任何团体、任何组织都不能以任何借口，即使是为公众利益，也不得拆除、移动、改建故居，而应尽量保护故居的真实性。周边民居也不要随意拆除，因为只剩下一个故居，周边被高楼大厦包围，院子与胡同脱离，与周边院子脱离，缺乏历史建筑与周边环境之间的协调，失去了历史街区的整体性，给人的是一个封闭的故居、孤立的故居。以上讨论的是查有所证没有争议的名人故居的情况。有的故居，可能知道名人所在院子的方位，但由于各种原因，不清楚哪个是名人生活的院子，或知道名人所住的院子，但不知道名人所住的哪个房间，这种情况也应该挂牌，属信息有一定空白、信息不全的名人故居。还有一种情况是有争议的名人故居，是否是某名人故居，由于年代久远，文献资料不全，历史当事人记不清楚等因，说是某名人故居，大家并不都认可，意见难于统一，这种情况也不是不可以挂牌的，表明属于有争议的名人故居。一旦今后有新发现，确定确是某名人故居，可以更正。确证不是，可以摘牌。

目前，北京名人故居保护是有级别的，保护级别的存在也是合理的。现有国家级的、市级的、区级的文报单位，级别越高，重视程度越高；也有保护院落、普查项目，还有未进入保护名单的。这些级别的划分不一定都做得周全，对于个别名人的认识、对名人故居价值的认识可能都有局限性，某个名人在历史上文化上所起的重要作用可能在一个时期是认识不清的，若干年后才能认识清楚某个名人所起的重要作用。我们不能完全按照级别来进行保护，不能说未进入名单的就没有保护的必要。非文保单位的名人故居、未纳入项目的名人故居，都需要给予保护。没有纳入项目的，今后有可能纳入项目，非文保单位的今后有可能成为文保单位，区级可以升为市级的，市级的可以升为国家级的，一切都是变化的，不是停滞不动的。

目前，北京名人故居未实行统一的挂牌制度，在故居称谓上也不统一，有以物称呼的情况，如四合院、老宅院。它们在建造上有独到处，知名度高，所以用院子命名。有的也可能是所居住过的名人不是正面人物，是反面人物、有争议人物，就不以人命名了。你走过某个故居之前，如果对历史文化不了解，看到的只是院子的牌子，但是你不知道谁在这里居住过，不会有什么特别的印象，所以笔者以为应该以人名命名故居，体现的是对历史人物的尊重，这里也包括反面人物，反面人物也不都是一无是处。如北京有一处吴佩孚故居，位于东城区什锦花园胡同 23 号。吴佩孚曾与革命为敌过，但在北京居住期间他拒绝与日本人合作，不当汉奸，保持了民族气节，这是他有亮色的地方。挂牌上的内容介绍尽量做到客观，尊重历史真实，不任意拔高或贬低人物，介绍中应侧重名人在北京居住、工作、生活的情况，如参与历史事件的情况、创办报纸杂志的情况、著书立说的情况、创作作品的情况、与其他名人交往的情况，等等。从目前名人故居的认定看，历史上房子产权有的是名人的，有的不是名人的，有的是在北京出生、长大的，有的不是在北京出生、长大的，有的是来北京前成名的，有的是来北京后成名的，真正世世代代在北京居住的北京名人应是不多的，即使名人在北京出生、成长，其祖籍不是北京的居多数，甚至名人中也有外籍名人，外籍人加入中国籍的名人。北京名人故居的名人大部分不是北京人的事实，也充分说明北京自古以来就是移民的城市，在北京城市发展的历史上，曾吸引了外地移民来北京，北京的都城地位被接受被认可，体现在名人前辈移民的历史中，体现在名人移民的历史中。他们选择了北京，北京也选择了他们。

北京在名人心目中占有重要的地位，名人也为北京厚重的历史沉积加上了浓浓的一笔，名人让北京加分，他们参与了北京的历史书写，反映了首都的向心力和包容性，北京在中国历史文化上的巨大影响，对世界文化历史的影响，不可忽视历代北京名人在开发北京、保卫北京、建设北京中所立下的重大功绩。

有的名人在北京不是一处故居，不只在一个地方住过，住的时间有短有长，在保护上往往出现厚此薄彼的情况。如鲁迅故居就是一个例子，鲁迅在北京有四处故居。鲁迅的第一处故居在宣武区（2010 年 7 月并入西城区，设立新西城区）宣武门外南半截胡同 7 号绍兴会馆，在此写了《狂人日记》《孔乙己》《明天》《药》《一件小事》等作品。第二处故居在西城区新街口公用库八道湾胡同 11 号（有称鲁迅家族故居的），❶ 在此完成了

---

❶ 全国政协文史和学习委员会、北京市政协文史和学习委员会编《名人故居博览·北京卷》，中国文史出版社 2011 年版，第 327 页。

《阿 Q 正传》《故乡》《社戏》《风波》，翻译了《爱罗先珂童谣集》等 100 多篇文章。第三处故居在西城区西四砖塔胡同 84 号❶院三间北房，在此写了《祝福》《幸福的家庭》《在酒楼上》等，还有《娜拉走后怎样》《未有天才之前》等十多篇小说与论文。第四处故居在西城区阜成门内宫门口二条 19 号❷六间旧房（鲁迅买下旧房后操办过改建房屋），在此写了《华盖集》《续华盖集》《野草》《彷徨》《坟》等作品，印行了《中国小说史略（下集）》《热风》等著作，主编或参与主编了《语丝》《莽原》周刊等，故居成为鲁迅博物馆的一部分。宫门口二条 19 号六间旧房保存修缮得最为完好。❸研究鲁迅的生平、思想，研究新文化运动，研究中国现代文学史，不能否定鲁迅四处故居各自的地位。

统一挂牌、统一用名人故居命名，也不是推翻用四合院、老宅院等命名故居的做法，没挂名人故居牌子的应增挂名人故居的牌子，这样的效果就不是以建筑物、建筑群命名的效果所能实现的，以某个名人命名的故居比用四合院、老宅院等命名的故居好记，突出了名人效应，很具体，不像用四合院、老宅院等命名故居那样笼统，不了解某故居历史的人自然不知道谁住过，绝不利于名人故居文化的传播。

（杜寒风，中国传媒大学文法学部文学院教授、博士）

---

❶ 全国政协文史和学习委员会、北京市政协文史和学习委员会编《名人故居博览·北京卷》，中国文史出版社 2011 年版，第 326 页。

❷ 同上，第 325 页。

❸ 冯小川主编：《北京名人故居》，人民日报出版社 2002 年版，第 225～232 页。

新媒体产业文化论纲

■ 王 永

所谓新媒体，是指在新技术支撑体系下出现的媒体形态，比如桌面视窗、触摸屏幕、智能手机以及数字化的报纸、杂志、广播、电视、电影等。美国杜克大学马克·汉森在"新媒体"词条的导读中认为："进化可以用一长串'新媒体'革命来定义：我们的物质史所揭示的乃是这样一点，即人类的进化与进步紧密关联；那长长一串曾经是新的新媒体就是这一共同演化的明证。"❶ 这是一个强大新兴生产力，其所带来的物质文明和精神文明的巨变是难以估量的。确可以预见，新媒体将是产业文化巨变的引领者。本文拟按照文化研究的惯常框架，从广义文化定义的繁分法，即物质文化、制度文化、行为文化、精神文化四个方面来将这场技术革命与中国文化转型的关联进行梳理。

一、物质文化：产品研究

从产业经济的视角来看，信息技术的变革载体主要是各种新媒体产品，这些传播工具本身是具有物质文化属性的，这是旧有文化体系松动和发展的破坏力，也是新的产业文化发展的内驱力。美国加州大学圣地亚哥分校视觉艺术教授列夫·曼诺维奇总结了新媒体的五大原则：数值化呈现（numerical representation）、模块化（modularity）、自动化（automation）、变异

---

❶ 转引自孙绍谊：《〈新媒体与文化转型〉导言》，上海三联书店 2013 年版，第 2 页。

性（variability）和跨码性（transcoding）。❶ 尽管新媒体产品的物质属性很难被现有的物质文化体系言说清楚，笔者还是尝试用一些概念的对比进行一些区分和描述。

（一）信息化：广度取代深度

必须深入媒介史来看待新媒体的独特性。人类信息的传播，经历的物质载体有金石、简牍、毛皮、布帛、纸张等，受载体本身属性的特征影响，刻写和书录的内容由简而繁，由典重到随意。人类对自身活动的书写目的，往往是打破时间对生命的限制，从存在的历史印迹上力争向永恒追求。

新媒体带来了信息物质载体功能的进一步释放。信息存储的成本迅速低到几乎被忽略，而信息的容量却激增到接近无限。这一方面带来了信息的琐细和贬值，由此加剧了人们声名保有的困难，并引发了强烈的历史虚无感和人生荒漠感；另一方面也带来了空间维度信息搜索需求的增长和信息供给的便利。人们不再习惯面对着有限的文本和环境苦思深想，而更加向往视野和足迹探索到前人未至的境地。

（二）数字化：高清取代唯美

广播、电视、电影等传统媒体在信息的选择和处理上，延续了媒体传统的唯美观念，媒体的美育功能和教化功能得到极大的重视，怎样把声音、画面、形象、主题元素中的积极面发掘充分、剪裁得富有感染力，正是传统媒体着意的方向。然而，经历了互联网的迅猛发展和强力催动后，媒体的审美原则已经从"美""善"发展到"真"。实际上，新媒体的这一文化属性的变化，也是数字化技术不断发展的必然要求。数字化技术的发展伴随着对终端展板的视觉分辨率和听觉区分度的不断提高，这在军事、政治、生物等领域是一种必然，但商业利益的拉动还是不断驱使高清技术在日常生活的渗透——尽管在某些角度而言，高清并不具备多少真正的意义。甚至于，这种由互联网传播引发的新媒体美学革命也加剧了偶像和信仰崇拜的解构，人们对新媒体屏幕终端的审美印象本身也产生着由美感到真实感的过渡。

（三）娱乐化：刺激取代愉悦

物质文化的核心起源于人们对劳动工具的迫切渴求，在其发展的最初，

---

❶ Manovich Lev. *The Language of New Madia*, MIT Press, 2001, pp. 27～48.

民生问题是物质文化要解决的核心创意。就媒介与文化生活的结合层面看，媒介往往代表着一种精英阶层的高级文化特权。但是，这种基于媒介的高级特权不是刺激的，而是愉悦的，它或者是一种高级的仪礼，或者是一种精神的休闲，是一种能够带入自豪感的文化中介物。人们的感官刺激娱乐，更多是在实体展演空间中实现的。但是以智能手机为代表的数字化产品将传统媒体的办公和生活书写与交流功能完全弱化，而代之以娱乐功能的强化。不同于传统媒介的是，这种能娱乐不会令娱乐者本身产生真正的愉悦感，而只是以刺激感的不断强化和延伸为其商业目的实现的关键。所以，新媒体的娱乐功能是捆绑式的强烈刺激性放松，这对于消除沉重的脑力和体力劳动负荷来说，是与后工业时代生存节奏合拍的。或许人们所需求的愉悦功能，也就是一种基于文化阶层归属感的超然心态，只能从工作环境本身去寻求了。

要完整地描述新媒体产品的物质属性以及它所带来的人们对物质手段本身的观念变化，可能不止上面提到的几点，也不是目前能够准确、完整地给定其内涵的，毕竟，新媒体技术的发展还没有到自身的总结期甚至是间歇期。

二、制度文化：企业研究

新媒体产品往往是开发者个人奋斗的最终成果，企业也大多围绕着产品而形成和运行，所以，不同于其他企业的深厚积淀，新媒体产业的企业家大都是在实践中不断摸索和完善着管理制度，这使得公司的制度文化带有很强的创新性。

（一）高成本开发

与遥远的小农经济甚至是商品经济成本观念的一般理念相比，新媒体企业的成本观念恰恰是悖反的，在其生产和销售的整个环节中，成本是受到重视最多、投入最多的一环。作为高科技产品，人力资源的争夺是成败的关键所在。怎样为高科技人才提供更好的设计、开发和测试平台，关系到寻找整个产业发展前沿能够提供的最佳配置组合，并不断更新。产品之间的竞争，首先是成本的竞争，而成本本身就是核心资本和营销广告。

（二）分散式生产

新媒体产品具有的体积小、传输运输便利，允许企业采取一种分散式生产的方式，在全球范围内寻找最节约的原材料和劳动力集散地。但是这样一来，产品的知识产权保护、产地中转之间的物流衔接、不同零件厂商之家的合作模式等，都是分散式生产体系下提出的企业生产模式创新要求。随着电子商务推动下的物流业的迅猛发展，新媒体所引领的分散式生产模式也会不断影响到其他产业，从而形成一种愈发明晰的生产方式。

（三）松散化管理

就人力资源的使用而言，新媒体产业的开发靠的是创意、生产上链条开阔、营销和服务上空间发散，这已经打破了传统工业企业那种整齐划一式管理的可能。新媒体产品本身的物质属性就带有自由松散的因素，如何将这种质素贯彻到管理体系中，在保证产品质量和企业运作效率的前提下，给员工更大的时间自由支配度，正是新媒体企业在管理上的焦点问题，也是向整个产业界贡献的最大亮点。

（四）自循环营销

新媒体对产品的生命观念不同以往，并不在耐久度上着意，而更多地着眼在更新速度，所以，它会以尽可能快地速度自我贬值，上市换代产品，并且配合软件产品的同步调整。这是在知识产权保护难度极大、市场竞争不断加剧的背景下，为了巩固固定的消费客户、稳定自身品牌地位和市场份额的必要手段，也是新媒体产业经济的一个鲜明特色。但是这种经济模式所带来的无谓成本和产权侵犯却日益严重，这是新媒体产业自身悖论之一，也是最终决定其命运的产业内耗之源。

总之，新媒体产业在企业制度文化创生的过程中，形成了全新的特色，也带来了无数的难题，决定整个产业的兴衰成败。新媒体对整个产业经济乃至社会文化会带来怎样的影响，也取决于这些问题的解决情况。

三、行为文化：消费者研究

不知不觉间，电脑、网络、手机及相关新媒体产品的出现已经在不断冲击和改变着我们原有的行为模式，既包括学习和工作模式，也包括休闲娱乐模式，因此，在这个模式转换的敏感期和关键期，适时地加以比照，会留下重要的文化转变记忆。

（一）知识元搜索

在教育领域，教材曾经被奉为知识的蓝本，教师曾经被视为知识的源泉，但是随着百度百科、新浪共享资料、网易公开课、人人网客户端等依托新媒体创生的知识传播新平台的构建，人们越来越容易在一个数字化的虚拟空间中获取知识。由于这个空间本身具有的存储功能，人们不再需要在大脑中建立一个难以被自己信任的信息仓库，但各种能够满足搜索引擎运行的移动终端却不可或缺。麦克卢汉等学者所说的"媒介是人体的延伸"观点应用在这里，恐怕可以总结为"人类大脑外置"现象。

人类的知识是一个立体的层次，信息处在最底层，之上是事实、观念等，但新媒体所带来的信息泛滥使得人们日益被新信息获知的任务所控制，整个社会交往中也时刻以新信息传播为沟通内容，由此形成的一个社会行为文化板块必然造成事实的消逝和思维的远去，人们在知识的广度上被要求不断扩张，但在知识的深度上却无力顾及甚至彻底失去了求知习惯和了解意愿。

（二）微平台沟通

从办公功能的角度看，网络提供了电子邮件服务；而在娱乐休闲的角度，网络最初提供了聊天功能，文字、语音、图片、视频等形式不断发展着电邮和聊天等沟通方式。博客的出现，已经将人们的文字发表欲望充分地激起和实现。随着兼容于电脑与手机的微博形式的崛起，人们越来越借助于手机和平板电脑来书写自己的生活、关注他人的个人世界，甚至包括办公和商务的认知和交流目的。微信的出现宣布了微博进入"传统媒体"时代，这种新形式的微平台沟通带来了更复杂的沟通心理。一方面，它使得文字的功能进一步退化，而强化了图片、视频和语音的沟通效果。另一方面，它强化了人们对交际空间立体化扩展的渴求，而电子商务也藉此获得了进一步推进的机遇。政治、军事、宗教等传统的势力划定，在微平台沟通的无限的文化疆域追求中不断受到冲击，这是科技和人文的激烈角力，其平衡关系的变化十分微妙。

（三）电子商务购物

中国的电子商务正步入其黄金时期，然而在美国，电子商务购物的历史已有近 20 年，早已形成完善的体系。虽然在中国，电话购物、电视购物等也有 20 余年的历史，但质量、价格诚信问题和安全支付平台的开发问题严重阻碍了新的购物模式的成长，直接导致电话、电视购物的败亡。伴随着银行信用体系和中转支付模式的成熟和完善，在各种新媒体客户端的帮助下，电子商务在个人学习生活用品消费中的需求如井喷般爆发，构成现在的繁荣景象。在微博营销之初，网络上曾经流行一段话：当你的粉丝超过 100，你就好像是一本内刊；超过 1 000，你就是个布告栏；超过 1 万，你就像一本杂志；超过 10 万，你就是一份都市报；超过 1 亿，你就是 CCTV 了。这段话形象地说明了人们借助于微博来了解商品的一种时代性现象。通过微博、微信客户端，人们可以在空间和时间上更加自由地支配和延伸自己的购物行为。

（四）移动视听休闲

传统媒体时代，人们的休闲空间除了户外和一些公共场所外，客厅中的视听休闲、卧室中的阅读休闲是主要的业余时间放松身心的习惯。所以，新闻联播、黄金档播出的电视剧成为每晚必备的节目，综艺节目和电影成为节日或周末的可选项目。但是新媒体产生后，人们的休闲习惯被极大地改变。孩子们热衷于网游和桌游，上班族必看手机新闻，等车和交通时间内，很多人都在听音乐、看视频、阅读手机小说等。休闲娱乐的行为越来越便捷，但人们的生活节奏却也越来越难以把握和控制。在新媒体和人的生理属性之间的磨合，恐怕也需要一段漫长的相互适应和调整的时间，当然，在这组对比中，新媒体恐怕必须屈服于人的生理习惯和能量极限。

新媒体作为新兴事物，的确有很多魅人的景观，但毕竟它还是从属于产业经济的一员，最终，消费者的行为习惯将引领新媒体技术革命的路线。"科技以人为本"的立场还是无法动摇的。

四、精神文化：社会研究

狭义上，文化就只分为物质文化和精神文化，但即便繁分法使精神文化析分出制度文化和行为文化，精神文化还是与物质文化相距最远的文化形态。宗教、哲学、政治、文学等作为精神文化的核心要目，在不同时代分别留下不同的信仰主题，但在今天，任何一个传统的文化框架都难以容纳新媒体在上述一系列文化层面可能给精神文化带来的影响。我们需要极端警惕由此导致的对物质文化的极端崇拜，前提是尽最大努力将新媒体的精神文化指向梳理出来，让它最大程度地与原有的文化概念甚至文化体系相对接，以延续传统文化的维系力量，直到新的精神文化的形成。

（一）集成化：轻松

新媒体最终表现在各种形式的屏幕终端以及操作屏幕终端的按键，其集成化的表现，植根于人类希望从繁重的体力劳动中解放出来的心态。体能解放的追求，到新媒体可以说是达到了一个濒近极致的境界：只需要一根手指轻轻一动，所有的要求就全部得到满足了。如果还有些什么没有做到的空间，正是新媒体发展的创意余地。但是事实上，对劳动的轻松感的追求带有一定的原始心态色彩，只是一旦这个目标形成，人类的生理将面对"负劳动"的考验，行为戒律的空间保障将几乎隐没，如何控制生理的过度消费和满足生理的适度活动，将是一个新的问题。只有解决了它，新媒体所带来的"轻松"才真的有意义。

（二）虚拟化：浪漫

美国学者大卫·辛普森说："文学可能失去了其作为特殊研究对象的中心性，但文学模式已经获得胜利；在人文学术和人文社会科学中，所有的一切都是文学性的。"❶ 实际上，表现在新媒体产业文化领域，我们看到新媒体使用者通过它所描述的生活景观，恰恰也是带有极强人文色彩的。各种屏幕终端上展现了个人状态、商品愿景，其实都是在物质生存得到满足以后的人文情怀。人的精神追求的目标中，文学化的浪漫想象还是重要的方面。新媒体的虚拟化图景正是浪漫交换的媒介场。可是，由此导致的浪漫与现实的差距问题，支撑其浪漫表述的文学本体萎缩的现象，却值得关注和研究。

（三）社区化：关怀

新媒体也会通过一些网站、应用和客户端实现一些消费社区的划分，

---

❶ ［美］大卫·辛普森："学术后现代与文学统治"，见［美］乔纳森·卡勒《理论的文学性成分》，转引自余虹等编译：《问题（第1辑）》，中央编译出版社2003年版，第128页。

在这些社区中，人们所面对的问题，能够得到更加及时、专业的解答，无论是其他的消费者，还是专业人士或是商家，都会给予实体社区般的关怀——尽管这种关怀还需要实体的机构或产品来解决。在这方面，中西方文化传统中所共有的民生观念得到了体现，医疗、育儿、健身、养生，乃至旅行或者高科技产品使用等问题，都会得到讨论与解答。当然，这也使得人们越来越处于一种对网络的依赖和对真实的人际关系的疏离，及时性是新媒体虚拟社区的特长，但责任感却永远无法比拟真实的亲缘环境。

（四）全球化：自由

"自由"是全世界各种文化都在关注的主题，每种文化思想或文化体系对自由的理解大同小异，所要解决的途径也不相同。庄子曾经在《逍遥游》篇中描述了一个摆脱了物质世界、精神获得极大自由的大鹏形象和浩瀚无边的翱翔空间。实际上，新媒体产品提供的正是与物质世界共存的精神空间。在有限的实际活动范围内，通过新媒体工具手段，视觉可以瞬间到达世界任何一个角落，这不正是一种精神自由的实现吗？新媒体技术加速了全球文化交流融合的速度，但同时也提出了文化多样性保护的难题。自由的反面，就是无聊，实现了精神自由，往往也意味着精神的自我灭亡，或许到那时，我们又可以依赖物质文化新的革命来重建制度文化、行为文化乃至精神文化了吧。

中国历史上从来不缺乏精神文化的引领，只是近世以来由于科技领域的落后，才使得我们在世界格局中沦落到与综合潜力不相称的地位上。在商品经济时代，尽管中国的复兴梦是一个人文理念，却首先对整个产业提出了文化上进行深刻调整与改革的要求。习近平总书记在 2014 年 2 月 27 日主持召开中央网络安全和信息化领导小组第一次会议并发表重要讲话强调："当今世界，信息技术革命日新月异，对国际政治、经济、文化、社会、军事等领域发展产生了深刻影响。信息化和经济全球化相互促进，互联网已经融入社会生活方方面面，深刻改变了人们的生产和生活方式。我国正处在这个大潮之中，受到的影响越来越深。"[1] 我们必须抓住信息产业向更高目标迈进的契机，尽快发展新媒体产业文化，使积极的文化精神引领产业

---

[1] 杨婷："习近平：把我国从网络大国建设成为网络强国"，新华网 2014 年 2 月 27 日。

经济，从而从文化和经济的双重维度带动国家的发展，尽快把中国文化参与世界文化新布局的愿望变为现实。

（王永，中国传媒大学文法学部文学院副教授、博士）

"90后"大学生的大学专业认知与人文教育的困惑

——以中国传媒大学专业认知与人文教育为例[*]

■ 陈友军

专业是大学培养各类人才的摇篮。2012年教育部颁布实施的《普通高等学校本科专业目录》和《普通高等学校本科专业设置管理规定》就体现出时代变革与社会分工细化之于高校专业结构调整和优化的基本诉求。伴随近二十年来中国高校扩招教育理念的变化以及高校专业设置与就业市场的不对接所导致的大学生就业压力的加大，国内高等教育中一些长期积压的问题凸显，因此，要全面适应中国特色社会主义市场经济发展的要求，就必须对大学的专业设置有一个比较明确的认知，对各专业的就业去向有较为准确的把握。尤其对于以人文教育为特色的文科专业而言，专业认知也应该成为大学生入校前的"必修课"。在推动高等教育提高质量、走内涵发展的道路以及面向社会的背景下，大学专业认知所引发的争论已经成为教育对象变化、高校的专业设置和调整的主要动因。

在2012版专业目录中，人文教育学科的专业设置并没有太大的变化，基本维持了专业设置的稳定性和连贯性。在2012版的《普通高等学校本科专业目录》中，学科门类由原来的11个增加到12个，新增了艺术学门类；专业类由原来的73个增加到92个；在基本专业和特设专业两大板块中，基

---

　　* 本文为中国传媒大学大学生思想政治教育项目"专业认知与理想信念教育有效性研究"（CUCX14B09）阶段性成果之一。

本专业 352 种、特设专业 154 种。所谓基本专业，是指学科基础比较成熟、社会需求相对稳定、布点数量相对较多、继承性较好的专业；特设专业，是针对不同高校办学特色，或适应近年来人才培养特殊需求设置的专业。中国传媒大学作为教育部直属的国家"211 工程"重点建设大学，坚持"结构合理、层次分明，重点突出、特色鲜明，优势互补、相互支撑"的学科建设思路，充分发挥传媒领域学科特色和综合优势，形成了以新闻传播学、艺术学、信息与通信工程为龙头，文学、工学、艺术学、管理学、经济学、法学、理学等多学科协调发展，相互交叉渗透的学科体系。作为一个文科优势学校，中国传媒大学以"植根传媒、依托社会、面向世界开放办学"为理念，其本科的 62 个专业基本代表了以文科为主的高校在专业设置上的特色专业和基本专业并存的格局。本文结合自己所从事的学科领域的实际，结合本学校的情况，谈谈大学专业认知的必要性以及对未来人文教育中的信念教育与专业教育的一点看法。

一、面对"90 后"

在百度百科里，有一个专门的词条定义"90 后"❶，该词条分别从"90 后"的成长环境、主要问题、未来发展、主要特点、性格特点、性格缺陷、价值认同、对社会问题敏感、开放的价值取向、社会评价、衍生词语、成长环境等方面做了全面概括。很显然，走进大学的"90 后"和作为群体出现的"90 后"是有很大差别的，除了他们的大部分都是独生子女外，作为高校主体的"90 后"的情感结构、交往的人群以及面临的社会压力都与"80 后"有很大的区别，有其鲜明的特色。在中国改革开放 30 多年的现代化进程中，如果说"60 后""70 后""80 后"还存在被动适应现代性带来的价值观念的变化，那么，对于"90 后"而言，全球化的浪潮所形成的市场经济法则、竞争机制以及整个社会对法治精神、文明生活的诉求，使得体现在"90 后"身上的文化基因发生着根本的变化，这种变化对于高等教育而言，无异于一场静悄悄

---

❶ 百度词条"90 后"，载 http：//baike. baidu. com/view/816346. htm？fr = aladdin。

的革命。

考察"90 后"的文学视野和艺术视野，除了与时尚共舞，"90 后"对于意识形态教化色彩浓厚的文学艺术呈现出回避、远离的态势，这也使得他们的文化快餐中缺少了各种经典的滋养，导致这种情况出现的原因很多，学界一般将其归结为消费时代的娱乐文化的塑形。出生在 20世纪 90 年代正在成长的青年，他们面临的文化环境恰恰是中国娱乐文化大爆炸的年代，作为全方位的"被娱乐化"的一代，他们的日常生活完全被娱乐化机制所占领，以致他们的职业也要为娱乐生产内容。中国传媒大学有很多专业都指向艺术生产，而这种艺术生产的逻辑，在面对"90 后"这个群体的时候，也发生了根本的变化。20 世纪 80 年代末以来，影响到中国内地的"大众文化"和"后现代文化"是将文艺的创作和接受这种精神生产行为纳入到马克思主义政治经济学的领域来考察，认定文艺的创作在后资本主义社会已经演变为文化工业。用市场的逻辑置换艺术生产的逻辑是其基本特征。因为市场的逻辑实际上是资本的逻辑，用资本的逻辑来看待文学艺术，就会情不自禁地把目光指向媒体，投向收视率调查公司，把焦点对准广告商和制片商。在资本唯利是图的原则中，艺术创作的逻辑放在受众的"眼球"下考量，有关内容的价值评判体系不仅仅是文本与观众的博弈，而是围绕文化产品的生产，诸多利益相关的市场主体相互博弈。各自不同的利益诉求所形成的博弈也使得文化产品承载的意义变得复杂。在文化生产消费观念的影响下，为了消费目的造假已经屡见不鲜。中国传媒大学受众研究中心主任刘燕南在《透视收视率造假之谜》一文中指出了其中的利害关系："调查公司生产收视率的目的、使用者在乎收视率的原因，很大程度上是为了行业交换。只要电视业市场转型不断深入，绝大多数电视台要靠市场生存，那么收视率就肯定不能不要。应该看到，收视率还有不少缺漏和偏差之处，是有了这个相对客观的量化标准，比起计划体制下的拍脑袋决策和人情买卖，仍然是一种进步。"❶这种以"眼球经济"为特色的现代传媒业的发展带给文学艺术的变革是巨大的，对于高校文科教育的影

---

❶ 刘燕南："透视收视率造假之谜"，载《文化》2012 年第 9 期，第 71 页。

响也是明显的。对于以人文教育为特色的文科专业教育而言，文学艺术的价值导向很重要的是精神价值，其客观作用在于调节、改善、丰富和发展人的精神生活，是能够给受众带来审美愉悦的作品。对于文学艺术价值的评判，通常也是建立在认识价值的"真"、伦理价值的"善"、审美价值的"美"的理论提升上。可是，进入 21 世纪之后，在文学艺术价值的追寻上，因为资本逻辑建立起来的艺术尺度其本质是物质主义的，对于艺术价值的评判遇到商业利益链条的捆绑。以娱乐为导向的文艺生态使得"90 后"的审美趣味呈现出显著的解构原有价值体系的特色。90 后成长在飞速发展的信息社会中，全球化、消费主义、实用主义、功利主义和非理性主义社会思潮对"90 后"影响比较大，"流行于西方发达国家的消费主义现象普遍蔓延开来，过于追求体面的消费，渴求无节制的物质享受和消遣，并以此为生活目标和人生价值。一方面说明'知识改变命运'已近神话，另一方面也显示出大学生生存空间被挤压的现状。这对大部分尚在求学阶段的'90 后'形成了一种不小的外部压力。'90 后'需警惕社会变迁所带来的异化，诸如：无力感、无意义感、无规范、自我疏离、社会孤立等，这些异化都容易直接导致政治被动、价值紊乱、精神抑郁、逃学、自杀的现象。如果处理不当，这些现象都将不可避免地趋向上升，其传导和共振效应都将是负面的。'90 后'在婚恋、消费、娱乐等方面反映出来的行为特征都是社会变迁的产物。社会思潮往往是以'异端'的姿态出现，其叛逆性、时代性非常明显，'90 后'需要更多地认识生活、理解社会"。❶

总的说来，从该社会群体所呈现的一系列人文特征来看，他们一方面遵守社会规范，一方面也嘲弄着各种社会规范。"90 后"大学生作为张扬个性的一代，他们的扮相、聊天方式和接受信息的方式以及审美趣味、交往方式等都显示出他们的代际特征。这些特征对于长期坚守立场、坚守规范的许多大学教师而言，他们是放弃自己的操守，主动去迎接娱乐文化的汹涌浪潮？还是默默矜持、观望，明哲保身，静以待变？还是作为这股潮流的批判者，淹没在众声喧哗的汪洋大海之中？因为当下的大学人文课堂也

---

❶ 百度词条 "90 后"，载 http：//baike. baidu. com/view/816346. htm？fr = aladdin。

在以文学艺术的名义被娱乐化蚕食。

二、专业认知的误区与人文教育对高校教师的挑战

专业认知是一个重要的教学环节，它要求学生在学习本专业各门课程之前，对本专业所从事的行业活动进行实地参观、了解，对本行业形成感性认识，使今后的学习能联系实际，专业认知也是其他各实习环节的基础。对于"90 后"而言，目前教育体系中专业认知与理想信念教育的现状是令人担忧的。在当下的高校教育中，专业认知与理想信念教育有着不同程度的缺失与不被重视。一方面，"90 后"学生在选择专业时并不能很好地认识到某专业的研究现状与前景，其选择存在某种盲目性，于是很多学生在专业学习过程中会发现该专业并不是自己最喜欢或者最有兴趣的专业，这种现象会使学生在以后的学习中产生某种排斥心理，由此一来，不仅使学生无法牢固地掌握所选专业知识，还会影响其此后的人生规划和就业选择；另一方面，学校本身对于专业认知的重视不够，使得学生总是把注意力投注在本校的热门专业。根据 2007 年 8 月和 10 月正式启动的《教育部财政部关于实施高等学校本科教学质量与教学改革工程的意见》，中国传媒大学作为中央部委所属高校，其特色专业建设可以按照年度规划名额自行遴选推荐，因此，中国传媒大学有很多专业都是面向国家需求，在优先发展、培养紧缺专门人才方面所设置的专业。与其他院校相比，应该说其专业设置在适应社会需求方面具有很大的优势。但是，在历年的艺术类招生中，受当前粉丝文化的影响，最受关注的还是播音主持专业，很多学生以为走进这类专业就能成为社会名人，对于该专业的课程体系以及素养的习得所知甚少，对于各主流媒体对于相关专业人员的要求也不甚了了；对于每年这些专业的毕业生的去向也一无所知。因此，缺少对本专业所从事的行业活动进行实地参观、了解，就不能使学生将本专业与行业实际进行链接。此外，高校生在入校选择专业时并不能很好地认识到专业认知的重要性也是原因之一，因为在接受专业认知教育时往往不够重视，因而在毕业后的就业选择中往往不能准确运用专业知识；加上社会环境对专业热度的调控，近年来一直都有类似某专业是热点专业的信息充斥，这就遮蔽了高校生对

专业的认知准确度，在接受学校的专业认知教育时会不自觉地受到社会舆论的影响，从而减弱了学校专业认知教育的有效性。

从专业认知与人生理想的对接来看，我国高校一直致力于对学生的理想信念教育，但不可否认，高校理想信念教育有效性不足仍是一个大家关注的问题。多年以来，大学的理想信念教育是人文教育的重要组成部分。坚定的专业信念是大学学习阶段的有效动力，缺乏专业信念支撑的理想教育常常显得过于虚无飘渺。对于务实的关注个人发展的"90后"大学生而言，如何将理想信念教育与"90后"大学生个体的发展诉求紧密结合，并落实到专业的培养上，才是当前理想信念教育的重大课题。因为目前高校一直都很重视的理想信念教育所存在的有效性问题就值得怀疑。人文教育和理想信念教育都是内化为人的本质的教育，社会的纷繁复杂、网络的便捷多变使得多样化的世界、多样化的价值观扑面而来，而"90后"大学生关注的焦点是学习、生活、人际交往、婚恋、就业、吃喝玩乐等非常现实的问题，这样的社会要求偏差，使得学生相对减弱了对于理想信念教育的重视。另外，人们对理想信念教育效果认识的偏差导致理想信念教育有效性不足。市场经济的不断发展，使得人们对具体经济利益追求的热情越来越高。在这种氛围下，人们容易或显性或隐性地将学生的就业问题、经济地位作为衡量高校一切工作最终标准，用就业率、出了多少名人或富豪作为判断一个专业、一个学校乃至整个教育质量优劣的标准。但是，高校所进行的理想信念教育以及人文学科的人文素养习得，都不可能在很短的时间内产生上述这种效益。很多学生也就从内心深处并不重视甚至看轻理想信念教育，认为理想信念教育大多讲一些没有实际意义的内容，脱离现实，不可信。加上不太恰当的单一"灌输"的教育方式，过于表面化的东西，使得理想信念教育很难达到预期效果。

以上所涉及的基本上是教学环节上的某些话题，并不涉及教师教学科研的全部，但是，它却是高校教师面临各方压力的一个缩影。当几十年高等教育的积弊集中在一个时期爆发的时候，高校教师作为高等教育的主体之一，常常被无辜地推到社会的风口浪尖。中国高等教育的问题绝对不仅仅是专业设置的问题，也不仅仅是社会思潮涌动的问题，同时，也不单单是教育体制改革的问题。在高校大众化教育的转型中，那些通过高考选拔进入高校的莘莘学子对于高等教育的期许与当下高等教育的现实存在的反差，常常使一些大学生理想受挫，进而随波逐流。在市场导向的大学教育背景下，中国的大学结构还没有在精英教育和大众化教育上达到平衡，基础专业并没有与市场很好地衔接，基础专业面临前所未有的挑战，这种挑战最突出的是来自现代信息革命带来的变化，传统的传道、授业、解惑的教学基础被现代信息接收方式彻底颠覆；那些传统教材中涉及的某些内容在搜索引擎中体现得更细致、周到、全面，有的内容在多媒体手段的完善下，以声频、视屏的形式在网络教学平台出现的网络课堂，通过智能化搜索引擎以及多种交流软件建立起来的社会化的学习环境，都在改变着传统的教学模式，尽管目前网络教学平台受多方面原因的限制，还不能很好地展开和发挥应有的作用，然而其涌动的趋势已经对高校教师带来了挑战，那些作为基础教育的人文学科更是山雨欲来风满楼，如何使人文教育适应和改善"90 后"的文化素养，是困扰许多高校教师的难题。

（陈友军，中国传媒大学文法学部文学院副教授、博士）

语 言 编

五年琱生尊铭文补议[*]

■ 肖晓晖

　　2006 年年底，陕西扶风县出土一批青铜器，其中两件五年琱生尊与传世的五年琱生簋、六年琱生簋关系密切，其铭文共同记录了西周宣王时代召氏家族内部两大贵族交易土地的始末，可相互发明，因此受到学界的关注。几年来，对五年琱生尊铭文进行讨论的论文已有多篇，但在铭文内容理解、语词释读等方面仍存在争议。笔者对铭文有一些不成熟的想法，草成小文，就教于方家。

　　先将五年琱生尊铭文释文迻录如下：

　　　　唯五年九月初吉，召

　　　　姜以琱生蔑五幎、壶

　　　　两。以君氏命曰："余老之（止）。

　　　　我仆庸土田多柔（贸）。弋

　　　　许，勿事（使）散亡。余宕其

　　　　参，汝宕其贰。其兄公，

　　　　其弟乃。"余𤔲大章（璋），报

　　　　妇氏帛束、璜一。右（有）司眔

　　　　𤔲，两屖。琱生对扬朕

　　　　宗君休，用作召公尊

　　　　𣪘（牺❶），用祈通录（禄）、得屯（纯）、霝

———————————

　　* 本文曾于 2009 年 8 月提交中国文字学会第五届年会暨汉字学国际学术研讨会（武夷山）。此次正式发表，仅对个别地方的文字进行了改动，主要内容一仍其旧。

　　❶ 王辉："琱生三器考释"，载《考古学报》2008 年第 3 期。

冬（终），子孙永宝用世亯。

"其又（有）敢乱兹命曰'汝

事召人'，公则明亟（殛）。"

因五年琱生尊铭文内容与五年琱生簋、六年琱生簋之铭文关系极为密切，讨论中难免会涉及后二器铭文，为了方便讨论，也将二器铭文录于此，以作参照。

五年琱生簋：

隹五年正月己丑，琱生又（有）

事，召来合事。余献。妇氏以

壶，告曰："以君氏令曰：'余老

止。公仆庸土田多謀（贸）。弋白（伯）

氏从许：公宕其叁，女则宕

其贰；公宕其贰，女则宕其

一。'"余⿳于君氏大章（璋），报妇

氏帛束、璜。召白（伯）虎曰："余既

讯，⿰我考我母令，余弗敢

乱。余或至（致）我考我母令。"琱

生则䒥（觐）圭。

六年琱生簋：

隹六年三月甲子，王才（在）莽。

召白（伯）虎告曰："余告庆。"曰："公

氒禀贝用狱⿰。为白又（有）祗

又（有）成，亦我考幽白幽姜令。

余告庆。余以邑讯有司，余

典，勿敢封。今余既讯有司，

曰⿰令。今余既一名典，献。"

白氏则报璧。琱生对扬朕

宗君其休，用乍（作）朕剌（烈）且（祖）召

公旨簋，其万年子＝孙＝宝用

享于宗。

关于琱生三器的关系，由于铭文记载时间分别为"五年正月己丑"（五年琱生簋）、"五年九月初吉"（五年琱生尊）、"六年四月甲子"（六年琱生簋），新出五年琱生尊正处于五年簋和六年簋之间，因而近来研究者一般将三篇铭文连读，认为是它们叙述的是同一事件进展的三个阶段。林沄主张五年簋和六年簋为同时铸造，其铭文所述为事件完整过程，应连读，而新出五年尊则与它们并非同一组器皿，不应连读。❶ 笔者认为林沄的意见是对的。除了器形、花纹等证据以外，从铭文的行款特点也可以窥见端倪。五年簋铭和六年簋铭都是每列十字（带重文符号的字，如"子＝""孙＝"因各自只占据一个字的空间，只能算做一个字），排列整齐，绝不例外。而新出五年尊铭文则每列八字，个别行列为九字（如第三列为九字，"氏"字写得较小，与"君"共占一格；第七列也是九字，"璜一"也只合占一格）。可见新出琱生尊与二簋在铭文排列形式上是有较大差异的，这从一个侧面反映出：后者为同一组器，而琱生尊与它们不同，并非同时制作之物。

关于铭文内容大意，主要有"狱讼说""分家说"等几种意见。争论的焦点在于对铭文"宰"（或作韠）及"狱"等字含义的理解不同。笔者认为，铭文所载事件其实是召氏宗族内部贵族（大宗召伯虎、小宗琱生）之间的土地贸易过程，虽然涉及司法，却并非土地纠纷引起的狱讼，也不是分族过程中的土地分割。具体的论述，见下文对字词的解释。

三器铭文所涉及的人物虽不多，但称呼各异，给释读带来极大的困难。经林沄、李学勤、朱凤瀚、刘桓、王辉等的研究，❷ 铭文中人物关系得以梳

---

❶ 林沄："琱生尊与琱生簋的联读"，见《古文字研究（第27辑）》，中华书局2008年版。

❷ 林沄："琱生簋新释"，见《古文字研究（第3辑）》，中华书局1980年版；李学勤："青铜器与周原遗址"，载《西北大学学报》1981年第2期；朱凤瀚："琱生簋铭新探"，载《中华文史论丛》1989年第1期；刘桓："五年琱生簋、六年琱生簋铭文补释"，载《故宫博物院院刊》2003年第3期；王辉："琱生三器考释"，载《考古学报》2008年第3期。

理清楚，主要人物为琱生（伯、伯氏）、召伯虎、召公（君氏、幽伯）、召姜（妇氏、幽姜）。其中，召公为召氏宗族的宗主，召姜为其妻，召伯虎为其嫡长子，琱生则为召伯虎之从兄或族叔。

以下对铭文中的一些字词作简单的讨论。

一、"召姜以琱生𢾭五帼、壶两"

铭文𢾭字释读有争议，或以为不识；● 或以为"蔑"字，为"馈赠、进献之义"，❷ 或读为"幦"；❸ 或以为从戈从睪，乃"斁"之异体，义为"择"，❹ 或读为"緆"；❺ 或以为"𤐫"字，读为"织"。❻ 今按，铭文曰"召姜以𢾭五帼、壶两"，"以"是"赠送"的意思，"𢾭""壶"都是召姜给琱生的赠礼，故"𢾭"只能是名词，不可能是动词。而"帼"为布帛的长度单位，所以"𢾭"字一定是指布帛类的礼物。我们倾向于把"𢾭"释成"蔑"。陈英杰已经指出，金文"蔑"字一般作𢾭，从眉从伐，但竞卣盖铭"蔑"字作𢾭，"目"上眉毛形可省去，𢾭字下部分的"火"应该是"大"形的变化，而古文字中"大"与"人"作为近义偏旁，往往可以通用互换。❼ 袁金平将"蔑"读作"幦"，是可信的。但"幦"在文中的含义和用法，袁文仅引《说文》"幦，盖幦也"，未有进一步的解释，这里作一点补充说明。

"幦"字在经籍中多释为"覆轼"，即覆盖在车轼上的皮革。"幦"往往可作赠赐之物，如《诗经·大雅·韩奕》："王锡韩侯，淑旂绥章，簟茀错衡，玄衮赤舄，钩膺镂钖，鞹鞃浅幦，鞗革金厄。"毛传："幦，覆式也。"孔疏："虎皮浅毛幦覆其轼。"诗中"幦"与"鞗革""金厄"等皆为

● 徐义华："新出土《五年琱生尊》与琱生器铭试析"，载《中国史研究》2007 年第 2 期。

❷ 陈英杰："新出琱生尊补释"，载《考古与文物》2007 年第 5 期。

❸ 袁金平："新见西周琱生尊铭文考释"，载中国社会科学院历史研究所先秦史研究室网站 http://www.xianqin.org/，2006 年 12 月 9 日访问。

❹ 罗卫东："读《五年琱生尊》铭文札记"，载《北京师范大学学报》2008 年第 3 期。

❺ 吴镇烽："琱生尊铭文的几点考释"，载《考古与文物》2007 年第 5 期。

❻ 王辉："琱生三器考释"，载《考古学报》2008 年第 3 期。

❼ 王慎行：《古文字与殷周文明》，陕西人民教育出版社 1992 年版，第 3～5 页。

车器。本铭的"蔑（幦）"则与此不同，并非车轼上的覆盖物，而是覆盖在盛酒器上的布巾，与经籍中通用的"幂"（或作"幎"）实为一物。陆德明《经典释文》："幦，莫历反。""幦"与"幂"音同。段玉裁《说文解字注》已于"幦，盖幦也"下指出："幦之言幎也。……按，幦之本义不专为覆轼，而覆轼其一端也。"先秦飨祭多用巾幂，或覆盖于簋、豆、鼎等食器，或覆盖于尊、壶等盛酒器，以防虫蚋。如《仪礼·特牲馈食礼》："覆两壶，卒奠，幂用绤。"《仪礼·士昏礼》："赞者彻尊幂，酌玄酒，三属于尊。"《仪礼·燕礼》："司宫尊于东楹之西，两方壶，左玄酒，南上。公尊瓦大两，有丰，幂用绤若锡，在尊南，南上。"从《仪礼》等文献中可以看出，祭祀燕享等场合多使用成对的壶、尊等酒器，酒器上覆盖幂巾。从出土文物也可以看出，有些壶不用盖，而用幂巾。例如，近年发掘的安徽六安双墩一号汉墓出土二十余件铜壶，均无盖，口沿有布纹，壶颈有绳索捆扎的痕迹。可见这些铜壶并无壶盖相配，是以布巾覆盖壶口，与文献记载相合。古人送礼，多为成套之物，故召姜赠送给琱生两只壶，含有赞助其宴飨的意味，又送幂巾五寻，正是相配之物。因幂巾为粗疏之布，❶ 价值远低于一对铜壶，所以同一批礼物在五年琱生簋铭文中，只提到"壶"，"幦"则付诸阙如了。

附带说一下，我认为五年簋铭中"余献"之"献"乃"馈献"之意，指筵席上主人向客人进献酒食，为古代宴享中宾主互动的"献、酢、酬"三个环节的第一环。"妇氏以壶"，是宾客酢主人，并致以礼物，为第二环节。最后"报妇氏帛束、璜"，则是主人酬宾，并献酬币，这是第三个环节。《尔雅·释诂》："酬，报也。"铭文"报"字当即文献中的"酬"。可见，五年琱生簋铭文所描述的宾主之间的应酬往来，正与文献所载的乡饮酒礼相合。❷ 琱生诸器在研究古代礼仪制度方面的价值，应引起更多的注意。

---

❶ 《周礼·幂人》："幂人掌共巾幂。祭祀：以疏布巾幂八尊，以画布巾幂六彝。凡王巾皆黼。"可见，覆盖于酒器上的幂巾为疏布。

❷ 乡饮酒礼为乡大夫在乡学中举行的宴会。五年琱生簋铭文所载为召姜和召伯虎来琱生宅议事，所行应是飨礼。杨宽认为，飨礼起源于乡饮酒礼，基本内容相似，但飨礼"是为了招待某一个（或几个）贵宾"，与乡饮酒礼的聚众娱宴不同。杨宽：《西周史》，上海人民出版社1999年版，第754～762页。

二、“余老之”

“余老之”一句，簋铭作“余老止”，旧说“止”属下句，读为“余老，止公……”，以“止公”为人名。斯维至曾认为“止”为动词，读为“致”，“止公仆庸土田”的意思是将土田仆庸上交给公家。但明显，这种解释在句法上是很成问题的。自朱凤瀚将五年簋铭“余老止”之“止”释为句末语气词，学者多从之。新出五年琱生尊铭文作“余老之，我仆庸土田……”，证明确实应该在“之（止）”后断句。但笔者认为，尊铭“之”即“止”，并非虚词，而是“休止”之“止”。“老止”犹言“告老致仕”。《史记》有“老休”，见《史记·晋世家》：“魏文子请老休，辟郤克。克执政。”“休”与“止”同义，“老止”即“老休”。

三、“我仆庸土田多𦿒”

“我仆庸土田多𦿒”一句，“𦿒”字的释读意见最多，迄无定论。五年簋铭中该字作𦿒，加“言”旁。此字，以往多释为“束”，或读作“积”，或读为“债”，❶ 或读为“讀”，意思是“争讼”，❷ 或读作“刺”，意思是“调查”，❸ 或径隶定为“諫”，解作“文书”。❹ 近来有人释作“柔”，但究竟应读作何字，仍众说纷纭，或读为“务”，❺ 或读为“楙”，意思是“茂美”，❻ 或读为“扰”。❼ 这些解释，从字形和文义两个方面来看，似都难以令人完全信服。

首先，“我仆庸土田多𦿒”（五年琱生尊）、“公我仆庸土田多𦿒”（五年

❶ 郭沫若：《两周金文辞大系图录考释》，上海书店 1999 年影印版，第 142 页正面。

❷ 林沄：“琱生簋新释”，载《古文字研究》第 3 辑，中华书局 1980 年版。

❸ 林沄：“琱生尊与琱生簋的联读”，载《古文字研究》第 27 辑，中华书局 2008 年版。

❹ 徐义华：“新出土《五年琱生尊》与琱生器铭试析”，载《中国史研究》2007 年第 2 期。

❺ 袁金平：《新见西周琱生尊铭文考释》，载中国社会科学院历史研究所先秦史研究室网站 http://www.xianqin.org/，2006 年 12 月 9 日访问。

❻ 罗卫东：“读五年琱生尊铭文札记”，载《北京师范大学学报》2008 年第 3 期。

❼ 李学勤：“琱生诸器铭文联读研究”，载《文物》2007 年第 8 期。

琱生簋）两句中的"宷"和"𥏪"应当与六年琱生簋铭"公𢆶禀贝用狱𥏪"一句中的"𥏪"意义相同。而"积""楸"等解释明显违背了这个前提。

其次，从字形上看，此字恐非"束"，西周金文中的"束"字写法与此明显不同（见表1）。该字可以分析为上下两部分，下从"木"，上半部则与毛公鼎等器"矛"字作𥏪左上全同，因此笔者赞同将该字释为"柔"。这里的"柔"应该是"楸"的异体字。

表1 束与矛的写法

束	矛（及从"矛"之字）
✿（束卣）✿（束卣）✿（般仲束盘）市（王束莫新邑鼎）✿（康侯簋）✿（作册大鼎）	𥏪（戜簋）𥏪（毛公盾鼎）𥏪（作册般甗）𥏪（中山王譽壶）

我认为，"柔"应读为"贸"，即"交换""变更"之意。《尚书·皋陶谟》："懋迁有无，化居。""懋"即读为"贸"。若"柔"读为"贸"，六年琱生簋铭"公𢆶禀贝用狱𥏪"一句的理解也有了着落，是指召公收到对方给付的货币，以确认该笔交易。

上古汉语词汇中，"施受同形"是一个规律性的现象。例如，"受"既有"给予"义，也有"接受"义；"匄"既有"乞求"义，也有"给予"义。"禀"字也是这样，同时具有"给"与"受"两个意思，如《广雅·释诂》："禀，予也。"《淮南子·原道》"禀授无形"高诱注："禀，给也。"《左传·昭公二十六年》"先王所禀於天地"杜预注："禀，受也。"《国语·晋语七》："将禀命焉。"韦昭注："禀，受也。"因此，"公𢆶禀贝用狱𥏪"一句可以有两种理解：（1）召族大宗公室收到琱生的钱币，以确认该笔交易；（2）召族大宗公室向相关官员缴纳一定的经费，用以核实确认该笔交易。

关于"狱"字，有必要说几句。一般以为"狱"是"狱讼"之义，王玉哲则根据《说文解字》《方言》等材料，主张"狱"训为"确"。❶林沄反对训"狱"为"确"，他认为《说文》"狱，确也"等训语为声训，不足

❶ 王玉哲："《琱生簋铭新探》跋"，载《中华文史论丛》1989年第1期。

为据。我认为铭文中"狱"未必读如本字。从语源学的角度来看，"狱"与"确""覈""核"等词同源，声音极近。朱骏声《说文通训定声》："狱，假借为覈。"《说文解字》："覈，实也。考事而笮，邀遮其辞，得实曰覈。"《诗·召南·行露》："何以速我狱。"毛传："狱，确也。"孔颖达疏："狱者，核实道理之名。"铭文中的"狱羁"意思是"核实、确认交易"。

值得注意的是，琱生三器铭文中第一人称代词"我"和"余"用法有明显的区分。"余"凡 15 见，皆用为主格，可直译成"我"；"我"出现 6 次，皆应为领格，宜译成"我的"。二者判然有别，不相杂次。如五年琱生簋铭："余既讯，侯我考我母命，余弗敢辞，余或至（致）我考我母命。"同句中，"余""我"反复出现，用法不同。"余""我"的这种区分，前人已经指出。❶ 琱生三器铭文为上古汉语第一人称代词研究又提供了一则重要材料。把握住"余"和"我"在语义及用法上的区分，能更好、更准确地理解铭文原意。例如，与"我仆庸土田多柔"相对应的五年琱生簋铭"公仆庸土田多諫"句中的"公"应该是定语，不是单纯的主语。徐义华认为此句为倒装，实即"公多諫仆庸土田"，这个看法是不准确的。同样，六年琱生簋铭"余典勿敢封"中的"余"也应该是主语，"典"则是一个动词，充当句子的谓语，"余典"自成一句，"勿敢封"为另一句，二句应断开。有人认为这里的"典"是名词，"余典勿敢封"一气连读，意思相当于"勿敢封余典"，现在来看，恐怕是不妥的。

四、"右（有）司罪两屖"

先来看"罪"字。西周金文中"罪"字主要有两种用法：一为连词，表示"与""及"；一为动词，表示"到达"，或表示"参与"。这里的"罪"应该是动词，表示"参与"。试看以下几例：

例 1：王朿伐商邑。征令康侯啚（鄙）于卫。濬司土（徒）遝罪啚（鄙）。（濬司徒遝簋）

---

❶ 陈梦家：《殷虚卜辞综述》，科学出版社 1956 年版，第 96 页。"'余'可以是主格、宾格而不能是领格，'我'则可以兼为主宾领格。"

例2：邦君厉眔付裘卫田。厉弔（叔）子夙、厉有司齰李（季）、庆癸、燹□、荆人敢、井人偈屖。卫小子逆。其卿（飨）𩎟。（五祀卫鼎）

例3：白（伯）邑父、榮白（伯）、定白（伯）、琼白（伯）、单白（伯）迺令叄有司：司土（徒）散邑、司马单𣃟、司工（空）邑人服，眔受（授）田。燹趠。衞小子糒逆者（诸）。其卿（飨）。（裘卫盉）

例4：矩乃眔灙牪令寿商眔啻曰："顡。"履。付裘卫林𣅟里。则乃成夆（封）三（四）夆（封）。颜小子具（俱）叀（惟）夆（封）。……眔受。卫小子𤔲逆者（诸）。其𩎟卫臣𪊽胐。（九年卫鼎）

以上几例都是有关土地所有权转移的记载，在叙述土地交付时都出现了"某某（人名）眔××（动词）"的句子。如例4的"眔受"就是例2、例3的"眔付田"和"眔受（授）田"。例1的"眔鄙"，根据前一句"鄙于卫"的表述来看，"鄙"是动词，应当是"划定边界"的意思。因此，"眔受（授）"和"眔受（田）"是说"参与授给田土"；"邦君厉眔付裘卫田"是说，厉在同意交付田地后，作为当事人亲自参与了交付过程；"潘司土（徒）逑眔畕（鄙）"是说，康侯奉王命以卫为封邑，潘司徒逑参与边界的划定工作。据此，我认为五年琱生尊铭文"右（有）司眔𤔲"一句中的"𤔲"应该也是个动词，其意义当与此次土地交易有关。或以为𤔲字可释为"盥"，即盥洗之意，古代饮酒礼有盥洗的环节（见《仪礼·乡饮酒礼》）。但据文献所载，"盥"在"献宾"之前，这与本铭不合。这个字究竟应如何理解，尚有待于进一步的研究。

同时，我也注意到，西周铜器铭文中，在记述土地所有权转移时，似有着固定的行文格式："某某（人名）眔××（动词），某某（人名）屖"，如例2。以往诸家在讨论五祀卫鼎铭文时，都把"井人偈屖"中的"偈屖"当作人名，但现在和五年琱生尊铭文进行对照，可知这里的"屖"应和"右（有）司眔𤔲两屖"中的"屖"用法相同，不应看做人名，而是个动词，在句子中充当谓语。

那么，"屖"是什么意思呢？最初，我以为"屖"可读为"尸"，是"主持"的意思。但考虑到五祀卫鼎铭文"厉弔（叔）子夙、厉有司齰李（季）、庆癸、燹□、荆人敢、井人偈屖"一句中，有多达六人作为句子的主语出现，若将"屖"解释为"主持"，似乎有些不合情理。结合铭文内容来看，这里的"犀"可能是"陈列"的意思，读为"夷"或"尸"。古代音调十二律之一的阳律第五律，传世文献作"夷则"，曾侯乙编钟铭文则作"犀则"，明"犀"可读为"夷"。"夷"在先秦文献中有"陈列"的意思，如《礼记·丧大记》："男女奉尸夷于堂。"孔颖达疏："夷，陈也。""陈"异文或作"夷"，如李富孙《春秋左传异文释》卷三云："襄廿四年经'会于夷仪'，《公羊》作'陈仪'。廿五年经'入于夷仪'，《汉五行志》作'陈仪'。"又，金文"犀"字或可读为"遟"，如王子午鼎等器铭文中的"栺犀"即读作"舒遟"，❶ 而文献中与"遟"同谐声的"墀"或可借为"陈"。❷ 并且，金文"遟"作"徲"，有直接表示"陈列"义的用例，如柞伯簋铭："王徲赤金十反（钣）。"陈剑认为："遟似当读为'尸'或'矢'。尸、矢同纽同韵，典籍中都常训为'陈也'。……尸、矢和陈列的'陈'音近义通，应有同源的关系。"❸

可见，"犀""夷""尸""陈"关系密切，皆有"陈列"义。五祀卫鼎和五年琱生尊铭文中的"犀"，应该是"在列"之意，翻译成现代汉语就是"在现场""列席"之类的意思。

动词"犀"有时可以省略，径直罗列人名，不出现谓语。如例（3）的"燹趩"，又如下例。

例 5：王令（命）善（膳）夫豊生、司工雍毅醽（申）厉王令（命），取吴□旧彊（疆）付吴虎。乎北彊（疆）：□人罙彊（疆）。乎东彊（疆）：官人罙彊（疆）。乎南彊（疆）：畢人罙彊（疆）。乎西彊（疆）：荞姜罙彊（疆）。乎盥（俱）履封。豊生、雍毅、白（伯）道、内司土寺葬。（吴虎簋）

这例铭文中直接罗列"豊生、雍毅、白（伯）道、内司土寺葬"四人，表示四人在场，作为土地转移的监督人和见证人。

可见，土地移交事务完成后，记录此事时，末尾处要一一署列见证人的名字，这是惯例。这种做法又见于战国秦封宗邑瓦书铭文，该铭在记录

---

❶ 王辉：《古文字通假释例》，台北艺文印书馆 1993 年版，第 606 页。

❷ 陆宗达：《训诂简论》，北京出版社 2002 年版，第 132～133 页。

❸ 陈剑："柞伯簋铭补释"，载《传统文化与现代化》1999 年第 1 期。该文又收入陈剑：《甲骨金文考释论集》，线装书局 2007 年版。

土地移交、封土过程后，与正文隔开三行，最后署曰："大田佐敖童曰未、史曰初、卜蛰、史殿手、司御心，志是埋封。"❶ 与以上铜器铭文类似。

五年琱生尊铭文中的"两"，应该是"两方"的意思，指当事双方。古书中"两"多指事情所涉及的相对双方，如《左传·成公三年》："两释累囚，以成其好。"指双方互相释放囚俘。"右（有）司㫕㝵，两犀"的意思可能是：主事官员参与监督交易活动，双方当事人出席。

五、"其又（有）敢乱兹命曰'汝事召人'，公则明哑（殛）"

此为琱生的誓词。文意较显豁，只补充说明两点：

首先，"乱"读如本字，无需破读为"变"。"乱"用来支配"命""约剂"等宾语，本身就有"违背""悖乱"的意思。如《周礼·司约》："若大乱，则六官辟藏，其不信者杀。"郑玄注："大乱，谓僭约。"这里的"乱"就是指违背盟约。

其次，"其又（有）敢乱兹命曰'汝事召人'"应作一句连读，其中"汝事召人"是对"兹命"的补充注解，即"命"的具体内容。"汝事召人"本为召姜转达召公对琱生说的话。希望琱生敬事召氏大宗。琱生在这里引述重复原话以示庄重严肃。因是引述，故加"曰"字。

至于"明哑"的含义，学界意见多已一致。该语亦见于侯马盟书，原句作"吾君明殛视之，麻夷非是"。❷ 盟书中的"明殛视之"，尊铭此处单作"明哑"，古籍中或又单作"视之"，如《史记·晋世家》："重耳曰：'若反国，所不与子犯共者，河伯视之！'""郄克怒，归至河上，曰：'不报齐者，河伯视之！'"侯马盟书亦或作"君其视之"。❸ 由此可见，"明殛"可能是"明察"之类的意思。

这几句话翻译成现代汉语，应该是："我若胆敢悖乱'敬事召族'的命令，请先祖召公明察惩罚！"

---

❶ 郭子直："战国秦封宗邑瓦书铭文新释"，见《古文字研究（第14辑）》，中华书局1986年版。

❷ 见《侯马盟书》（山西省文物工作委员会编，文物出版社1976年版）所举各例盟书。

❸ 山西省文物工作委员会编：《侯马盟书》，文物出版社1976年版，第37页。

　　根据上文的讨论，我认为琱生三器铭文记述的是召氏宗族内部两大贵族之间的土地交易过程，交易双方分别是召氏大宗宗子召伯虎、召氏小宗琱生。召伯虎是奉其父母（君氏、妇氏）之命，将土地交易给琱生。所谓"余宕其参，汝宕其贰"，是指按照五分之二的比例将土地转移给琱生。

　　至于铭文中多次出现"有司"，并不足为奇，与狱讼无关。从铜器铭文及传世文献的记载来看，西周贵族之间土地所有权转移，均需上报官府，经官府确认并登记后才可执行，且在执行过程中，要由主事官员全程监督，事成后相关法律文书保存在官府以备日后查验。《周礼》有"司约"一职，负责各类要约的管理，其中就包括土地交易的要约："司约：掌邦国及万民之约剂，治神之约为上，治民之约次之，治地之约次之……"凡是重要的约剂，要铸刻于宗彝。《周礼·司约》："凡大约剂，书于宗彝；小约剂，书于丹图。"琱生与召伯虎的土地交易，分两次用三篇铭文叙其始末，铸刻于彝器，和五祀卫鼎、九年卫鼎一样，都有"立约剂于宗彝，以垂久远"的意味，与文献可资印证。

　　综合西周铭文中有关土地交易的记载，贵族之间的土地转让，其运作过程大约包括以下几个环节。

　　（1）议事：双方商议土地转让、交换的具体事宜，确定好土地的面积、疆界、价格等。

　　（2）典：将交易土地的相关情况登录在册。如《克盨》："王令尹氏友史，典善夫克田人。"《倗生簋》："用典格伯田。"

　　（3）履：指交易双方在相关官员的陪同下踏勘地界。

　　（4）封：在土地边界处封土或植树，以定标识。如例5。

　　（5）名典：在土地册书上签字，协议生效。

　　（6）正式授田并宴飨。

　　琱生三器铭文所述土地交易过程，对以上各环节，基本都有涉及。例如六年琱生簋铭云："佳六年三月甲子，王才莽。召白虎告曰：'余告庆。'曰：'公乒禀贝用狱鞣。为白又祗又成，亦我考幽白幽姜令。余告庆。余以邑讯有司。余典，勿敢封。今余既讯有司，曰令。今余既一名典，献。'白氏则报璧。琱生对扬朕宗君……"铭文反映出官府对土地转让的监控较为严格，贵族不能私下任意变更土地所有权。铭文内容显示：双方在五年九月已经初步达成一致意见，相关官员也参与并见证双方的协商（五年尊铭"有司眔𢼸"），公室收到相关款项以核实交易（"公臸稟贝用狱鞞"），召伯虎服从宗君的命令，一边将田邑变更情况向相关官员报告（"余以邑讯有司"），一边登录在册（"余典"），但在官方认可之前，尚不敢真正实施地界的变更（"勿敢封"）。等到已经完成向官方的咨询，官方同意执行（"今余既讯有司，曰𢼸令"），召伯虎才在册书上全部签名，交给琱生（"今余既一名典，献"），协约正式生效。这就是整个土地交易的全过程。

（肖晓晖，中国社会科学院语言研究所副研究员、博士）

《说文释例》所述分别文论析

■ 郝　茂

《说文释例·卷八》："字有不须偏旁而义已足者，则其偏旁为后人递加也。其加偏旁而义遂异者，是为分别文。其种有二：一则正义为借义所夺，因加偏旁以别之者也；一则本字义多，既加偏旁，则只分其一义也。其加偏旁而义仍不异者，是为累增字。"❶

通过这段文字，我们可以对王筠提出的分别文概念作如下理解：

第一，分别文与累增字的相同之处是，二者产生之前均为"不须偏旁而义已足者"，即源字具备记词功能。一字之递增可以形成累增字，也可以产生分别文。不同之处在于：源字与累增字所记录的词义先后并无变化，源字与分别文所记录的词义先后发生了变化，分别文的源字原本可以记录两个或两个以上的词义，以后通过字形分化分担其中的某一个词义。例如：取—娶、顷—倾。

第二，所谓"加偏旁而义遂异"揭示出产生分别文的重要手段是以原有字为基础增加偏旁，而增加偏旁的目的是构成新字。《释例·卷八》所举分别文均属此类，例如：曾—增、介—界、共—龚—供。这又强调源字与分别文往往有字形联系：源字增加偏旁而义遂异，意味着新的形声字的产生，源字则在新构形声字中充当音符。

第三，汉字分化的动因是语义的派生引起字形的孳乳，分别文是通过字形分化对多义字分理别异。分别文的形成主要原因有两个：其一，文字假借。如：新—薪、冉—髯，分化后源字表示假借义，分别文分担了源字

---

❶ （清）王筠：《说文释例》，中华书局 1987 年版，第 173 页。

的本义；象—像、曾—增，分化后源字表示本义，分别文分担了源字的假借义。其二，词义引申。如：顷－倾、州－洲，分化后源字表示引申义，分别文分担了源字的本义；奥—澳、昏—婚，分化后源字表示本义，分别文分担了源字的引申义。

《说文释例》与分别文概念相关的论述集中在卷八分别文、累增字中，卷六同部重文和卷七异部重文已屡有论及。梳理其中相关论述，可以从分别文与重文之间的关系、源字与分别文字形与音义之间的联系、分别文的构成形式等方面深入把握分别文的基本特性。

一、关于分别文与《说文》重文

《说文释例》先后论列同部重文和异部重文，王筠是在《说文》重文研究的过程中发现分别文并设专节集中论列的。卷八在分别文和累增字讨论之先注曰："此亦异部重文，以其由一字递增也，别辑之。"❶ 但在王筠看来，同部重文和异部重文并无性质差异，并且认为《说文》同部重文本在异部，其类聚者，"盖出后人妄为迻并矣"。❷ 而通过《说文释例》相关论述的梳理可知：分别文的分布并不限于异部重文，分别文同样存在于同部重文。《说文释例》也屡见涉及同部重文中分别文的分析：

《说文·箕部》："箕，簸也。从竹；甘，象形；下其丌也。……𥲤，籀文箕，𠥓，籀文箕。"❸《说文释例·卷六》："箕从竹者，盖借其为语词之后，加竹以为别也。𠥓亦分别文。"❹

《说文·雲部》："雲，山川气也。从雨，云象云回转形。凡雲之属皆从雲。云，古文省雨，𠄔，亦古文云。"❺《说文·匚部》："匼，饮器，筥也。

---

❶ （清）王筠：《说文释例》，中华书局1987年版，第173页。
❷ （清）王筠：《说文释例》，中华书局1987年版，第126页。对于这种推断的可靠性问题已有学者专文详论，可参见单周尧《读王筠〈说文释例·同部重文篇〉札记》，见《文字训诂丛稿》，（台北）文史哲出版社2000年版。
❸ （东汉）许慎：《说文解字》，中华书局1963年版，第99页。
❹ （清）王筠：《说文释例》，中华书局1987年版，第134页。
❺ （东汉）许慎：《说文解字》，中华书局1963年版，第242页。

从匚，㞷声。筐，匚或从竹。"❶ 《说文释例·卷六》："窃以'云'作'雲'、'匚'作'筐'例之，皆正文为借义所夺，乃于正文加偏旁以定之。"❷

《说文释例·卷八》所述异部重文的分别文包括两类，一是指源字与分别文分属《说文》的不同部首，如"曾—增""介—界""制—製""共—供—龔"等，此类占大多数；二是指源字与分别文属于《说文》的同一部首，但分立字头，同是正篆，如"豈—愷"同属豈部，"句—拘—笱—钩"同属句部。而上举"其—箕""云—雲""匚—筐"则是不同的另一类：源字与分别文其中之一为《说文》正篆字头下的同部重文。归纳分别文的这三种情况可知，分别文存在于异部重文之间、同一部首所属正篆之间、字头正篆与所属同部重文之间，而并不局限于异部重文。《说文释例》是对其中异部重文中的分别文相对细致地进行了调查，集中进行了论列。

二、源字与分别文的字形与音义的对应关系

如《说文释例》所述，分别文的产生缘于文字的假借或词义的引申。文字在历时发展的过程中需要通过字形分化对多义字和多音字分理别异，以准确清晰地记写汉语。减少多音字或多义字的字形负担过重，分担源字的本义、或引申义、或假借义，这是分别文产生的动因。

例如，《说文·尸部》："尸，陈也。象卧之形。凡尸之属皆从尸。"❸《说文·尸部》："屍，终主。从尸，从死。"❹《说文释例·卷七》："尸盖古文，部中屍盖分别文也。尸象卧人，人死则长卧矣。《大司乐》：屍出入则令奏肆夏。《释文》：屍音尸，本亦作尸。是其证。说解曰陈也者，左成十七年传：皆尸诸朝。杜注：陈其尸于朝……一义引申，而以死人为本义，

---

❶ （东汉）许慎：《说文解字》，中华书局 1963 年版，第 268 页。
❷ （清）王筠：《说文释例》，中华书局 1987 年版，第 146 页。
❸ （东汉）许慎：《说文解字》，中华书局 1963 年版，第 174 页。
❹ 同上。

借用既久，乃作屍字为本义耳。"

《说文·八部》："曾，词之舒也。从八，从曰，囧声。"❶ 《说文·土部》："增，益也。从土，曾声。"❷ 《说文释例·卷八》："知曾以语词为正解。曾部云：从曾省，曾，益也。则益为曾之假借义。土部增下云益也，第分曾字益也之义，不关词之舒一义，只云曾声。"

《说文·辵部》："遫，疾也。从辵，束声。𧽠，籀文从欶。警，古文从欶从言。"❸ 《说文释例·卷六》："速之古文警，《玉篇》在言部，云：言疾，古文速。先云言疾者，以言之疾速为警之正义也，步行之速似未可用警。印林曰：此正重文之广其义者，从辵则行之速，从言则言之速。重文类此者多矣，不必独疑此。"

以上三例，第一例尸—屍为异部重文，且同属尸部，分别文"屍"分担了源字"尸"的本义；第二例"曾—增"为源字与分别文（亦异部重文），二者分属不同的部首，分别文"增"分担了源字"曾"的假借义；第三例"速—警"为同部重文，分别文"警"更换源字"速"的结构成分，成为其引申义的专字。

《说文释例》揭示出分别文的产生缘于文字的假借或词义的引申，而通过对分别文的集中训释，又涉及分别文承担源字假借义或引申义的不同方式。例如，《说文·米部》："米，粟实也。象禾实之形。凡米之属皆从米。"❹ 《说文·糸部》："緻，绣文如聚细米也。从糸，从米，米亦声。"❺ 《说文释例·卷八》："糸部緻与部首米同。米足兼米义，米不足兼米义。此尤一字递增之最显者。"

《说文·象部》："象，长鼻牙，南越大兽，三年一乳。象耳牙四足之形。凡象之属皆从象。"❻ 《说文·人部》："像，象也。从人，从象，象亦声。"❼ 《说文释例·卷八》："《易》曰：象也者，像也。乃以中古分别字释

---

❶ （东汉）许慎：《说文解字》，中华书局 1963 年版，第 28 页。

❷ 同上书，第 288 页。

❸ 同上书，第 40 页。

❹ 同上书，第 147 页。

❺ 同上书，第 273 页。

❻ 同上书，第 198 页。

❼ 同上书，第 167 页。

上古假借字也。许君即颠倒用之。段氏迻像与相似近，而《玉篇》引《说文》象也，又与傅侩倦僧偶仙相次，与《说文》大同，不须迻也。它字说解中象字，段氏皆改为像，忘却许君言象形不言像形矣。"

"綵"为"米"的分别文，《说文》表示像细米似的密集的绣文，此为"米"之引申义；"像"为"象"的分别文，《说文》表示相似义，此为"象"之假借义。这一类源字与分别文的特点是，分别文产生后，源字依然可以用于表示分别文的义项。分别文表示词义相对狭窄，源字在实际应用中可包含分别文表示的义项。❶ 而另一类则不同。

《说文·㺁部》："𥎨，矢锋也。束之族族也。从㺁，从矢。"❷《说文·金部》："鏃，利也。从金，族声。"❸《说文释例·卷八》："矢锋所取者，铦利也。《玉篇》《广韵》鏃衹训箭鏃，无它解。"❹

《说文·斤部》："𣂪，取木也。从斤，新声。"❺《说文解字注·斤部》："取木者，新之本义，引申为凡基始之称……当作从斤、木，辛声。"❻《说文·艸部》："薪，荛也。从艸，新声。"❼《说文释例·卷八》："然则新为采取，薪为刍荛。虽分动静，实为一字也。为新旧字所专，人遂不觉耳。"❽

"鏃"为"族"的分别文，《说文》表示轻捷锐利，此为"族"之引申义。《说文》"新"表示砍伐树木，"薪"表示作燃料的木柴，两形为一字孳乳。后来"新"为新旧之假借义所专，两形不再有意义上的联系。这一类源字与分别文的特点是，源字与分别文完全分化，各司其职，在实际应用中不具有包含或被包含的关系。

通过源字与分别文的字形与音义对应关系的分析，再结合分别文与《说文》重文之间的关系，我们还可以看出：累增字属于异部重文或同部重

---

❶ 当今楷字的使用发生了变化，"綵"字淘汰，"象""像"各司其职，这是现代汉字的应用规范。

❷ （东汉）许慎：《说文解字》，中华书局1963年版，第141页。

❸ 同上书，第298页。

❹ （清）王筠：《说文释例》，中华书局1987年版，第175页。

❺ （东汉）许慎：《说文解字》，中华书局1963年版，第300页。

❻ （清）段玉裁：《说文解字注》，上海古籍出版社1988年版，第717页。

❼ （东汉）许慎：《说文解字》，中华书局1963年版，第25页。

❽ （清）王筠：《说文释例》，中华书局1987年版，第177页。

文中的异体字关系；分别文属于异部重文或同部重文中的分化字关系。累增字是一字殊形，分别文已分化成不同的两个字，性质殊异。《说文释例》将分别文隶属重文，一方面凸显了源字－分别文的密切关系；另一方面揭示出重文并非单纯的异体字关系。20 世纪 40 年代，沈兼士曾提出："许书重文包括形体变异、同音通借、义通换用三种性质，非仅如往者所谓音义悉同形体变易是为重文。"❶ 将正篆与重文之间的字际关系划分为异体字、假借字、同义换读三类。分析《说文释例》所述分别文，可知清儒已论及不同性质的《说文》重文类型。

三、分别文的构字方式

《说文释例》所述"加偏旁而义遂异"为分别文的基本构字方式，但并不是说这是分别文唯一的构字方式。分别文的构字方式，大致可归纳为四种。

其一，递加偏旁。如上揭"其—箕"、"云—雲"、"匚—筐"、"尸—屍""曾—增"、"丂—巧"之属。《说文释例》卷八对此类分别文集中论列，不烦举。

其二，替换偏旁。如上揭"速—警"之属。补释一例，《说文·巾部》："帅，佩巾也。从巾、自。帨，帅或从兑。""帨"不见于出土古文字，"帅"西周金文作帥（五祀卫鼎）、帥（师望鼎）、帥（师虎簋）诸形，字不从自。龙宇纯曰："《礼记·内则》：'子生：男子，设弧于门左；女子，设帨于门右。'郑玄注云：'表男女也。弧者，示有事于武也；帨，人之佩巾也。'帅字巾在阝右侧，帨与帅同字，无异说明阝即门，帥便是取门右设帨表示生女以会意。"❷ 帅、帨曾为一字之异体，结构类型不同，一会意，一形声。然佩巾之义，经传皆用帨，无用帅者，帅乃为将帅之借义所专。《论语·子罕》："三军可夺帅也，匹夫不可夺志也。"两形各表其义。

---

❶ 沈兼士："汉字义读法之一例——《说文》重文之新定义"，见《沈兼士学术论文集》，中华书局 1986 年版，第 238 页。

❷ 龙宇纯："说帅"，见《丝竹轩小学论集》，中华书局 2009 年版，第 30 页。

其三，变化笔形。试释一例，《说文·乌部》："⿰，孝鸟也。象形。孔子曰：乌，盱呼也。取其助气，故以为乌呼。⿰，古文乌，象形。⿰，象古文乌省。""乌"西周金文作⿰（毛公鼎）、⿰（效卣），象乌鸟形。至春秋战国作⿰（余义钟）、⿰（中山王壶），象形结构因笔形变化而分离，为《说文》古文所本。古文字中"乌""於"两形均多借为叹词。《效卣》："乌虖！效不敢不万年夙夜奔走扬公休。"《中山王壶》："於虖！允哉若言。"但在先秦典籍中"乌"字单用多表其本义，不用为介词，《诗·邶风·北风》："莫赤匪狐，莫黑匪乌。"而"於"多借为介词，一般不用于表乌鸟本义，《书·君奭》："其集大命於厥躬。"这种分化沿用至后世，字音亦有区分。

其四，重造新字。试释一例，《说文·吕部》："⿰，脊骨也。象形。昔太岳为禹心吕之臣，故封吕侯。⿰，篆文吕，从肉，从旅。"本义为脊椎骨。"吕"象形，"膂"形声，且结构成分完全不同。传世典籍"吕"偶有本用的例子，《急就篇·卷三》："尻髋脊膂腰背吕。"颜师古注："吕，脊骨也。"但"吕"多用其假借义，《国语·周语下》："氏曰有吕。""膂"为表"吕"本义的分别文。《书·君牙》："今命尔予翼，作股肱心膂。"在马王堆帛书中"膂"作⿰，上讹从衣，辞例："即取刑马膂肉十"（养126），马王堆帛书"吕"形数见，均借表地名或用为姓氏，不备举。说明西汉"吕""膂"两形已经分化，"吕—膂"为源字与分别文关系。

显然，递加偏旁是最能产的分别文构字方式，替换偏旁、变化笔形和重造新字所组构的分别文数量都很有限。

《说文释例》于分别文的不同构字方式亦有所揭示，《说文·丂部》："⿰，气欲舒出，⿰上碍于一也。丂，古文以为亏字，又以为巧字。"《说文释例·卷八》："丂下云：古文以为亏字，又以为巧字。知古亏巧皆作丂，其无别也。乃即丂加一以为亏，加工以为巧，各适其用，不复相同矣。"[1]

分别文"巧"无疑是在源字"丂"的基础上增加结构成分"工"而构成，而分别文"亏"（今作"于"）则是在源字"丂"的基础上变化笔形而构成。

---

[1]（清）王筠：《说文释例》，中华书局 1987 年版，第 182 页。

分别文是反映汉字历时孳乳的概念，当今对汉字分化问题的讨论实际上发轫于王筠的分别文研究。新出版的《语言学名词》对文字学上所说的"分化"是这样描述的："将原来由一个字所承担的多项职能，改由两个或两个以上的字来分别承担的汉字演变现象。汉字分化的类型主要有异体字分工、加注或改换偏旁造分化字、造与源字只有笔画上细微差别的分化字、造与源字在字形上没有联系的分化字。"❶ 本文从王筠分别文的界定、源字与分别文的字形与音义的对应关系以及分别文的构字方式诸方面进行分析比较，可以断定王筠的分别文与当今的分化字概念一脉相承。有学者将古今汉字发展的基本规律总结为"简化、分化、规范化"，❷《说文释例》有关分别文的论述对于当今汉字的理论研究和实际应用研究值得深入分析和借鉴。

（郝茂，中国传媒大学文法学部文学院教授、博士）

---

❶ 语言学名词审定委员会：《语言学名词》，商务印书馆 2011 年版，第 23 页。
❷ 林沄：《古文字学简论》第三章《字形历史演变的规律》，中华书局 2012 年版，第 81 页。

晋陕蒙三地五台片方言分音词的比较研究*

■ 范慧琴

引　言

晋语的分音词有人称之为"嵌 l 词""反语骈词"或"析音词"，一般指的是一种前字读入声，后字读 l 声母的双音节单纯词，是通过语音手段分离单音词而构成的特殊词汇。● 例如，定襄方言的"不烂"一词，前字读音为入声［pəʔ²］，后字读音为 l 声母的［læ⁵³］，前后字单说没有实在的意义，合在一起表示"搅拌"之义。这样的复音词往往可以通过前后字的合音推断出一个与其意思相同的单音词，一般取前字的声母，后字的韵母和声调，如"不烂"合音为"拌［pæ⁵³］"。因此，从构词的角度来看，它是一个音节分裂为两个音节，本文称之为分音词。

晋语五台片方言普遍存在分音词，但各方言的具体数量和用法不完全相同，本文就山西、陕西、内蒙古晋语五台片中的分音词做具体的比较研究，以揭示其共同点和差异。山西选定襄、宁武 2 个方言点，陕西选神木、子洲 2 个方言点，内蒙古选巴彦淖尔、杭锦后旗 2 个方言点，其中神木方言的语料来自邢向东《神木方言研究》，其他方言点的语料均为作者亲自调查所得。

---

* 本文为教育部人文社会科学研究青年基金项目"晋陕蒙三地晋语五台片方言的比较研究"（YJC740069）阶段性成果之一。

● 邢向东：《神木方言研究》，中华书局 2002 年版，第 254 页。

一、晋陕蒙三地五台片方言分音词表

在五台片方言中，分音词内部的一致性较强，但在语料对齐方面也存在一些差异。首先，因各方言的音系不完全相同，故同一条分音词在不同方言中的读音不完全相同。其次，因词义本身的复杂性，故同一条分音词在不同方言中的意思虽大体一致，但在词义范围宽窄、义项多寡等方面会有一些差别。因此，笔者将在各方言中语音上有对应关系、词义相同或相近的词看做一组同源词，❶ 把它们放在同一栏中加以比较。分音词的两个音节一般都没有实在意义，没有与之对应的本字，这里都用国际音标记音，为比较方便，同时用方言中的同音字来记录每个音节，没有同音字的，用方框"□"标记。严格来说，通过前后音节的合音形式，分音词都能推出一个与其意思相同或有源流关系的本字词，但因它们产生的时间比较早，按照方言中今天的读音，有的可能并不能推出一个相应的本字词，或者说，能考出其本字词，但它今天的读音并不是前后音节今音的合音形式。因此，在词义解释一栏，如果是可推出本字词的，❷ 不管它在方言中是否用，都先将其列在词义栏的开头，词义解释在冒号"："之后；没有推出或无法推出本字词的，暂附阙如，直接给出词义解释（见表1）。

表1　五台片方言分音词表

词义	山西晋语		陕西晋语		内蒙古晋语	
	定襄	宁武	神木	子洲	巴彦淖尔	杭锦后
碍事儿	不蜡 [pə$?^2$lə$?^2$]	不蜡 [pə$?^{31}$lɐ$?^{31}$]	—	—	—	—
扒：拨、拨动	不拉 [pə$?^2$la^{224}]	不拉 [pə$?^{31}$lʌ^{223}]	卜拉 [pə$?^2$la^{24}]	不拉 [pə$?^{51}$la^{214}]	不拉 [pə$?^5$la^{224}]	不拉 [pə$?^5$la^{224}]

❶　同源词是历史语言学的一个术语，用来指亲属语言中具有相同词根的一组词，李小凡、项梦冰认为汉语方言中词义相同或相关，语音对应规律相同或相通的方言词也可以视为同源词，参见李小凡、项梦冰：《汉语方言学基础教程》，北京大学出版社2009年版，第87页。

❷　可以推出本字词的，这个本字在有的方言中跟分音词并用，在有的方言中只用分音词，各方言情况不尽相同，这里不管本字词是否使用，都列在词义栏的开头。

续表

词义	山西晋语		陕西晋语		内蒙古晋语	
	定襄	宁武	神木	子洲	巴彦淖尔	杭锦后
摆：摇摆、摆动	不□ [pəʔ²²lE²¹⁴]	不垒 [pəʔ³¹lE²¹⁴]	不□ [pəʔ⁴lE²¹]	—	不□ [pəʔ⁵lɛ²¹⁴]	—
棒：棒子	不浪 [pəʔ²²lɔ⁵³]	不浪 [pəʔ³¹lɒ⁵²]	卜浪 [pəʔ⁴lã⁵³]	不浪 [pəʔ⁵¹lɔ⁵¹]	不浪 [pəʔ⁵lɔ⁵¹]	—
节	不□儿 [pəʔ²²luɣr³³]	—	—	—	—	—
拨：用手拨动	不□ [pəʔ²²lɔu²²⁴]	—	卜□ [pəʔ²²lɔ²⁴]	—	—	不□ [pəʔ⁵lɔu³³]
行、串、排	不六 [pəʔ²²liəu⁵³]	不六 [pəʔ³¹liəu⁵²]	—	—	不六 [pəʔ⁵liəu⁵¹]	不六 [pəʔ⁵liəu⁵¹]
拌：拌、搅拌	不烂¹ [pəʔ²²læ⁵³]	不烂¹ [pəʔ³¹læ⁵²]	—	—	不烂¹ [pəʔ⁵læ⁵¹]	—
绊：绊	不烂² [pəʔ²²læ⁵³]	不烂² [pəʔ³¹læ⁵²]	卜烂 [pəʔ⁴lɛ⁵³]	不烂 [pəʔ⁵¹læ⁵¹]	不烂² [pəʔ⁵læ⁵¹]	不烂 [pəʔ⁵læ⁵¹]
滚动，挣扎	不□ [pəʔ²²lie²²⁴]	不□ [pəʔ³¹liæ²²³]	卜□ [pəʔ²²lie²⁴]	不□ [pəʔ⁵¹liE²¹⁴]	不□ [pəʔ⁵lie²²⁴]	不□ [pəʔ⁵lie²²⁴]
蹦：蹦蹦跳跳	不□ [pəʔ²²ʔəŋ²²⁴]	不□ [pəʔ³¹lɤ̃²²³]	卜□ [pəʔ²¹lɤ̃²⁴]	—	不□ [pəʔ⁵lɤ̃ŋ²²⁴]	—
笨：傻	不楞 [pəʔ²²ləŋ⁵³]	—	—	—	—	—
笸箩	笸□ [pʰəʔ²²lɔ²²⁴]	笸箩 [pʰəʔ³¹luo⁵²]	孛箩 [pʰəʔ⁴luo⁵³]	不□ [pəʔ⁵¹lei⁵¹]	笸箩 [pʰəʔ⁵luo³³]	笸□ [pʰəʔ⁵luɣ⁵¹]
去掉、拂去	笸□ [pʰəʔ²²lɔu²²⁴]	笸搂 [pʰəʔ³¹ləu³³]	—	—	笸□ [pʰəʔ⁵lɔu²²⁴]	笸□ [pʰəʔ⁵lɔu³³]
拖着腿走路	笸列 [pʰəʔ²²liə²]	笸列 [pʰəʔ³¹liæ³³]	—	笸列 [pʰəʔ⁵¹liəʔ⁵¹]	—	—
（炮）旋转	笸□ [pʰəʔ²²lie²²⁴]	—	—	—	—	—

词义	山西晋语		陕西晋语		内蒙古晋语	
	定襄	宁武	神木	子洲	巴彦淖尔	杭锦后
盘: 篮、筐、盘	筐篮 [pʰəʔ²²læ²¹]	筐篮 [pʰəʔ³¹læ³³]	孛篮 [pʰəʔ²⁴lɛ⁴⁴]	不篮儿 [pəʔ⁵¹lər⁵¹]	筐篮 [pʰəʔ⁵læ³³]	筐篮 [pʰəʔ⁵læ³³]
蓬: 蓬、丛、簇	筐楞 [pʰəʔ²²ləŋ⁵³]	筐楞 [pʰəʔ³¹lɣ̃⁵²]	—	—	—	—
捋、弄展、弄顺	没缕 [məʔ²²ly²¹⁴]	—	—	—	—	—
用手捋光、捋掉	没腊 [məʔ²²ləʔ²]	—	—	—	—	—
抿: 抿	没领 [məʔ²²liŋ²¹⁴]	—	—	—	—	—
呡: 含在口里使融化	没另 [məʔ²²liŋ⁵³]	—	—	—	—	—
没: 没有	没□ [məʔ²²lɔ²²⁴]	—	—	—	—	—
摸: 摸	没捞 [məʔ²²lɔu²¹]	麻捞 [mɐʔ³¹lɔu³³]	—	—	没捞 [məʔ⁵lɔu³³]	没捞 [məʔ⁵lɔu³³]
首、头	达老 [təʔ²lɔu²¹⁴]	—	得老 [təʔ²lɔ²⁴]	得老 [təʔ⁵¹lɔu²¹⁴]	—	—
当: 象声词	达兰 [təʔ²læ²¹]	达烂¹ [təʔ³¹læ⁵²]	—	—	—	—
旦: 前伸并下垂	达烂 [təʔ²læ⁵³]	达烂² [təʔ³¹læ⁵²]	得□ [təʔ²lɛ⁵³]	达烂 [təʔ⁵¹læ⁵¹]	达□ [təʔ²læ²¹⁴]	—
吊: 吊、悬挂	得料 [tiəʔ²liə⁵³]	得料 [tiəʔ³¹liəu⁵²]	的料¹ [tiəʔ²⁴liə⁵³]	—	—	—
掉: 掉	—	—	的料² [tiəʔ²⁴liə⁵³]	—	—	—
提	得□ [tiəʔ²²liəu²²⁴]	滴溜 [tʰiəʔ³¹liəu³³]	的留 [tiəʔ²⁴liəu⁴⁴]	得□ [təʔ⁵¹liəu²¹⁴]	得□ [tiəʔ⁵liəu²²⁴]	得□ [tiəʔ⁵liəu³³]

续表

词义	山西晋语		陕西晋语		内蒙古晋语	
	定襄	宁武	神木	子洲	巴彦淖尔	杭锦后
提	—	—	的离 [tiə²⁴li⁴⁴]	—	—	—
喋：喋喋不休	得□ [tiəʔ²²lie²¹]	—	—	—	—	—
拖：耷拉	沓□ [tʰəʔ²²lɔ²²⁴]	沓□¹ [tʰəʔ³¹lʌ³³]	达拉 [təʔ⁵¹la²¹⁴]		沓□¹ [tʰəʔ⁵la³³]	沓□¹ [tʰəʔ⁵la³³]
拖着（鞋）	沓腊 [tʰəʔ²²lɔʔ²]	沓□² [tʰəʔ³¹lʌ³³]	—	沓□ [tʰəʔ⁵¹la⁵¹]	沓□² [tʰəʔ⁵la³³]	沓□² [tʰəʔ⁵la³³]
团：团	突栾 [tʰuəʔ²²luɛ̃²¹]	—	—	—	—	—
嘟噜、串	突噜 [tʰuəʔ²²lu²¹]	突噜 [tʰuəʔ³¹lu³³]				
秃噜，象声词	—	突□ [tʰuəʔ³¹lu⁵³]	突□ [tʰuəʔ²⁴lu⁵³]			
慢慢吐出	突累 [tʰuəʔ²²luei⁵³]		突□ [tʰuəʔ²²luɛ²⁴]			
脱落	—	突笼 [tʰuəʔ³¹lu ɤ̃³³]	突笼 [tʰuəʔ²⁴luɤ̃⁴⁴]			
嗵：象声词	—	突弄 [tʰuəʔ³¹lu ɤ̃⁵³]	突弄 [tʰuəʔ²⁴luɤ̃⁵³]			
搅：搅动	圪老 [kəʔ²²lɔu²¹⁴]	圪老 [kəʔ³¹lɔu²¹⁴]	圪老 [kəʔ²⁴lɔ²¹]	圪老 [kəʔ⁵¹lɔu²¹⁴]	圪老 [kəʔ⁵lɔu²¹⁴]	圪老 [kəʔ⁵lɔu²¹⁴]
角：角落	圪□ [kəʔ²²lɔu²²⁴]	圪□ [kəʔ³¹lɔu²²⁴]	圪老 [kəʔ²lɔ²⁴]	圪老 [kəʔ⁵¹lɔu²¹⁴]	圪□ [kəʔ⁵lɔu²²⁴]	圪□ [kəʔ⁵lɔu²²⁴]
翘：弯曲、不平	圪料 [kəʔ²²liɔu⁵³]	圪料 [kəʔ³¹liɔu⁵²]	圪料 [kəʔ²⁴liɔ⁵³]	—	圪料 [kəʔ⁵liɔu⁵¹]	圪料 [kəʔ⁵liɔu⁵¹]
翘	—	克撩 [kʰəʔ³¹liɔu³³]	圪撩 [kəʔ²⁴liɔ⁴⁴]	—	—	—

续表

词义	山西晋语		陕西晋语		内蒙古晋语	
	定襄	宁武	神木	子洲	巴彦淖尔	杭锦后
胳肢、用手痒使发笑	圪□¹ [kə?²li²²⁴]	圪里 [kə?³¹li³³]	圪□ [kə?²li²⁴]	圪□¹ [kə?⁵¹li²¹⁴]	圪□ [kə?⁵li²²⁴]	圪□ [kə?⁵li²²⁴]
松鼠	圪□² [kə?²li²²⁴]	圪另 [kə?³¹liɤ⁵³]	—	圪□² [kə?⁵¹li²¹⁴]	—	—
表层干裂	圪□ [kə?²liɔ²²⁴]	圪□ [kʰə?³¹liŋ³³]	—	—	圪□ [kə?⁵liɔ³³]	圪□ [kə?⁵liɔ³³]
勾	—	圪六 [kə?³¹liəu⁵²]	圪溜 [kə?²liəu²⁴]	—	—	—
僵	—	—	圪□ [kə?²liɑ²⁴]	—	—	—
杆/秆: 杆、秆	圪榄 [kə?²læ²¹⁴]	圪榄 [kə?³¹læ²¹³]	圪榄 [kə?⁴lɛ²¹]	圪榄 [kə?⁵¹læ²¹⁴]	圪榄 [kə?⁵læ²¹⁴]	圪榄 [kə?⁵læ²¹⁴]
埂: 埂	圪□ [kə?²ləŋ²¹]	圪楞 [kə?³¹lɤ³³]	圪楞 [kə?⁴lɤ⁴⁴]	—	—	—
打嗝	圪漏 [kə?²ləu⁵³]	圪漏 [kə?³¹ləu⁵²]	圪路 [kə?⁴ləu⁵³]	圪漏 [kə?⁵¹ləu⁵¹]	圪漏 [kə?⁵ləu⁵¹]	圪漏 [kə?⁵ləu⁵¹]
刮: 刮	骨拉 [kuə?²la²²⁴]	骨拉 [kuə?³¹lʌ²²³]	—	—	—	骨拉 [kuə?⁵la²²⁴]
弄完、弄光	骨腊 [kuə?²lə?²]	—	—	—	—	—
裹: 裹	骨□ [kuə?²luɔ²¹⁴]	—	—	—	—	—
卷儿、团儿	骨□ [kuə?²lyɔ²²⁴]	骨□ [kuə?³¹lyæ²²³]	骨□ [kuə?²lye²⁴]	—	—	—
蜷: 蜷	—	—	骨联 [kuə?⁴lye⁴⁴]	—	—	—
滚动	骨□¹ [kuə?²lu²²⁴]	骨碌 [kuə?³¹lu²²⁴]	—	—	—	—

续表

词义	山西晋语		陕西晋语		内蒙古晋语	
	定襄	宁武	神木	子洲	巴彦淖尔	杭锦后
毂：轱辘	骨□^{2} $[kuəʔ^2lu^{224}]$	轱辘 $[kuəʔ^{31}lu^{33}]$	毂辘 $[kuəʔ^4lu^{53}]$	骨□ $[kuəʔ^{51}lu^{214}]$	骨□ $[kuəʔ^5lu^{224}]$	—
锢：锢	—	—	骨露 $[kuəʔ^4lu^{53}]$			
含嘴里嚼而不咽			骨□ $[kuəʔ^2luɛ^{24}]$			
滚：滚动	骨拢 $[kuəʔ^2luəŋ^{214}]$	骨拢 $[kuəʔ^{31}luɤ^{213}]$	骨隆 $[kuəʔ^4luɤ^{21}]$	骨拢 $[kuəʔ^{51}luəŋ^{214}]$	骨拢 $[kuəʔ^5luəŋ^{214}]$	—
坷垃、土块	克腊 $[kʰəʔ^2ləʔ^2]$	克蜡 $[kʰəʔ^{31}ləʔ^{31}]$	—		克腊 $[kʰəʔ^5ləʔ^5]$	克腊 $[kʰəʔ^5ləʔ^5]$
眍：眍	—	克瞜 $[kʰəʔ^{31}ləu^{33}]$	克瞜 $[kʰəʔ^2ləu^{24}]$			
腔：胸腔	克□ $[kʰəʔ^2lɔ^{224}]$	克朗 $[kʰəʔ^{31}lɒ^{223}]$	克□ $[kʰəʔ^2lɒ^{24}]$	克□ $[kʰəʔ^{51}lɔ^{214}]$	克□ $[kʰəʔ^5lɔ^{224}]$	克□ $[kʰəʔ^5lɔ^{224}]$
弯曲	克□ $[kʰəʔ^2liəu^{224}]$	圪溜 $[kəʔ^{31}liəu^{223}]$	—	克□ $[kʰəʔ^{51}liəu^{214}]$	圪溜 $[kəʔ^5liəu^{224}]$	圪溜 $[kəʔ^5liəu^{224}]$
不方便	克□ $[kʰəʔ^2liɔ^{224}]$	克□ $[kʰəʔ^{31}liɒ^{223}]$			克□ $[kʰəʔ^5liɔ^{224}]$	克□ $[kʰəʔ^5liɔ^{224}]$
块：块	—	—	窟□ $[kʰuəʔ^4luE^{21}]$	—	—	—
一种面食	窟垒 $[kʰuəʔ^2luei^{214}]$	窟垒 $[kʰuəʔ^{31}luE^{223}]$	—	—	—	—
圈：圆圈	窟挛 $[kʰuəʔ^2lye^{224}]$	窟挛 $[kʰuəʔ^{31}lyæ^{223}]$	窟□ $[kʰuəʔ^2lye^{24}]$	窟挛 $[kʰuəʔ^{51}lyɪ^{214}]$	窟挛 $[kʰuəʔ^5lye^{224}]$	窟挛 $[kʰuəʔ^5lye^{224}]$
有墙无房的院子	窟练 $[kʰuəʔ^2lyẽ^{53}]$	窟□ $[kʰuəʔ^{31}lyæ̃^{52}]$	窟□ $[kʰuəʔ^4lye^{53}]$	窟练 $[kʰuəʔ^{51}lyɪ^{51}]$	窟练 $[kʰuəʔ^5lye^{51}]$	窟练 $[kʰuəʔ^5lye^{51}]$
孔：窟窿	—	窟□ $[kʰuəʔ^{31}luɤ^{52}]$	窟窿 $[kʰuəʔ^4luɤ^{21}]$	—	—	—

词义	山西晋语		陕西晋语		内蒙古晋语	
	定襄	宁武	神木	子洲	巴彦淖尔	杭锦后
巷:胡同	黑浪 [xəʔ²lɔ⁵³]	黑浪 [xəʔ³¹lɔ⁵²]	黑浪 [xəʔ⁴lɔ⁵³]	黑浪 [xəʔ⁵¹lɔ⁵¹]	黑浪 [xəʔ⁵lɔ⁵¹]	黑浪 [xəʔ⁵lɔ⁵¹]
罅:缝隙,夹缝	黑□¹ [xəʔ²la²¹]	圪拉 [kəʔ³¹lʌ⁵²]	圪拉 [kəʔ⁴la⁵³]	圪拉 [kəʔ⁵¹la⁵¹]	黑□ [xəʔ⁵la⁵¹]	黑□¹ [xəʔ⁵la⁵¹]
哈:开小缝儿	黑□² [xəʔ²la²¹]	黑□ [xəʔ³¹lʌ⁵²]	—	—	—	黑□² [xəʔ⁵la⁵¹]
象声词	黑□³ [xəʔ²la²¹]	黑□ [xəʔ³¹lʌ³³]	—	黑□ [xəʔ⁵¹la⁵¹]	—	黑□³ [xəʔ⁵la⁵¹]
匣:匣子	—	—	黑拉 [xəʔ⁴la⁴⁴]	—	—	—
虐骂(小孩)	黑列 [xəʔ²liəʔ²]	—	—	—	—	—
舸:舠	黑喽 [xəʔ²ləu²²⁴]	—	—	黑喽 [xəʔ⁵¹ləu⁵¹]	黑喽 [xəʔ⁵ləu³³]	黑喽 [xəʔ⁵ləu³³]
眼眶深陷	黑□ [xəʔ²ləu²²⁴]	—	—	—	—	—
象声词,铃铛声	黑哩 [xəʔ²li²¹]	—	—	—	—	—
撼	—	黑楞 [xəʔ³¹lɤ⁵²]	黑楞 [xəʔ⁴lɤ⁵³]	—	—	—
(随意)打扫	忽腊 [xuəʔ²lɔʔ²]	忽拉 [xuəʔ³¹lʌ²²³]	—	—	—	忽拉¹ [xuəʔ⁵la²²⁴]
划:乱划	忽□ [xuəʔ²la⁵³]	忽□ [xuəʔ³¹lʌ⁵²]	忽□ [xuəʔ⁴la⁵³]	—	忽拉 [xuəʔ⁵la³³]	忽拉² [xuəʔ⁵la²²⁴]
快而含混地说	忽列 [xuəʔ²liəʔ²]	—	—	—	—	—
雷	忽垒 [xuəʔ²luei²¹⁴]	忽垒 [xuəʔ³¹luE²¹³]	—	—	—	—

续表

词义	山西晋语		陕西晋语		内蒙古晋语	
	定襄	宁武	神木	子洲	巴彦淖尔	杭锦后
浑：囫囵	囫囵 [xuəʔ²luəŋ²¹]	囫囵 [xuəʔ³¹luɤ³³]	囫囵 [xuəʔ⁴luɤ⁴⁴]	囫囵 [xuəʔ⁵¹luə̃ŋ³³]	囫囵 [xuəʔ⁵luə̃ŋ³³]	囫囵 [xuəʔ⁵luə̃ŋ³³]
喉咙	忽咙 [xuəʔ²luəŋ²¹]	忽咙 [xuəʔ³¹luɤ³³]	忽咙 [xuəʔ⁴luɤ⁴⁴]	忽咙 [xuəʔ⁵¹luə̃ŋ³³]	忽咙 [xuəʔ⁵luə̃ŋ³³]	忽咙 [xuəʔ⁵luə̃ŋ³³]
哗：象声词	忽啦 [xuəʔ²la²¹]	忽啦 [xuəʔ³¹lA³³]	—	忽啦 [xuəʔ⁵¹la³³]	忽啦 [xuəʔ⁵la³³]	忽啦 [xuəʔ⁵la³³]
轰：象声词	忽隆 [xuəʔ²ləŋ²¹]	忽隆 [xuəʔ³¹luɤ̃⁵²]	—	忽隆 [xuəʔ⁵¹luə̃ŋ³³]	忽隆 [xuəʔ⁵luə̃ŋ⁵¹]	忽隆 [xuəʔ⁵luə̃ŋ⁵¹]
象声词	忽嚓 [xuəʔ²tsʰa²¹]	忽嚓 [xuəʔ³¹tsʰA 33]	—	忽嚓 [xuəʔ⁵¹tsʰa³³]	—	—
瓠：葫芦	忽芦 [xuəʔ²lu²¹]	忽芦 [xuəʔ³¹lu³³]	忽芦 [xuəʔ⁴lu⁴⁴]	忽□ [xuəʔ⁵¹lu⁵¹]	忽芦 [xuəʔ⁵lu³³]	忽芦 [xuəʔ⁵lu³³]
呼：象声词	忽噜 [xuəʔ²lu²¹]	忽噜 [xuəʔ³¹lu⁵²]	—	忽□ [xuəʔ⁵¹lu⁵¹]	—	忽噜 [xuəʔ⁵lu³³]
糊：糊涂	忽□ [xuəʔ²lu⁵³]	忽路 [xuəʔ³¹lu⁵²]	忽□ [xuəʔ⁴lu⁵³]	—	忽□ [xuəʔ⁵lu⁵¹]	忽□ [xuəʔ⁵lu⁵¹]
环：环	忽阑 [xuəʔ²læ²¹]	—	—	忽□ [xuəʔ⁵¹læ³³]	—	—
浸印的痕迹	忽□ [xuəʔ²læ²²⁴]	忽栾 [xuəʔ³¹luæ³³]	忽□ [xuəʔ²luɛ²⁴]	忽□ [xuəʔ⁵¹læ²¹⁴]	忽□ [xuəʔ⁵læ²²⁴]	忽□ [xuəʔ⁵læ²²⁴]
竖（耳朵等）	扎□ [tsəʔ²ləŋ²²⁴]	扎□ [tsəʔ³¹lɤ³³]	—	—	扎□ [tsəʔ⁵lə̃ŋ²²⁴]	扎□ [tsəʔ⁵lə̃ŋ²²⁴]
侧着	擦□ [tsʰA ʔ²ləŋ²²³]	扎□ [tsA ʔ³¹lɤ³³]	—	—	—	—
茨：蒺藜	擦篱 [tsʰəʔ²li³¹]	—	蒺藜儿 [tsəʔ⁴liʌɯ⁵³]	扎篱儿 [tsəʔ⁵¹liər³³]	—	扎篱 [tsəʔ⁵li³³]
擦	擦腊 [tsʰəʔ²ləʔ²]	出拉 [tsʰuəʔ³¹lA²²³]	—	擦□ [tsʰəʔ⁵¹lɔ⁵¹]	擦拉 [tsʰəʔ⁵la²²⁴]	擦拉 [tsʰəʔ⁵la²²⁴]

词义	山西晋语		陕西晋语		内蒙古晋语	
	定襄	宁武	神木	子洲	巴彦淖尔	杭锦后
滑、出溜	擦溜 $[\text{ts}^h\text{əʔ}^2\text{liəu}^{224}]$	出□ $[\text{ts}^h\text{u ə}ʔ^{31}\text{liəu}^{52}]$	—	擦溜 $[\text{ts}^h\text{əʔ}^{51}\text{liəu}^{51}]$	擦溜 $[\text{ts}^h\text{əʔ}^5\text{liəu}^{224}]$	擦溜 $[\text{ts}^h\text{əʔ}^5\text{liəu}^{224}]$
象声词	擦啦 $[\text{ts}^h\text{əʔ}^2\text{la}^{21}]$	擦啦 $[\text{ts}^h\text{eʔ}^{31}\text{lʌ}^{33}]$	—	—	擦啦 $[\text{ts}^h\text{əʔ}^{51}\text{la}^{33}]$	擦啦 $[\text{ts}^h\text{əʔ}^5\text{lʌ}^{33}]$
动作利索	急溜 $[\text{tɕiəʔ}^2\text{liəu}^{53}]$	急溜 $[\text{tɕiəʔ}^{31}\text{liəu}^{52}]$	—	扎溜 $[\text{tsəʔ}^{51}\text{liəu}^{51}]$	急溜 $[\text{tɕiəʔ}^5\text{liəu}^{51}]$	急溜 $[\text{tɕiəʔ}^5\text{liəu}^{51}]$
精：精神	急□ $[\text{tɕiəʔ}^2\text{liŋ}^{224}]$	急灵 $[\text{tɕiəʔ}^{31}\text{liɤ}^{33}]$	积伶 $[\text{tɕiəʔ}^2\text{liɤ}^{24}]$	—	急□ $[\text{tɕiəʔ}^5\text{liə̃ŋ}^{224}]$	急□ $[\text{tɕiəʔ}^5\text{liə̃ŋ}^{224}]$

二、晋陕蒙三地五台片方言分音词的比较

从表1可知，晋、陕、蒙三地五台片各方言的分音词有较强的一致性，表现出以下几个特点。

（1）各方言都有一定数量的分音词，其中定襄88条，宁武74条，神木53条，子洲41条，巴彦淖尔48条，杭锦后旗48条。这6个方言点所有的分音词共计104条，有不少分音词不仅在1个方言点出现，而是同时出现在多个方言点，表2统计的是同时出现在3个以上方言点的分音词数量。

表2　分音词在不同方言中同时出现的情况

同时出现的方言点数	6个点	5个点	4个点	3个点	总计
词条数	20	16	14	12	62
所占比例（%）	19.23	15.38	13.46	11.54	59.61

从表2可知，有大约20%的词同时在6个方言中出现，而同时在3个以上方言中出现的分音词比例占约60%，可见分音词在各方言的一致性比较强。

（2）分音词在各方言的读音和意义基本能够对应，即读音有对应关系，意义基本相同或相近。例如，"黑浪"一词在 6 个方言点中都有，且都是"巷、胡同"之义，读音上前一音节相同，后一音节读音跟该方言音系中的"浪"同音。

（3）分音词在各方言中主要用于日常口语，形象生动，表现力强。例如，定襄方言口语说"他教石头不烂倒啊"，用分音词"不烂"，而书面语"前进路上的绊脚石"则要用"绊"。

（4）各方言的分音词都以名词、动词、象声词为主，在口语中还可出现其重叠式、子尾形式。例如，定襄方言"不□[pəʔ²lai²¹⁴]"的意思是"摆、摆动"，其重叠式"不□□[pəʔ²lai²¹⁴lai²¹⁴]的"意思是"形容摇摇摆摆的样子"，其重叠子尾式"不□□[pəʔ²lai²¹⁴lai²¹⁴]子"意思指"像尾巴状的条形物"。

（5）分音词的使用范围一般都较窄。例如，定襄方言的"不□[pəʔ²lɛ²¹⁴]"的意思是"摆动、摇摆"，但是仅限于表示摇尾巴、摇头、摆手几个固定的搭配，表示的是人或动物某些部位主动发出的动作，如果说"摇篮在摇摆"或"树枝在摆动"，是不可以用这个词的。

（6）分音词的词义区别很细微。有一些词意思非常接近，但不完全相同。例如，定襄方言的"不烂"指用筷子、棍子等搅拌，"不拉"指用筷子拨，"不□[lɔu²²⁴]"指用手拨使聚集，"筐□[lɔu²²⁴]"指用手拂去表面的东西。

然而，各方言的分音词也存在一些差异。从数量上来看，属于山西晋语的定襄、宁武方言的分音词数量最多，而陕北晋语、内蒙古晋语的分音词数量则要少一些。这主要是因为山西属于五台片方言的腹地，保留了更多古老的特点，而陕北、内蒙古属于不同时期的移民区域，方言特征有所磨损，分音词也保留较少。

此外，从方言间相同分音词的所占比例来看，属同一区域的方言间同音词相同的比例较高。表 3 统计了每 2 个方言间相同分音词的比例，我们用 2 个方言中相同分音词的条数除以 2 个方言分音词的总条数，得到分音词相同的比例，表 3 是具体的统计结果。

表 3 方言间分音词相同的比例情况

	定襄	宁武	神木	子洲	巴彦淖尔	杭锦后旗
定襄	—	68.75%	35.58%	45.46%	53.41%	54.55%
宁武	—	—	47.67%	48.05%	62.67%	58.44%
神木	—	—	—	38.24%	42.25%	34.67%
子洲	—	—	—	—	58.93%	57.14%
巴彦淖尔	—	—	—	—	—	74.55%
杭锦后旗	—	—	—	—	—	—

从表 3 可知，同属山西晋语的定襄、宁武，同属内蒙古晋语的巴彦淖尔、杭锦后旗，它们分音词相同的比例较高，同属陕北晋语的神木、子洲分音词相同的比例并不高，而神木方言反而与宁武方言分音词相同的比例较高。这可能与神木和子洲并不处于一个连续区域，而与宁武同处黄河两岸的连续区域，故一致性更高。

总之，晋陕蒙三地五台片各方言的分音词呈现同中有异的特点，各方言的分音词大体一致，特别是在地域上处于连续区域的方言一致性较强，但在分音词的具体数量、读音及用法等方面仍有一定差异。

三、余　论

分音词的保留是晋语一个很重要的特点，但是，随着普通话的普及和方言自身的发展变化，分音词减少的趋势也非常明显。

首先，从地域上来看，晋语腹地方言保留的分音词相对较多，但像内蒙古这样的移民区域，分音词正在大量消失。其次，从使用人群来看，年轻人使用的分音词越来越少，我们调查的内蒙古发音人都是 70 岁以上的老人，如果调查年轻人，这个数量会少很多。最后，从使用范围来看，分音词一般限于日常口语，且主要限于随意聊天的场合，在正式场合使用较少。因此，在不久的将来，分音词有可能被共同语词汇所替代，保留的数目会越来越少。

（范慧琴，中国传媒大学文法学部文学院副教授、博士）

河北怀来方言民俗语汇一瞥

■ 吕东莲

一、概　述

　　河北怀来位于河北省西北部，其东部与北京的延庆县、昌平区和门头沟区接壤。怀来方言所在的沙城语区分为三个小区：沙城区、狼山区和官厅区。虽然本文所要讨论的狼山区在东部与北京交界，有些方言语汇与普通话语汇相同，但因为怀来方言属于晋语张呼片，所以在语音、词汇与语法等方面与普通话有所区别，展现出与普通话不同的一面。"河北方言中，有些很难在普通话中找出对应词语的词，与方言相对应的'普通话'的内容只能用短语或句子加以解释。"❶众所周知，方言语汇中有很多展现地方民俗的语汇，它们与当地老百姓的日常生活息息相关。"民俗，是依附人民的生活、习惯、情感与信仰而产生的文化"❷，诸如婚丧嫁娶、生育等。本文拟以狼山区为考察范围，探讨怀来方言中有关婚丧嫁娶、生育、节日等民俗方面的语汇，并对其做出相应的解释。一方面，由于时代的进步和经济的发展，传统民俗受到了一些影响，出现了程序简化的现象。另一方面，随着普通话的推广以及年轻人进城打工、上学等因素的影响，一些方言语汇已经不为年轻人所熟悉。本文旨在抛砖引玉，希望读者在了解相关语汇的同时，能够领略当地民俗的风貌。

---

❶　祁连山、李树通：《河北方言辩证》，河北大学出版社 1994 年版，第 169 页。
❷　百度百科 http：//baike. baidu. com/view/556712. htm ，2014 年 2 月 15 日访问。

需要说明的是：第一，破折号左边为方言，括号内的字可说可不说；右边为普通话或由于没有对应词而做出的解释。第二，所标音标和调值以狼山话为准，有些语汇在沙城和官厅两个区音标和调值略有不同。第三，在汉字前加"·"表示轻声。

二、民俗语汇及其解释

（一）盖房

码地·工——开始打地基。

上梁——上房子的主梁，亲戚朋友去祝贺，主人家招待。

搬房——搬家。

暖房［nan^{334} faŋ^{442}］——搬家后，亲戚朋友来庆祝乔迁之喜。过去，人们会送两条用白面蒸的面鱼，现在的人大部分都不会蒸，改送钱了。

（二）生日

过生儿——过生日。

吃面条——孩子过生日时，妈妈都要擀面条，并让他/她吃第一碗，寓意长命百岁。

（三）嫁娶

给——嫁，例如，你们闺女～哪去了。

亲友——亲戚。

招拐——男人入赘到寡妇家。

老媒——媒人。

说媒［tʂʰuoʔ^{32} mei^{442}］——做媒。

相家——女孩及其父母第一次到男孩家，双方父母见面，看看房子、了解家庭情况等。

吃［tʂaʔ^{32}］相家饭——相家当天，如果女方看上了男方，男方家就准备招待女方家人吃饭。

吃［tʂaʔ^{32}］订婚饭——为庆祝男女订婚而摆的宴席，包括双方的长辈都过来吃饭，席间男方的亲戚要给女孩掏见面钱。

寻［ɕin^{543}］媳妇儿——娶媳妇儿。

聘闺女——嫁女儿。

坐席——参加婚宴、满月酒等。

退婚——订婚后退掉婚事。

三金——结婚前男方为女孩准备的金首饰，包括金戒指、金项链、金耳环。

做/办喜事儿——举办婚宴。

新人——结婚的男女。

新媳妇儿——新娘（男方的人i称呼新娘）。

新女婿——新郎（女方的人称呼新郎）。

全可 $[k^h ə ʔ^{42}]$ 儿人——有配偶儿女的人。

送亲——结婚时女方找两个人（必须为全可人儿，寓意结婚的男女以后日子和美），送新娘到夫家。

娶亲——结婚时男方找两个人（与送亲的两个人性别一致，例如，送亲的人是一男一女，那娶亲的人也是一男一女，但同样必须为全可人儿），到女方家接新娘。

迎亲——男方家人在家门口等待迎接新娘及其亲戚。

新·亲——新娘一方的亲戚。

旧·亲——新郎一方的亲戚。

压炕——婚礼前一天晚上，找四个已婚的男性全可人儿睡在新人的炕上。

倒洗脸水——新娘被接到新房后，娶亲的人给打洗脸水，新娘洗脸后在盆中放几枚硬币，由男方家的一个男孩或女孩给倒洗脸水，新娘在将盆递给孩子时需要给孩子钱。

念喜的——婚礼当天到办喜事的人家，说或唱一些吉利话的人，东家会给钱、炸糕（过去一般是穷困的光棍老头儿念喜，现在已经没有人念了）。

焐炕——闹洞房结束后，两个已婚的女性全可人儿为新人铺床，被子的四个角下各放一对核桃、一对枣，边铺床边说："一对核桃一对枣，又生丫头又生小"。

闹洞房——结婚当天晚上，男方家的姐夫、弟弟捉弄新婚夫妇。

听房——男方家的姐夫们在新人休息后在屋外听动静，然后拿走一些新娘的物品例如鞋子等，第二天让新媳妇拿钱或烟来赎。

执·客 [tʂ̩⁴⁴kʰəʔ³²]——婚丧活动中统筹安排的人。

落忙的、忙·活人——红白喜事时帮忙干活的人，包括端盘子的、蒸糕的、捞饭的、斟酒提觥子的（觥子指酒觥子，即酒壶）、洗碗的，等等。

借家具 [tɕia⁴⁴tɕy⁵⁴²]——红白喜事时向邻居等借桌子、凳子、锅碗瓢盆等（现在有人专门出租这些家具）。

打腰酸儿——坐席前帮忙的人先垫补点吃的，以便好好招待赴宴的人。

斟酒提觥子、架盘子——执客吆喝的话，意思是让忙活人做好开席的准备。

相·谢忙活人儿——请忙活人吃饭表示感谢。

安座——执客安排亲戚们的座位、座次，准备开席。

头齐儿——酒席的顺序，先安排女方亲戚，要先吃点心，后上酒菜（旧亲不吃点心）。

二齐儿——女方亲戚吃过后，安排旧亲吃饭，直至多齐儿，最后是主人和帮忙的人。

（老）东家——办喜事家的主人。

随礼——随份子。

写礼·账——将随份子的钱数登记，以便日后还礼。

添箱——女方家的亲戚朋友给要出嫁的女孩家钱（过去给买衣服等物品），作为陪嫁。

落桌 [lɑu³²tsuoʔ⁵³]——迎娶新娘的前一天，男方在家摆酒宴招待旧亲。

正席——迎娶新娘的当天。

翻桌 [fan⁴⁴tsuoʔ⁴¹]——迎娶新娘的第二天。

翻包·袱——由新娘带来的包袱（内放衣服等），之前由全可人儿包好，并放上喜钱，翻桌当天由男方家嫂子或姐姐打开、翻翻，翻到的钱归翻的人。

上拜——在翻桌当天吃早饭时，新人在婆婆的带领下挨桌敬酒，执客喊例如"给大舅舅上拜"，新人行礼，亲戚掏拜钱，在拿到钱时执客会大声喊诸如："给大舅舅谢拜，人民币500块"，然后将钱放在由新郎的弟弟或妹妹端的盘子上。

拜·钱——亲戚朋友在新人给敬酒鞠躬后掏的钱，此钱一般给新媳妇，有时也根据约定给婆婆一部分。

车马费——婚礼当天，新亲到男方家去坐席，在到男方家门口时，新郎要给新亲搬凳子，助其下车。新亲吃饭后回去时新郎同样要给搬凳子，助其上车，然后新亲中的一位长辈把新娘妈妈提前准备好的红包给新郎，这个红包内的钱叫车马费。

浇炉靠座钱——新娘家给男方家请来炒菜的厨子、烧水的人和烫酒的人的红包。

属相相克——迎接新娘到家时，如果谁的属相和新娘相克，要回避，不能和新娘碰面，等新郎、新娘拜完天地后才可以见面。

犯克——如果亲戚中有两个女孩都刚刚结婚，她们结婚的日子没超过100天，要是在谁家不小心见面的话，据说犯克。需要两个人站在筹（用来筛东西的器具，比如面粉之类）的两边说几句话，如此破解犯克。

请酒、回门儿/子——结婚后第二天（称为回二）或第三天（称为回三）新婚夫妇回娘家，原来由新娘的哥哥/弟弟去领，现在都自己回去。

认门子——新婚夫妇拿着点心、酒等到亲戚家拜访。

（四）生育

洗三——新生婴儿出生后第三天洗澡（过去孕妇在家生产，由村里的接生婆给婴儿洗澡；现在都在医院生产，没有"洗三"一说了）。

送面——给生了小孩的家送白面以示庆贺，现在送钱、鸡蛋、牛奶等。

做［tsou^{32}］十二·供——新生儿第十二天时，产妇的娘家人去看望，过去给缝制蓝色（谐音"拦住"的"拦"，意思是防止孩子夭折）的着腰（类似背心，双肩上有扣）。在去的路上，捡一块小石头（寓意婴儿像石头一样结实，好养活），包在着腰内，到婴儿家后，从窗户（过去从猫道眼：窗户上留出的供猫进出屋内的窟窿）把着腰连同石头递到屋内，然后把石头压到柜底；把着腰焐热后给婴儿穿上。

做［tsou^{32}］满·月——给出满月的小孩过满月，通常会招待送过面的亲戚朋友。

挪窝儿——婴儿满月后，由舅舅来接，和妈妈到姥姥家去住一段时间，然后由爸爸再接回家。

红布条儿——有新生婴儿出生的家庭，家里人会在街门上悬挂一根红布条儿，其他人看了便知道这家有产妇在坐月子，不要随便进入。

送奶——如果有孕妇在不知道自己怀孕的情况下，进了产妇的院子，说是会使产妇的乳汁减少或没有，因此需要这个孕妇在自己家熬小米粥，给产妇送去，称为"送奶"。送时孕妇要说：下来没有？产妇回答：下来了。

（五）丧葬

装老衣·裳——寿衣。

棺·材——通常为了避讳，被称为"寿材""老虎""方子"。

挑·签——一串剪好的白纸，有人去世的第二天（称为"正日子"：如果是第三天出殡，第二天是"正日子"，第五天出殡则第三天是"正日子"）挂在街门口，儿子、媳妇、女儿等在挑签下放小桌，跪于桌前，上面摆着点心、茶水等。女儿拿着洗脸盆，内放毛巾、洗漱用品等，边比划边说：爸爸/妈，闺女给你洗脸。然后烧纸。出殡时由长子将挑签背着到村口停灵的地方，之后将其放在棺材上带到坟地，然后随棺材埋入地下。

外丧——农村人死在了家外。按照习俗，外丧的人不能放在家里，只能将其停放于村外，吊唁的人到村外去烧纸。也不能入坟，将其埋于自家地里或其他地方。

报丧——长子到长辈亲戚家，头上用麻绳坯子系白麻纸，腰里系着麻，下跪磕头告知家里长辈过世（现在基本打电话告知）。

报庙——家里有人去世了，儿孙们要哭着到村里的五道庙去报告去世的消息，到了五道庙以后要烧纸（现在五道庙已废弃，所以也没有人去报庙了）。

倒头纸——给逝者（在炕上）穿戴好，铺好褥子，褥子底下放钱币，用白布盖好后，在地上放一张小桌，上面放点心，然后烧香、烧纸。

入殓——先把干草放入棺中，接着由四个人将逝者连同褥子一同放入，逝者头枕十股香，然后盖盖。也要将逝者生前的荞麦皮枕头放在棺材下面的地上。

倒头饭——将逝者入殓后，煮较硬的小米饭，盛一碗并在上面插一双新筷子，筷子头上缠上棉花，将饭放在供桌上。出殡时在家门口淤灵处把饭、筷子倒在街上，然后把放倒头饭的碗拿回去扣到家门口的水道眼处（过去由讨饭的人给倒饭、扣碗，逝者家人需给钱，现在由儿子来倒）。过一段时间逝者家属再将此碗拿回家，用来舀米舀面（淤灵时，讨饭的人还将逝者生前的荞麦皮枕头撕开，把荞麦皮倒掉，将枕芯和荞麦皮点着。现在由于环境污染等因素，已不在街上倒荞麦皮，直接将枕头带到坟地，埋入地下）。

灵棚——为棺材遮蔽阳光搭的棚子（过去用席，现在用苫布），中间停放棺材，两侧留有空隙，以便女儿们到棺后烧纸。

缝孝——为逝者亲属缝制孝服，一般是四名妇女来缝。

戴孝——正日子当天，儿子、儿媳、孙子、孙媳披麻戴孝，孙辈孝帽加一个红布尖，重孙辈加一个绿布尖。女儿穿白孝衫，系白布腰带，戴白帽，腰里不系麻（女儿们在街上等待，有人将孝服送出，穿好后哭着走回家）。女婿系白布腰带，戴白帽。

供（包子）——用白面蒸的小馒头，作为供品，摞成四层，底下一层是五个，依次是四个和三个，最上面是一个像杯子盖似的托，有五碗（即五摞）或七碗供。有人去世后，家里人先蒸五碗"倒头供"，正日子早晨女儿在自己家再蒸五碗供，把蒸熟的供外表的皮扯掉（称为"扯皮供"），并在上面点红点。

钱·斗（纸）——纸钱。

钱·斗版子——用来印纸钱的木头模子。

烧纸——街坊邻居等去吊唁，称为"烧纸"。过去自己带钱斗纸和供品（槽子糕），现在带着现金记账就可以，烧逝者家的纸钱进行祭奠。有人来吊唁时，逝者的儿子、儿媳、孙子等跪在灵前两侧，磕头谢礼。逝者的女儿们则可以随时在棺材后面烧纸，据说在后面烧的这些纸钱完全可以由逝者得到。

打坑——正日子上午到坟滩挖坑，以便埋葬逝者，由长子先烧纸，再破土（挖三下），后由帮忙的人再挖，长子就可以先回家招待来烧纸的人了。

守灵——出殡前的几个晚上，长子应守在灵前，点燃的香火不能断。女儿们无需守灵，但也可以过一阵烧一会儿纸。

领祭——由管事的人提前安排好，以与逝者的亲远关系为序，正日子当天下午由亲戚依序，一次抬着五张桌子，上面放着供包子、点心、水果等在街上走，进行祭奠，每领一次祭都将桌子抬回家，然后在灵前烧纸。后来改为由第一个领祭的人买好供品等，其他人借用，称为借祭，但给准备供品的人出钱（现在已不领祭，等到晚上上香时多拿钱）。

上香——正日子当天晚上，亲戚、邻居等都烧纸、上香、给钱，由执客喊出钱数，记账人收钱、记账，逝者的儿子、儿媳、孙子等跪在灵前磕头谢礼。

路祭——白天出殡时，按提前安排好的与逝者的亲远关系的顺序，由亲戚们（逝者的侄子等）在村内依次在路中间摆桌子，放上点心，棺材到了后烧纸，所以棺材走走停停（有的村有路祭，有的没有）。

路·马车——去世的如果是女性，则用纸、秸秆等制作一头牛；如果是男性，则制作一匹马，里面别着逝者的牌位。近年来也制作汽车替代路马车，烧给逝者，寓意到另一个世界用着方便。

送路——上香结束后，由儿子、媳妇、女儿们抬着路马车，其他亲戚随后，在村里走，边撒路灯，为逝者照亮。吹鼓手边走边吹，会在村里不同的地点停下，同时有人放鞭炮。儿子、女儿边走边喊逝者"爸爸/妈，坐车回老家"，之后在村头将路马车烧掉（原来路马车内点蜡烛，现在在车内放手电筒），送路走的路线就是第二天出殡走的路线。

撒路灯 $[sə\textipa{P}^{32}lu^{42}təŋ^{442}]$ ——送路的过程中，用锯末和上柴油，在路上走一截，撒一点，用火把点着，为逝者照亮（现在已改用头灯和手电，不用锯末和火把了）。

包·袱 $[pɑu^{44}fə\textipa{P}^{32}]$ ——用一大张纸糊的口袋，中间塞纸钱、元宝，烧掉，以便逝者在阴间有钱花。

米库、面库——用纸、秸秆等制作的容器，内放有米、面、油等的小口袋，由长女用两个封条封库口，一条上写"正乙大法司"，另一条写去世的日子及"封"字，出殡时在村口烧给逝者。

金斗、银斗——用纸、秸秆等制作的装金银的斗，金斗用黄纸，银斗用白纸，用墨汁分别写上金、银二字，出殡时在村口烧给逝者。

吹鼓·手——吹奏乐器的人。

挂孝——由七尺布缝制的孝（收头孝）。出殡的早晨，将孝挂在棺材上。

出灵——出殡，长子和大女婿到坟地，其他儿女亲戚等人将逝者送到村口停灵处，哭过后原路返回家里。

收头——起灵前，由媳妇们的各自娘家人以长幼顺序依次给儿子、儿媳妇、孙子、孙媳妇们将收头孝戴在头上。

起灵——先由大外甥（逝者为男性时是其大外甥，逝者为女性时是其大侄子）将棺材盖上的钉子钉死，接着儿子们烧纸，然后按照长幼的顺序收头，收完头后到家门口跪着，最后由四个人将棺材抬出院子。

背大头——由两个人背着用绳子码好的棺材前部，后面有拗椅子的人帮助，将其背出院子，放到家门口。

拗椅子——在棺材后部的两个人，协助背大头的两个人共同把棺材抬出院子。

抬材的——抬棺材的八个人。

淤灵——棺材停在家门口，抬材的人开始码绳、穿杠，儿子、儿媳在棺材前面烧纸，孝子贤孙们按照顺序跪在后面，哭。

停灵——棺材到了村口停下，儿子们烧纸，帮忙的人把米库、面库等烧掉。收头的人把儿子、儿媳们系在腰上的麻绦辫解下，然后把他们的收头孝扯开，并给系在腰上；长子的麻绦辫放棺材上随逝者一起下葬，其他人的麻绦辫拿回家。搀扶女儿们的人将她们戴的孝帽上的掩纱布扯掉。只有长子和大女婿送棺材到坟地，女儿和其他亲戚原路返回家中。除了长子以外，家中的其他儿子、媳妇、孙子在停灵处捧土，用孝衫包着带回家，将土倒在屋内水缸的旁边。圆三时将土收好，填到坟上。媳妇们捧土后竞相往回家走，谁先进门预示谁家日子好过，和气的妯娌会一起挽手进门。

掖实 [iɛʔ⁵⁴ tʂʰgʔ⁴²] 罐子——出殡的前一天，女儿们将肉、点心等装到一个瓷罐（现在用罐头瓶），装得越满越好，最上面倒放一个供包的托，盖上钱斗纸，用五彩线绕罐口系好，放在棺材的前脸处。出殡时由大女婿将这个罐子带到坟地，最后将其随棺材埋到地下。

打幡儿——出灵时，由长子肩扛着幡儿（将白纸剪成条状，上写逝者的名字、生辰八字）到坟地，插到坟头上。

领魂鸡——将逝者的魂魄领到阴曹地府的公鸡（自家有公鸡就用自家的，如果没有就到别人家买一只。出殡时，大女婿提着筐，里面放着一只公鸡，大女婿一边撒纸钱，一边拍公鸡的头让其叫唤，以起到引领亡魂的作用。从坟地回来后会将公鸡杀掉吃肉，不会接着养它）。

坟滩——坟地，通常一个家族或姓氏的逝者在一片坟地。

圆三——自出殡那天算起的第三天，儿子、女儿、亲戚等为逝者的坟填土，形成坟堆，儿女们脱掉孝服、孝帽，在胳膊上戴上孝箍（现在戴孝章），要戴一百天。上"百天坟"时，将孝箍摘下，拿回家或者烧掉（孝章则直接放在坟地）。逝者为男性，儿女们将孝箍戴在左臂，逝者为女性则戴在右臂。

一七 ［iɛʔ³² tɕʰiɛʔ⁴²］——下葬后的第一个七天，儿子、女儿等要在晚上为逝者烧纸祭奠，地点是家门口出殡淤灵的地方。之后还有"二七"等，直至"七七"。烧纸祭奠的路线要按照出殡时走的路线，以后逢"七"陆续往村口走烧纸祭奠，直至"七七"走到当时村口停灵的地方。

上坟——扫墓。逝者"七七"或"百天"以及周年忌日、清明时，儿子、女儿、孙子等要到逝者坟上去烧纸祭奠，周年坟要上三年，守孝期满。

孙男嫡女 ［tiəʔ⁵⁴ny⁴²］——夫妻的孙子/女。

外·甥男女——夫妻双方的外甥（女）、外孙（女）。

侄·男万女——夫妻双方的侄子/女。

孙·子骨嫡儿 ［kuoʔ⁵⁴ tiəʔʳ⁴²］——孙子、曾孙之后的晚辈。

（六）春节

过大年——春节。

对·子——对联（过去一般找村里的会计等写字好看的人写，需自带裁好的红纸和墨汁，现在都买现成的）。

问好——拜年（传统的问法是诸如子女向父母问候"好爸爸、好妈"，父母回说"你好"，现在有的年轻人已经将其改为"爸爸、妈妈，过年好"了）。

三、结　语

本文以沙城语区的三个区之———狼山区为考察范围，探讨了怀来方言中的婚丧嫁娶、生育、节日等语汇，旨在使当地的年轻人学习并记住传统的民俗和表达法，同时使其他读者了解当地的风俗习惯。方言与普通话相比，其表达更加细致入微，而且用方言说话能够产生亲切感，这些都是普通话所不能代替的。但是现在，方言的一些词汇在流失，特别是在年轻人口中。有学者指出，"方言作为一种独特的文化遗产，是语言分布区域民众所采用的交际工具，是传承文化、维系民族认同感的文化资源。一种语言一旦消失，将不可再生，与之所承载的文化资源也随之殆尽。"❶ 因此方言的保护问题刻不容缓。

（吕东莲，中国传媒大学文法学部文学院讲师、2013级博士研究生）

---

❶ 耿延宏、朱玲："河北省语言文化遗产保护与发展策略"，载《河北学刊》2012年第6期。

海峡两岸日常生活词语来源刍议
——以沿用古语词或近代白话词为例

■ 许 蕾

海峡两岸，同宗同源，文脉相承，血脉相连。但由于历史地理和长时期阻隔等原因，两岸在政治经济、文化教育、社会生活、思想观念、区域文化、风俗人情、外来影响等多方面形成了一定的差异，这也鲜明地体现在语言交际中。大陆的普通话与台湾地区的"国语"本来同出一源，二者都是以北方官话为基础发展而来的汉民族共同语。二者词汇系统的来源也非常丰富，一般会从古语词、方言词、外来词、行业词、社区词以及日常习惯用语、俗语、黑话等中继承吸收一些有用的成分，并逐渐在社会中通行开来，成为共同词汇。现在的普通话词汇与"国语"词汇间存在相当明显的差异，本文试从二者吸收古语词或近代白话词的角度比较考察海峡两岸日常生活词语的异同。

一、海峡两岸沿用古语词或近代白话词概况

1898 年《马氏文通》问世，中国进入现代语言学时期。从 1912 年到新中国成立的 30 多年间，"白话文运动""大众语运动"等的蓬勃开展或多或少地对海峡两岸的语言生活产生了一定影响，对两岸语言的发展起到一定作用。"五四"新文化运动思潮遍及全中国，对台湾地区的影响也比较大。这一时期的白话文运动使白话文取得了书面语的正统地位，缩小了书面语与口语的差距。白话文的兴起，适应了当时社会民众交际和初级教育普及的需要。虽然当时的台湾地区处在日本殖民统治之下，但日治初期的语言教育政策较为宽松，无论学校教学，还是民间日常交流，国语官话或闽南

语都还比较通行。但到 1937 年太平洋战争爆发，日本开始在台湾地区实施"皇民化运动"，学校严禁汉文教学，民间推行"国语（日语）常用家庭"，汉文遭到极大禁锢。而此时，针对白话文运动存在的问题，在内地，陈望道等人提出大众语运动。大众语即"大众说得出，听得懂，写得顺手，看得明白的语言。"❶ 大众语运动中，倡导者提出了要向人民群众学习语言，语言要浅显易懂，交际要看对象；并认为的确存在普通话，并开展建设普通话的讨论。然而，大众语运动也存在过激的缺点：批评白话文过了头，许多学者甚至提出用"普通话""俗语""大众语"等代替白话文；还有些学者认为语言具有阶级性。"大众语运动"对内地的语言生活产生较大影响，但基本未涉及台湾地区的语言生活。

从语言运动的角度看，台湾地区的语言生活以及其后的发展受"五四"白话文运动的影响是比较大的，其语言中留存古语词，行文半文半白、过于欧化的现象较多。但大陆的语言发展经历了大众语运动，尤其在新中国建立以后，1955 年的"全国文字改革会议"提出了"以北方话为基础方言、以北京语音为标准音"的规范标准，"现代汉语规范问题学术会议"后又出台了《汉字简化方案》等，大陆放弃了很多 1949 年以前一段时间内使用的旧有形式，改用新的形式，语言的面貌与台湾地区的"国语"形成一定的差别。

二、海峡两岸沿用古语词或近代白话词对比分析

在本文搜集的有限语料范围内，表 1 将台湾地区的"国语"与大陆普通话继承沿用古语词的差异做了对比呈现。

表 1　海峡两岸沿用古语词比较表

序号	台湾地区"国语"	大陆普通话对应词或含义
1	发见	发现
2	怪责	责怪
3	良善	善良

❶ 于根元主编：《中国现代应用语言学史纲》，中国经济出版社 2005 年版，第 68 页。

续表

序号	台湾地区"国语"	大陆普通话对应词或含义
4	贪渎	贪污
5	母钱	本钱/资本
6	税赋	税收
7	课税[a]	征税
8	福祉	福利
9	利市	利润
10	月退俸	退休金
11	天光[b]	天亮/破晓
12	漏夜	深夜/连夜
13	胡瓜	黄瓜
14	大海	大碗/大酒杯
15	关防	印章
16	布达	通知
17	仿单	价目单、说明书、广告等
18	切结书/具结书	保证书
19	工寮[b]	工棚
20	练习生	实习生
21	车掌[a]	售票员
22	里长	街道办事处主任
23	中元节	鬼节
24	因应	面对一项事情或一些问题，给予应对策略
25	书记	在机关团体中担任文书抄写工作的人
26	跑街	（1）俗称专门对外接洽业务的职员，犹如现今大陆的供销员、业务员等。 （2）对外接洽业务
27	英髦/英旄	俊秀杰出的人
28	袍泽	军队中的同事
29	职志	掌旗帜的官
30	劳军	慰问驻军
31	眷保	公务人员及私立学校教职员的家属疾病保险

序号	台湾地区"国语"	大陆普通话对应词或含义
32	铨叙/铨序/铨叙	国家考试机关评定公务员的官阶和职位等
33	执业	（1）从师受业。 （2）执掌管理。 （3）开业，从事某种行业
34	貌寝/貌侵	容貌丑陋
35	生理	（1）养生之道。 （2）生活、生计。 （3）生意、买卖。 （4）生存的契机。 （5）物体内各系统、器官的生命活动
36	古意[b]	（1）古代的意趣风格，古人的思想。 （2）怀旧古代的人、物、事迹的情意。 （3）人忠厚老实
37	开示	指明、启发
38	朋分花用	共同均分享用所得的利益
39	豹变	人由贫贱而显达
40	暌违	分离、别离
41	怠忽	懈怠轻忽而不专心
42	递嬗	逐渐演变、逐步变迁
43	跨刀	著名人物为他人助长声势
44	壮游	胸怀壮志远游
45	伴手礼[b]	出门到外地时，为亲友买的礼物，一般是当地的特产、纪念品等
46	暖寿	生日前一天举行的贺寿礼仪
47	拒马	一种可以移动的障碍物
48	朝会[a]	中小学利用早晨一小段时间集会，对学生进行思想品德、时事常规、养成榜样等教育，有的每天，有的每周定期若干次举行

注：a. 台湾地区的"国语"吸收了一定数量的日语词，这些词大多是日语借自汉语的，又由汉语从日语中吸收回来。至于台湾地区的"国语"中吸收的是古语词，还是外来词，本文难以做出分辨。

b. 一说闽方言的形成历经西晋、南朝和唐宋三个阶段（张光宇："论闽方言的形成"，载《中国语文》1996 年第 1 期，第 16 页），许多闽方言词本身就是中古汉语词。至于台湾地区的"国语"中吸收的是古语词，还是方言词，本文难以做出分辨。

通过表 1 中 48 组词或词组与相应含义的比照可以看出，"国语"中继承沿用古语词，而普通话改换新用法的共有 23 组（序号 1～23），占 47.9%；"国语"仍采用古语词，大陆有此人、事、物，但已不再使用古语词，没有直接对应词语的共有 25 组（序号 24～48），占 52.1%。

海峡两岸语言同源，古语词的使用本身要适应实际的需要，当涉及历史事件、现象、人物等，在特定的场合，或为了一定的目的，大陆也会使用古语词，只是少用，而不是完全不用。台湾地区的"国语"沿用古语词时也不是完全采用古义古法，在某些层面上会有所变化或发展。

（1）宛如做了好衣服，舍不得穿，锁在箱里，过一两年忽然发现这衣服的样子和花色都不时髦了，有些自怅自悔。（"国语"例句：台湾"中研院"信息所、语言所词库小组编写的"'中研院'现代汉语平衡语料库""发见"条）

（2）"中央社"记者郭朝河吉隆坡 30 日专电 马来西亚彭亨州（Pahang）海岸外 160 公里处发现石油，马来西亚国家石油公司（Petronas）估计新油田每天可生产 17 500 桶至 20 000 桶石油。（"国语"例句：2012 年 10 月 30 日 Yahoo! 奇摩新闻）

实际上，"国语"中的"发见"使用频率较低，偶见于一些文艺作品，大多数情况下还是用"发现"，二者使用的比率达 1∶1 340.5❶之高。"见"在古语中通"现"，意为出现、显露，大陆推行普通话后，一律使用"发现"。

（3）他播放《卖手机的保罗》《老师在讲，你有在听吗!》及《石头的石》短片，说明人人都是人才，主管要能随机应变，重视与部属沟通，掌握一切变数，化危机为转机。（"国语"例句：2012 年 10 月 7 日 Yahoo! 奇摩新闻）

"国语"中的"因应"指面对一项事情或一些问题，给予应对策略，类似于普通话的"随机应变"，但又有一定的差别。"国语"也有"随机应变"一词，与普通话用法完全相同。《史记·老子韩非列传论》中有："老子所贵道，虚无，因应变化于无为，故着书辞称微妙难识。"清代王夫之的

---

❶ 本文对词语使用比率的统计来源于台湾"中研院"信息所、语言所词库小组编写的"'中研院'现代汉语平衡语料库"，下同。

《知性论》提到："以作用为性，夫人之因应，非无作用也。"台湾地区的"国语"延续了古语词，日常交流中普遍使用该词。在大陆，往往是涉及台湾地区事务或援引台湾地区媒体相关报道时，才会出现"因应"一词，日常生活中使用该词的频率极低。

从对"发见"的分析可以看出，"国语"虽沿用了古语词，但日常生活中的使用频率较低。但"因应"一词又反映出古语词在日常生活中被广泛使用。因此，对古语词的使用，海峡两岸均会考虑因时因地等的不同状况而定。

（4）悟觉妙天禅师每周一开示。（"国语"例句：台湾禅宗佛教会 http：//www. zen. org. tw/web/teachings. php）

（5）信新歌 MV 邀来好友王柏杰跨刀相挺，正在赶拍电影的他不喊苦，努力乔出时间力挺兄弟，信直夸他是当红炸子鸡，笑说："先约先赢啊！"（"国语"例句：2012 年 10 月 18 日 Yahoo! 奇摩名人娱乐）

（6）韩寒跨刀《我想和你好好的》作词白描最疼爱情（普通话例句：2013 年 9 月 23 日网易娱乐）

"开示"是佛学词汇，指明、启发的意思。大陆在古代和近代也使用该词，并非佛学专用词，而现当代汉语中已极少使用，《现代汉语词典》也未收录。台湾地区现在仍然使用该词，一般用于佛学领域。"跨刀"原为旧时戏班中的二牌演员，为主角配演，台湾地区的"国语"现今引申为著名人物为他人助长声势，在日常生活中较为常用。大陆以前基本不用此词，但随着两岸媒体，尤其是娱乐节目的引进交流，现今也很流行"跨刀"一词。

这两个词反映出一些台湾地区沿用的古语词发展到现今，已经与普通话有了语体色彩、感情色彩等的差异，或者衍伸出不同的引申义、比喻义等。而在两岸交流渐趋密切的社会背景下，两岸的词语也积极互动起来，彼此进入对方的词汇系统中。

（7）馆内还有两位约雇人员及一位书记，负责事务性工作。（"国语"例句：台湾"中研院"信息所、语言所词库小组编写的"'中研院'现代汉语平衡语料库""书记"条）

（8）解放战争时期，刘少奇任中共中央工作委员会书记，一度主持党中央日常工作。（普通话例句：北京大学中国语言学研究中心开发的"CCL

语料库""书记"条)

"书记"在古代指办理文书及记录的人，后通称在机关团体中担任文书抄写工作的人。台湾地区一直沿用此义至今，大陆近现代用"文秘""秘书""文员"等词代替，台湾地区则"书记""秘书""文员"并用。在内地，"书记"又指党、团等各级组织的主要负责人，并多用这个义项。近些年，随着两岸交流的深入，"国语"中"书记"表示担任文书抄写工作的人的义项也较少使用了，台湾地区媒体大量援引内地报道，使用"书记"各级组织的主要负责人的义项。

（9）"考试院"下设"考选部""铨叙部""公务人员退休抚恤基金监理委员会"及"公务人员保障暨培训委员会"。（"国语"例句：2005 年 12 月 22 日中国台湾网台岛资讯）

台湾地区"国语"中的"铨叙"也写作"銓序""銓叙"，是指国家考试机关审查官员的资历和劳绩，以评定公务员的官阶升降和职位等。大陆现今没有直接对应的词语。《晋书·石季龙载记上》有："自是皇甫……等十有七姓躅其兵贯，一同旧族，随才铨叙。"《宋史·武帝纪中》："府州久勤将吏，依劳銓序。"《旧唐书·李义府传》中有："专以卖官为事，銓序失次，人多怨谤。"靳以《生存》："谁配审查？当教授又不是做官，用不着铨叙。"台湾地区的"国语"受文言的影响还是较大陆深远，特别是在法律、制度及公务用语等方面较多地保留古语词。

通过这两例可以看出，"国语"保留下来的古语词因两岸分隔的政治、历史等原因与普通话在使用范围和使用领域上出现了差异，而这种差异又会随着两岸的接触发展产生一定的互动。

（10）个人所有唯一房屋且实际居住切结书。（"国语"例句：台湾"行政院"劳工委员会劳工保险局全球资讯网）

（11）不论是代理或自行研发，不论是成品或半成品，均有原厂的保证书且皆通过 CNS、DIN、JIS 之质量检验标准。（"国语"例句：台湾"中研院"信息所、语言所词库小组编写的"'中研院'现代汉语平衡语料库""保证书"条）

"国语"中的"切结书"也作"具结书"，指书面的保证文件，写明当事人愿负的责任。"切结"表示切实负责的保证书。清代林则徐的《复奏责令夷人出结甫经遵依片》中有："即经谕令夷人，务即出具嗣后永不夹带鸦片切结呈送。"清代小说家吴趼人的《二十年目睹之怪现状》（第 73 回）中也有："又当众写了孝养无亏的切结。"可见，"切结"一词古已有之，内地现今已很少使用，台湾地区仍然沿用。台湾地区也有"保证书"一词，意义与普通话有一定差别，是指在一定期限内，对于行为、财力或货物质量表示负责的单据。台湾地区还有"保单""包票""保票""保状"等与"保证书"意义相近的词。

（12）高雄市三民区本和里在凡那比台风中淹大水，里长林纪美昨天提出一千两百多名里民连署名册，赴高雄地检署控告高雄市长陈菊及市府相关官员渎职。（"国语"例句：2010 年 9 月 28 日台湾搜网）

（13）为充分了解社区民意，2 月 23 日，刚上任的街道办事处主任张立红深入到加气社区、四街社区、学府树家园第一社区居委会检查指导工作。调研中，张主任详细了解了各个社区的辖区状况、人员结构、居委会办公及居民活动用房等情况。（普通话例句：2012 年 2 月 24 日首都之窗海淀区政府信息公开大厅）

"里长"是现今台湾地区地方行政组织官名，大陆已经不再使用。这一官名最早可以溯源至春秋战国时期，有一里之长负责掌管户口、赋役之事，称为"里正"，又作"里君""里尹""里宰""里有司"等。《论语·里仁》中有："里仁为美，择不处仁，焉得知。"《公羊传·宣公十五年》何休注："一里八十户……其有辩护伉健者，为里正。"秦、汉两朝都沿用此职务和官名。班固的《汉书·百官公卿表》里叙述县以下的地方职官说："大率十里一亭，亭有长。十亭一乡，乡有三老，有秩、啬夫、游徼。"唐朝也有里正一职，以百户为一里，五里为一乡，每里设里正一人。杜甫《兵车行》中有："去时里正与裹头，归来头白还戍边。"宋初以里正与户长、乡书手共同督税，再以里正为衙前，故又称"里正衙前"。明代改名为"里长"，并以 110 户为一里。目前，"里长"一词只在台湾地区使用，类似于内地的"街道办事处主任"。台湾地区也有"乡"和"村"，其行政层级与"镇""里"是相同的，只不过偏于乡村化的地区用"乡""村"命名，偏于城镇化的地区用"镇""里"命名。与此相关，台湾地区有"里民"一词，类似内地的"居民"，还有"村里乡民"一词。台湾地区的县下设乡、镇、里、邻、户等组织形式，"里、里长"等反映制度文化的词语在大陆已成为历史名词，但在台湾地区却是日常词语。"里长"现是台湾地区特有的基层行政领导，是选举产生的，有浓厚的政党色彩，任期四年，可连选连任，待遇较为丰厚。里长的主要职责是受市长指挥监督办理里公务及交办事项；有效运用里内社会资源，广筹里建设基金；反映民意，配合政令宣导；执行里自治事项并办理上级委办事项。台湾地区的"里长"较有权力，会控制不少选票，在台湾地区也俗称"桩脚"。

从上述两例可以看出，台湾地区目前沿用的某些古语词，受其社会政治、经济制度，或者人文风俗、生活习惯的影响很大，在普通话中，很难有完全对应的词语表示。

此外，台湾地区沿用的某些古语词也是历史上日本吸收过去的汉字词，如"课税""福祉""车掌""朝会"等，这类词语在国语中留存下来，既是受古语词的影响，也是受日本殖民统治的影响，已较难辨析清楚。还有一部分闽方言词，如"天光""工寮""古意""伴手礼"等，因闽方言词形成于中古时代，本身也是古语词，对于它们的来源考察，也难做单一认定。

（许蕾，中国传媒大学文法学部讲师、博士）

中动结构的及物性解释

■ 王璐璐

引　言

　　"中动"是介于"主动"和"被动"之间的结构，通常叫做中动语态或中动结构。所谓的主动与被动之间，是指一方面中动结构的施事题元角色在句法上并不显现，这是与被动结构一致的，但另一方面，并没有形成相应的被动句式，而是采用主动语态。❶ 比如在英语中，"the book reads well"就是典型的中动句。这里，主语由非施事成分充当，而谓语动词是主动态，而没有进行相应的被动式形态变化。而对于隐含的施事来说，斯特罗伊克（Stroik）认为被隐含的施事一般是任指的（generic），而且可以用"for everyone"（对于任何人来说）来还原。❷ 但是巴萨克和布伊隆（Bassac and Bouillon）指出，如果还原的话，不一定是任指的，也可以是特指的，如"for John"（对于约翰来说），而且有时候无法还原。如"these books don't sell（？ for the average shopkeeper）"。（？ 对于一般的店主来说，这些书卖得不好。）❸ 实际上，巴萨克和布伊隆所反驳的例子提出了一个中动句在具体语境中的使用问题。为何施事成分被隐含，并且难以被还原？笔者认为霍伯和汤姆森（Hopper and Thompson）提出的及物性理论可以解释这一

❶ Bassac, Christian and Bouillon, Pierrette, *The Polymorphism of Verbs Exhibiting Middle Transitive Alternations in English*, 2000.

❷ Stroik, Thomas, Middles and Movement, *Linguistic Inquiry*, 1992（23），pp. 127～137.

❸ Bassac, Christian and Bouillon, Pierrette, *The Polymorphism of Verbs Exhibiting Middle Transitive Alternations in English*, 2000.

现象。他们所说的"及物"概念不是传统上要求至少包括两个参与者和一种有效力的行为。而是指行动从一个参与者传递到另一个参与者的有效性或曰强度。具体而言,"及物性涉及许多因素,动词宾语的出现只是其中之一,这些因素都与某一行为所产生的作用或后果有关,例如,动词的瞬间性和完结性,施事的有意识的活动以及宾语的指称性和受影响程度。这些因素在各语言中是彼此共变的,说明及物性是语言使用的一个核心特征,及物性的语法和语义重要性看起来是来源于其典型的话语功能:高及物性与前景相关联,而低及物性与背景相关联。"❶ 最后一句话揭示了及物性理论与话语功能的关系。受此启发,下面将重点分析汉语中动结构的话语功能与及物性的关系。

一、汉语中动结构

汉语中动结构的研究,最早是由宋国明提出的。❷ 他认为像"这部书读起来很容易"之类"V 起来"式是中动结构。不过对于中动的界定,学界还有许多不同意见。像季小玲❸和曹宏❹认同宋国明的说法,而古川裕认为这类只能叫做准中动结构,真正的中动结构是像"这个面包很好吃。/这个手续特别难办。/她当时的样子很可怕。"这类由"好/难/可 V"动词组成的句子。❺ 黄正德、李艳惠和李亚非则认为像"这房子卖掉了/衣服洗了"这类自然被动句是中动结构。❻ 限于篇幅,本文不对这些讨论作深入的分析,而是直接采纳古川裕对中动结构的界定,并重点分析这些中动结构的

❶ Hopper, Paul J., Sandra A. Thompson, "Transitivity in grammar and discourse", *Language*, 1980 (56), pp. 251~299.

❷ Sung Kuo – ming, *Case Assignment Under Incorporation*, Doctoral Dissertation of The University of California of Los Angeles, 1994.

❸ Ji Xiaoling, *The Middle Construction in English and Chinese*, MA Thesis of The Chinese University of Hong Kong, 1995.

❹ 曹宏:"论中动句的层次结构和语法关系",载《语言教学与研究》2004 年第 5 期。

❺ 下文所引古川裕的观点,均参见古川裕:"现代汉语的'中动语态句式'——语态变换的句法实现和词法实现",载《汉语学报》2005 年第 2 期。

❻ C. – T. James Huang, Y. – H. Audrey Li, Yafei Li, *The Syntax of Chinese*, Cambridge University Press, 2009.

及物性特征和话语功能之间的关系。

古川裕认为像"可/好/难 + V"这种复杂动词作谓语的句子是中动语态。具体例子如下所示：

（1）a. 这个面包很好吃。

b. 这个手续特别难办。

c. 她当时的样子很可怕。

他通过插入主体成分的测试发现，这类句子中的主体成分不能出现，如（2）组例子所示。如果出现，都是不合乎语法的句子。这里的主体就是本文所指的施事。

（2）a. 女人的暴力，杨泊很害怕。—— *女人的暴力，杨泊很可怕。

b. 这种面包，我们都喜欢吃。—— *这种面包，我们都很好吃。

可见，这些句子里也不能出现带有前景信息的施事成分，也符合前面提出的观点。这里提出一个假设，"可/好/难 + V"类中动句式的及物性低。为了证明这个假设，需要对这类句子中的每个成分的及物性的每个特征逐一分析。分析之前需要说明的是，古川裕认为"好/难"这类词的作用是"句法平面要求对动词进行构词平面的操作"。也就是说他认为"好、难"等与动词结合成复杂动词形式。这样的话，"好、难"就有可能虚化成词缀。词条"好"在《现代汉语词典中》的解释，其中有两条解释都可以用于这里的中动结构：一是用在动词前，表示使人满意的性质在哪方面，如"好看、好听、好吃"。二是表示容易，如"那个歌儿好唱，这问题很好回答"。其中，第一条解释表示词缀化的倾向，而第二条表示语义固定。所以，"好"这个词并未完全词缀化，只不过它用在动词前的语义特征已经相当稳固。这样的话，笔者还是把它们和动词看做一个整体处理，即都是谓语。那么，可以简单地将这类中动结构分为主语和谓语两部分。其中，主语由非施事成分充当，而谓语是由"好、难"和动

词组合构成。❶

　　（3）a. 山路很好走。【处所】

　　　　　b. 这个人很难相处。【对象】

　　　　　c. 这种房子不好盖。【结果】

　　　　　d. 名牌大学不容易考。【目的】

　　　　　e. 尼龙绳子不容易捆。【工具】

　　从上面的例子可以看出，这类句式的主语成分的类型相当广泛，也就是说对于非施事这个概念而言，在汉语中有很多成分都可归入非施事这个范围。另外，与"好、难"结合的仅限于单个及物动词吗？再看下面的例子：

　　（4）a. 这种衣服很难洗干净。

　　　　　b. 这个阵地很难守住。

　　　　　c. 这个篮子很难抬起来。

　　　　　d. 这个问题不好马上回答。

　　　　　e. 这种地方不好住人。

　　上面这些句子的谓语部分都是由复杂的动词结构组成的，有动补式、动结式、动宾式甚至是副词修饰动词的结构。这些例子是对前面的补充，而且这些例子在及物性方面也与前者有所不同，下面会详细分析。

二、及物性特征

　　根据霍伯和汤姆森的总结，及物性特征的具体内容如表 1 所示：❷

---

　　❶ 下面例（3）和例（4）的例句参考了沈阳在北京大学开设的《生成语法》一课的课程讲义。

　　❷ Hopper, Paul J., and Sandra A. "Thompson, Transitivity in grammar and discourse", *Language*, 1980（56），pp. 251~299.

表1　及物性特征束

	高及物性特征	低及物性特征
A. participants 参与者	2 or more, A & O 两个或两个以上	1 participant 1 个参与者
B. kinesis 动作性	action 动作	non – action 非动作性
C. aspect 体貌	telic 完成体	atelic 非完成体
D. punctuality 瞬时性	punctual 瞬止的	non – punctual 非瞬止的
E. volitionality 意愿性	volitional 意志的	non – volitional 非意志的
F. affirmation 肯定性	affirmative 肯定的	negative 否定的
G. mode 语态	realis 现实的	irrealis 非现实的
H. agency 施动性	A high in potency 有效力的	A low in potency 无效力的
I. affectedness of O 宾语受动性	O totally affected 完全被影响	O not affected 不受影响
J. individuation of O 宾语个体性	O highly individuated 高度个体化	O non – individuated 非个体的

　　首先，从前面引用的古川裕添加主位的测试可以看出，施事成分是不允许出现的，也就是说参与者只有一个，即主语位置的 NP。【低及物性1】

　　其次，可以从中动的语义特征来判断。古川裕提出："每个句子的语义结构都是'主题陈述'的结构，谓语部分表达的都是主语名词所具备的某一个属性，也就是说，这些都是回答'怎么样'的句子。比如说，有人问你'这个面包怎么样'，你可以回答说'这个面包很好吃。'"本文认同这个观点。但是也许有人会提出这样的问题，对于"这本书写得好"来说，并不是说"这本书好"，而是写得好。但是，可以肯定的是，这本书在写作这个方面是不错的，也就是说"写得好"整体上构成对"怎么样"的回答。这样，可以肯定的是整个句子是静态的，描述一种属性。所以属于"非动作性"。【低及物性1】

　　关于"体貌"，不同谓语类型的动词结构具有不同的体貌特征。对于"好

/难 + V"的结构，不能判断动作是否完成，所以属于未完成体。而对于"好/难 + V + A/V"的结构，动作的结果由动词后成分表示，这种就属于完成体。所以，这个特征在不同形式上有分化的表现。【低及物性 1；高及物性 1】

接下来是"瞬时性"。前面所举的例子中的动词都是"非瞬止的"，但是也有例子是"瞬止的"，如"这扇门很难踢开。"这里，动词"踢"就是瞬时性的，不过这里需要注意的是，这里的谓语实际上是"踢开"，这就需要一定时间，是非瞬时的。而且，如果只用"踢"造句，那么"？这扇门很难踢"的合格性就很差。所以，这里还是统一采用"非瞬止的"特征。【低及物性 1】

对于"意愿性"来说，主要看动词是否是有意地产生动作。这个特征就不好判断了，比如说"这个名字很好记"，这里"记"是有意志的，而"这个名字很难忘"，这里"忘"又是无意志的。所以，这个特征也有不同程度的分化。【低及物性 1；高及物性 1】

接下来，"肯定性"也是既有"肯定的"，又有"否定的"，比如上面的"山路很好走"和"这种地方不好住人"。所以，这个特征也有不同程度的分化。【低及物性 1；高及物性 1】

而对于"语态"来说，都是一般现在时，所以是现实的。【高及物性 1】

再者，"施动性"这个概念本身太容易判断。不过，对于中动而言是陈述主语所具有的某种属性，这样不存在施动的一方。【低及物性 1】

最后来看"宾语受动性"和"宾语个体性"。这里的宾语实际上是指深层结构的宾语。在中动结构的句法分析中，一般认为表层的主语在深层结构中是动词的宾语。而且，在英语的中动结构中，宾语一般是"受影响的（affected）"对象❶。而在上面所举的汉语的中动结构中，宾语的受动性还与谓语的类型有关。对于由单个动词组成的谓语，无法判断宾语是否受影响，如"自动挡的车好开"，仅是陈述某种车是否好开，没有说这种车受到了什么影响。而对于由动结式、动趋式和动补式组成的谓语，那么动词后面的成分就表明了宾语受到的影响。如"这种衣服很难洗干净"。这里，"衣服"所受到的影

---

❶ 严格来说，需要排除"the book reads well"这类中动句。

响就是"干净"。与这类似的是，汉语"把"字句的谓语也有复杂的形式。霍伯和汤姆森曾对这种现象作出解释，即具有高及物性的"把"字句必须是完成体的（perfective）：它需要完成状态的表达，不管是虚词还是短语或小句都可以表示动作的概念界限。❶ 也就是说，这里的动词必须是有界动词。【低及物性1；高及物性1】

而对于"宾语个体性"而言，好像很难找到统一的标准。因为在这个主语位置上，个体性高和低的名词小类都可以出现。【低及物性1；高及物性1】例如：

   （5）a. 阿拉伯语不好学。【专有名词】 a'. 书不好念。【普通名词】

      b. 这种人很难相处。【有生名词】 b'. 衣服很难洗干净。【无生名词】

      c. 这种房子不好盖。【具体名词】 c'. 马克思主义不好懂。【抽象名词】

      d. 这个苹果很好吃。【单数名词】 d'. 这些苹果很好吃。【复数名词】

      e. 苹果很好吃。【可数名词】 e'. 面包很好吃。【不可数名词】

      f. 这首歌很好听。【有指名词】 f'. 牛奶很好喝。【无指名词】

综合上面对及物性特征的分析，我们可以得到及物性的得分："低及物性：高及物性 = 9∶5"。可见，中动结构还是低及物性占优，但优势并不特别明显。尤其是对于动结式的中动结构，其及物性相对来说高一些。对于这点，丁仁对汉语中动结构的界定中明确提出，谓语的及物性要较高。❷

---

❶ Hopper, Paul J., and Sandra A. "Thompson, Transitivity in grammar and discourse", *Language*, 1980（56），p. 275.

❷ Jen Ting, "The Middle Construction in Mandarin Chinese and the Presyntactic Approach", *Concentric: Studies in Linguistics*, 2006（32.1），pp. 89 ~ 117.

三、话语功能

前面讲到了及物性的高低与叙述性语体的文章中前景和背景的关系。霍伯和汤姆森认为，在对话性语体中，及物性较低。❶ 下面是在"百度知道"中搜有关语言好学不好学的答案。虽然不是明显的对话语体，但性质基本相同。首先看第一个例子：

（1）总的来说，泰国语不好学，不但字母难写，而且还有 5 个音调，并且读出来也不好听。但是有一点挺不错，它在语言结构上比较像汉语，动词没有时态之分。就是有一点很奇怪，在语序上，泰国人说"我的书"是"书的我"。❷

（2）客观地说，西班牙语不好学，不过如果你有语言天赋，西班牙语不难学。如果你学英文还算容易，西班牙语大概也不会太难，如果英文都没学好，西班牙语就太难了。❸

第一个回答主要是围绕泰国语来说的。基本上是介绍性的说明，从语言的字母、语音和语法来说明泰国语是否好学。而第二个例子稍有不同，在介绍中加入了第二人称的互动。但是关于语言是否好学，还是说明的性质。不过要区分前景和背景就不如叙述性语体那么明显了。

最后来看对话语体的例子：❹

我走到他的跟前向他问候："您好，我是欧罗巴。"这个人放下手中的大牌子，伸出手来和我握手。"Ciao, I am George Adams." 由于根本听不懂他说什么，我低声嘀咕，他也似乎知道了什么，笑着说："你

---

❶ Hopper, Paul J., and Sandra A. "Thompson, Transitivity in grammar and discourse", *Language*, 1980（56），pp. 251~299.

❷ http：//zhidao. baidu. com/question/62475203. html.

❸ http：//zhidao. baidu. com/question/127436805. html.

❹ www. wenxuewu. com/files/article/fulltext/114/114400.

好！我是乔治·亚当斯，你可以叫我乔治。"

我也笑了。"我还纳闷呢，徐哥说你会讲中国话呀，原来如此。你刚刚说的是什么呀？"

"哈哈！我刚用了意大利加英语和你打招呼。'Ciao'的意思是'你好'，'I am George Adams'是介绍我的姓名。"乔治解释，脸上始终挂着微笑。

"哦，是这样。你说得太快，我连英语也没听出来，真是惭愧。"

"惭愧？什么意思？"乔治不解地问。

"哈哈，我惭愧自己白念了大学，白学了英语，连一句简单的英语介绍姓名都没听出来。"我自嘲。

"呵呵，学习和实际应用是不同的概念。英语还算好学，意大利语不好学，你们中国的汉语更不好学。我在中国学了七年多汉语，结果还是初中水平，勉强能对话。"

"你说得很好，很地道的英语普通话，呵呵！徐哥说你是中国通呢。"

"不敢当。好了，我找到你了，你先跟我回家，吃顿晚饭，休息休息，旅行包放我车上。"

在上面这段对话中，讲到主人公下飞机后与乔治的见面过程。二者从问候开始对话，乔治一开始就用了意大利语来和主人公打招呼，不过主人公没听懂，后又详细解释了意大利语的"Ciao"。然后才引出，"英语、意大利语和汉语"是否"好学"的话题。这段对话正好反映了低及物性的观点。除了中动句，这些对话基本都用到了"是"字句。而"是"字句在汉语里也是描述性质的句子，而不是行为或事件的句子。

四、结　论

综上所述，本文从中动结构的特点入手，提出了施事隐含的动因可以由及物性理论得到解释。具体来说，中动句中施事被隐含与及物性低有关系，因为低及物性更易出现在背景中，而背景信息的主语一般都不由施事成分充当。文章进而重点分析了汉语中动结构的各项及物性特征，并确定了中动结构的及物性程度，即整体偏低。最后，文章还考察了对话语体中中动结构的应用，从而验证了对话语体的及物性偏低的结论。

（王璐璐，中国传媒大学文法学部文学院讲师、博士）

汉语焦点突显和重音表达实验研究

■ 刘相君　陈玉东

引　言

焦点与重音的关系问题是语言学的一个重要问题，学者们从句法、语义、语用等不同角度出发提出了各自的看法。伯奇和克利夫顿（Birch & Clifton）提到焦点与重音之间的关系可以影响听者的理解，焦点成分的重读直接影响听者对焦点的判断，对非焦点成分重读是不合适的韵律，同时对焦点成分重读的理解时间比非焦点成分重读快。❶ 乔姆斯基和哈勒（Chomsky & Halle）提出核心重音规则（Nuclear Stress Rule），认为在主要的句法成分中，重音指派给最右边的可重读元音。❷ 博林杰（Bolinger）认为语句重音不是由句法结构决定的，而是由语义和情感上的突显（Prominence）决定的，信息焦点与重音之间是对应关系，不存在焦点投射问题。❸ 贾肯多夫（Jackendoff）认为应先根据语用原则确定句子的焦点域，再按照常规重音规则确定重音落在焦点域内哪个词的哪个音节上。❹

上述研究主要是针对以英语为代表的印欧语言的，这些语言中重音是标记焦点的必要手段，汉语中重音对焦点突显作用如何，学界说法不一。方梅在论及焦点标记词的三条原则时认为，焦点标记词后的成分总

---

❶　王丹、杨玉芳："自然语言中焦点与重音关系的研究进展"，载《陕西师范大学学报》2004年第1期。

❷　Chomsky, N. & M. Halle, "The Sound Pattern of English", in Harper & Row, *Publishers*. 1968.

❸　Bolinger, D, "Accent is predictable（if you are a mind‐reader）". *Language* 3. 1972.

❹　Jackendoff, *Semantic Interpretation in Generative Grammar*. The MIT Press. 1972.

142

是在语音上突显的成分，即使标记词省略，句子仍然成立，肯定了重音手段对焦点突显的重要性。❶ 而徐烈炯、潘海华则认为汉语中焦点如果已经通过句法手段标记，就不必再用语音手段来标记，重音只是汉语焦点表达中的一种补偿手段，只有当焦点成分受到某些结构上的限制而不能出现在基本焦点位置时，才有必要使用语音手段。❷ 陈玉东认为，一般宽域焦点中的语音突显部分是整个小句和小句末的主要成分，被称为正常重音；窄域焦点的语音突显表现在小句的某一个成分，被称为强重音。❸ 王蕴佳等观察汉语的焦点重音的倾向性，对不同结构的句子中重音的倾向性进行了描述。❹ 赵建军等通过语料库数据统计发现，在朗读语篇中，绝大多数焦点都会被重读，但重读程度有差异，只有大约一半的焦点会获得强重音，宽焦点中重音分布规则跟常规重音的分布规则基本上是一致的。❺

本文采用声学实验和听辨实验相结合的方法，重点考察汉语中焦点的突显与重音的表达的关系。为了控制变量，实验选择单焦点窄焦句，在语篇和语句两种条件下，观察重音对焦点的突显作用及方式。

一、声学实验设计

（一）实验目的

考察语篇和语句两种条件下焦点与重音的对应情况，主要有两个方面：（1）语篇和语句两种条件下，焦点与重音的对应情况如何；（2）焦点与重音对应时，对比语篇和语句两种条件下，重音对焦点的突显作用及方式是否相同。

---

❶ 方梅："汉语对比焦点的句法表现手段"，载《中国语文》1995 年第 4 期。

❷ 徐烈炯、潘海华：《焦点结构和意义的研究》，外语教学与研究出版 2005 年版，第 43～45 页。

❸ 陈玉东：《传媒有声语言实验研究》，中国传媒大学出版社 2006 年版，第 119 页。

❹ 王韫佳、初敏、贺琳："汉语焦点重音和语义重音分布的初步试验研究"，载《世界汉语教学》2006 年第 2 期。

❺ 赵建军、杨晓虹、杨玉芳、吕士楠："汉语中焦点与重音的对应关系——基于语料库的初步研究"，载《语言研究》2012 年第 4 期。

（二）文本设计

分语篇和语句两部分组成，语篇语料全部由单焦点、窄焦点的小句构成，小句长度大致 6～9 个音节。小句焦点分无标记焦点和有标记焦点两类，有标记主要指带焦点标记词或焦点敏感算子。小句焦点位置分前、中、后三种，数量大致均衡，句子之间语义连贯，语篇主题清晰。语句语料由语篇中小句随机打乱顺序组成，即没有语篇及上下文语境条件的独立小句。

（三）实验过程

（1）先请 12 位被试（他们既是本实验的发音人，又同时是焦点标注人，普通话水平都在二级甲等以上，年龄都在 24～26 岁，都是汉语言文学、对外汉语或语言学及应用语言学专业的研究生，发音能力正常，听力无障碍），根据实验要求，完成语料的标注及录音；

（2）由其他 3 人根据以上发音人的录音完成重音的确认，并对语篇和语句两种条件下焦点与重音的对应情况进行统计。

（3）借助 praat 进行标注，标注层包含为序号、拼音、重音、构造、焦点五层。基频转换半音，公式为：$St = 12 * lg\ (f_0/f_{ref})\ /lg2$（其中 st 为半音值，$f_0$ 为提取的基频；f_{ref} 为参考频率，男声取 55Hz，女声取 100Hz）。根据沈炯的双线模型，将高音点和低音点作为描述音节音高的特征点。[1] 其中，阴平提取高音点；阳平提取低音点和高音点；上声本调提取低音点，上声变为阳平时提取低音点和高音点；去声提取高音点和低音点；轻声根据前音节的声调来取，当前音节为上声时，轻声取高音点，上声之外的，轻声取低音点。数据统计使用 Excel 和 SPSS。

二、声学实验结果及讨论

图 1 是中焦小句"如今三年过去了。"10 个发音人在语篇和语句条件下"调头－调核－调尾"语调结构（H－N－T 结构）示意图，数据来自 10 人

---

[1] 沈炯："北京话声调的音域和语调"，见林焘等主编：《北京语音实验录》，北京大学出版社 1985 年版，第 73～130 页。

高音点平均值。此小句中"三年"为重音，两音节均值当作为 N；"如今"为调头，取"今"的高音点为 H；"过去了"为调尾，此处取"过"音节高音点为 T。

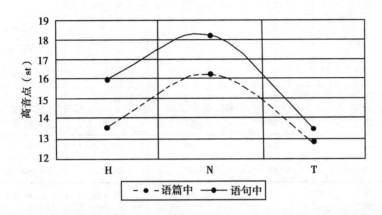

图1 语篇和语句条件下中焦句"如今三年过去了"H－N－T 语调结构示意图

图 1 中可观察到，语篇中 N－T 高音点差值为 3.46st，语句中 N－T 差值为 4.76st，语句差值小于语篇 1.3st。直观观测可见，在语篇和语句条件下中焦小句的焦点突显都依靠重音手段来实现，小句中调核和调尾之间的落差越大突显程度越高。语句中的落差又大于语篇，说明语句中的焦点更为突显。而在 H－N 之间语篇和语句下都呈现调核 N 高音点高出 H 高音点许多的情形，这也是重音突显的一种方式，但一般认为与 N－T 差值相比就显得不是那么重要。❶ 这是一个个案分析的情况，下面将依据实验数据，对焦点－重音的对应情况以及不同位置焦点在语篇和语句条件下的重音手段的表现形态进行统计分析。

（一）焦点和重音对应情况分析

对 12 位被试的标注结果及录音语料进行分析和听辨，得到不同被试对焦点位置的判断和句中重音的放置情况，具体统计结果如表1。

---

❶ Xu，Y. and Q. E. Wang，"Pitch targets and their realization：Evidence from Mandarin Chinese"．*Speech Communication*，2001. 33.

表 1　语篇和语句中焦点与重音对应情况

被试	对应数/58		对应率	
	语句	语篇	语句	语篇
1	53	52	91.4%	89.7%
2	55	53	94.8%	91.4%
3	56	53	96.6%	91.4%
4	55	53	94.8%	91.4%
5	53	52	91.4%	89.7%
6	53	53	91.4%	91.4%
7	54	53	93.1%	91.4%
8	55	52	94.8%	89.7%
9	53	50	91.4%	86.2%
10	54	53	93.1%	91.4%
11	54	54	93.1%	93.1%
12	55	52	94.8%	89.7%
平均	—		93.4%	90.5%
合计	650/696	630/696	—	—

　　统计发现，语篇中 58 个有效句中，焦点个数 58 个，因此共有 $58 \times 12 = 696$ 个焦点和重音样本，其中焦点与重音对应的小句有 630 个，焦点与重音的总体对应率为 90.5%，12 位发音人对应率都比较高（86.2% ~ 91.4%）。卡方检验显示被试对焦点与重音对应与不对应情况的判断是有显著差异的（$P = 0.000 < 0.05$），表明在语篇中，焦点与重音基本上是对应的。

　　在焦点与重音对应的全部小句中有无标记小句，即自然焦点小句 $37 \times 12 = 444$ 个，其中焦点与重音对应小句的样本数量有 412 个，占全部自然焦点小句的 92.8%；有焦点标记小句 $21 \times 12 = 252$ 个，其中焦点与重音对应小句 218 个，占全部有焦点标记小句的 86.5%，由统计结果整体来看，语篇中所有小句焦点与重音的对应率为 90.5%，说明绝大部分小句的焦点是需要重音来突显的。无论是否有焦点标记，小句中焦点与重音的对应率都比较高，说明重音是小句中焦点突显的重要方式。具体来看，无焦点标记的自然焦点小句中焦点与重音的对应率92.8%，高于有焦点标记小句中的对应率86.5%。说明无焦点标记小句中，重音对焦点的突显作用更明显，有焦点标记的小句中略有减弱。总体来看，是否有焦点标记对重音的突显有一定的影响，没有焦点标记的自然焦点句更需要重音来突显，而有焦点标记小句即使有焦点标记或敏感算子来标注焦点，大部分还是需要重音来突显，重音对焦点的突显作用是重要的。

语句条件下结果与语篇相似，焦点与重音的总体对应率为93.4%，12个被试对应率也普遍比较高（91.4%～96.6%）。卡方检验被试对焦点与重音的对应与不对应情况的判断有显著差异（P=0.000<0.05），语句条件下焦点与重音同样在绝大多数情况下是相对应的。

同样，对小句按照有无焦点标记分为两类，无标记焦点小句和有标记焦点小句。据统计，在焦点与重音对应的小句中有无标记小句，即自然焦点小句37×12=444个，而其中焦点与重音对应的样本数量有422个，占全部无标记小句总数的95.0%；有标记小句21×12=252个，其中焦点与重音对应句228个，占全部有标记小句90.5%，表明绝大部分小句的焦点是需要重音来突显的。无论是否有焦点标记，小句中焦点与重音的对应率都很高，说明重音是小句中焦点突显的重要手段。具体来看，无焦点标记的自然焦点小句中焦点与重音的对应率95.0%，高于有焦点标记小句中的对应率90.5%。说明语句单说时，同样无焦点标记小句中，重音对焦点的突显作用更明显，有焦点标记的小句中略有减弱。总体来看，语句单说时，重音对焦点的突显作用是显著的，重音是语句中焦点突显的重要方式。

在语篇和语句两种条件下，焦点与重音的对应率都非常高，充分说明重音是焦点突显的重要手段。这样结果与方梅的提法是一致的。❶ 同时，在语篇和语句两种条件下，都表现出无标记自然焦点小句中焦点与重音的对应率高于有标记焦点小句，这主要是由于有标记焦点小句中，受焦点敏感算子影响，在重读时为了突出和强调，将焦点敏感算子重读，而导致焦点位置重音不被突显，造成焦点与重音不对应。如：小句"他非常聪明"，被

---

❶ 方梅："汉语对比焦点的句法表现手段"，载《中国语文》1995年第4期。

试将句末"聪明"标注为焦点位置，却将焦点敏感算子"非常"重读。

（二）语篇和语句中重音手段突显焦点的方式分析

小句的焦点位置会直接影响重音突显的方式，语篇和语句条件下重音突显的方式也会有所不同，在前焦和中焦句中，重音突显都是靠重音位置和重音后位置的对比来实现的。表 2 是语篇和语句两种条件下前焦和中焦小句中重音表达手段的表现情况。

表 2　语篇和语句条件下中前焦和中焦小句的音高和时长 t 检验

焦点位置	项目	条件	均值	方差	观测值	自由度	t 值	P 值（双尾）
前焦	高音点 N - T 差值（st）	语篇	2.23	3.25	58	57	- 4.39	0.000
		语句	3.4	2.58	58	—	—	—
	低音点 N - T 差值（st）	语篇	0.36	5.32	44	43	- 2.07	0.044
		语句	0.87	4.35	44	—	—	—
	时长差值（m）	语篇	0.059	0.003	58	57	- 3.027	0.004
		语句	0.08	0.003	58	—	—	—
中焦	高音点 N - T 差值（st）	语篇	2.55	4.92	64	63	- 5.1	0.000
		语句	3.9	2.29	64	—	—	—
	低音点 N - T 差值（st）	语篇	1.72	1.49	70	69	- 1.22	0.228
		语句	1.98	2.04	70	—	—	—
	时长差值（m）	语篇	0.015	0.002	77	76	- 2.26	0.010
		语句	0.03	0.003	77	—	—	—

观察重音的音高突显情况，主要观察焦点（N，调核）和焦点后（T，调尾）的差值，差值越大突显度越高。从表 2 中看到，前焦句（如，"十岁就开始写作。"）中语篇和语句之间小句 N - T 高音点差值有显著差异（配对 t 检验 P = 0.000 < 0.05），低音点差值也有显著差异（配对 t 检验 P = 0.044 < 0.05）。从音高差值的均值上看，语句下差值均高于语篇（尤其是高音点），表明语句条件下的重音突显度整体上高于语篇；从方差值来看，语篇下高音点和低音点的方差值（分别是为 3.25 和 5.32）明显大于语句条件下的方差值（分别为 2.58 和 4.35），这表明语篇条件下音高落差变化幅度高

于语句。均值和方差的这种特点，显示出语篇条件下音高突显程度变化大，而语句条件下音高突显程度高而稳定，这应该是由于语篇结构的宏观调节的复杂性造成的。

从时长值来看，小句调核 N 与调尾 T 位置的时长差值在语篇和语句两种条件下存在显著差异（P = 0.004 < 0.05）；语篇和语句下的时长差值分别为 0.059 秒和 0.080 秒，说明语句在单说条件下，通过延长时长来突显重音的情况更为明显。

前焦点小句的特点是焦点在句首，重音受音高重置的影响，往往音高会抬高，但在语篇中，在段落的不同位置也许受音高重置的影响并不一样，如段首前焦点小句和非段首的前焦点小句，段首的前焦点小句受音高重置作用往往较大，所以音高起点较高，而为了突显焦点，其后音节出现音高骤降，而处于非段首位置的前焦点小句，也许就没有那么强的音高重置，重音与后音节的落差相对较小，另外，语篇中还受句与句之间语义连贯上的影响，重音的强弱在不同位置会有差异，因此，语篇中重音起伏较大，强弱对比明显；语句条件下，小句不受前后文语义影响，句句独立，虽然同样受音高重置的影响，但是小句之间独立，相当于每个小句都是段首小句，所以句首焦点与重音位置的音高起点都较高，重音突显更明显，而且相对更稳定，重音没有明显的强弱对比。

再来看一下中焦点小句（如"如今三年过去了。"），其构造有调头 H、调核 N 与调尾 T，比较完整，重音突显方式更加典型。由于重音主要表现在与后音节的落差上，这里主要还是考察调核 N 与调尾 T 的高、低音点及时长差值在语篇和语句两种条件下是否存在差异。

由高音点差值 T 检验结果来看，中焦点小句的 N – T 高音点差值语篇和语句之间有显著差异（P = 0.000 < 0.05），语篇高音点差值低于语句 1.45 个半音，低音点差值没有显著差异（P = 0.228 > 0.05），也显示出语篇的重音突显程度整体上不及语句；语篇下的方差明显大于语句（4.92 > 2.29），也显示出语篇条件下小句调核 N 与调尾 T 高音点差值变化幅度更大。

从时长值来看，小句 N – T 时长差值在语篇和语句两种条件下有差异显著（P = 0.01 < 0.05），语篇时长差值（0.02 秒）小于语句（0.03 秒），也说明语句条件下，通过延长时长来突显重音的作用更突出。

中焦点小句在音高和时长方面都表现出语句条件下比语篇条件下重音突显的程度更高。原因是，单说时小句不受上下文语境语义上的影响，重音位置的音高和时长都能得到充分展现。从方差值的结果来看，语篇条件下小句调核 N 与调尾 T 位置的高音点差值的方差大于语句条件下，说明小句的重音在语篇中表现更多样化，重音强弱差异明显存在，音高起伏较明显；而语句条件下，小句语义独立，表现较单调，没有明显的高低起伏变化，表现更平稳。

后焦点小句（如"他为人正直"），焦点落在句末，不存在 N－T 音高和时长差值，考察调头 H 与调核 N 位置的音高及时长差发现，H－N 位置高音点、低音点和时长差值在语句和语篇之间都没有显著差异（t 检验 p 值分别为 0.063、0.484 和 0.311）。为了证明后焦点小句中重音对焦点突显的重要作用，我们把中焦点小句作为参照，将后焦点小句的句末重音位置，与中焦点小句的句末非重音位置进行比较。表 3 是中焦点小句的调尾 T 位置与后焦点小句的句末 N 位置所做的 t 检验结果。

表 3　后焦小句语篇和语句重音突显情况

类别	条件	位置组	均值	方差	观测值	自由度	t 值	P 值（双尾）
高音点差值（st）	语篇	中焦点调尾 T	15.43	10.02	55	96	－6.25	0.000
		后焦点调核 N	18.67	4.76	55	—	—	
	语句	中焦点调尾 T	14.66	7.16	55	108	－0.05	0.000
		后焦点调核 N	19.41	5.10	55	—	—	
低音点差值（st）	语篇	中焦点调尾 T	10.60	3.08	45	82	－5.42	0.000
		后焦点调核 N	12.95	5.43	45	—	—	
	语句	中焦点调尾 T	10.40	3.34	45	88	－5.34	0.000
		后焦点调核 N	12.72	5.22	45	—	—	
时长差值（m）	语篇	中焦点调尾 T	0.215	0.002	50	98	－0.636	0.000
		后焦点调核 N	0.245	0.002	50	—	—	
	语句	中焦点调尾 T	0.234	0.001	50	98	－4.521	0.000
		后焦点调核 N	0.267	0.002	50	—	—	

在语篇和语句两种条件下，中焦点小句的调尾 T 位置与后焦点小句的调核 N 位置的高音点比较显示都有显著差异（P 值均为 0.000 < 0.05）。语篇条件下，后焦点小句的句末（即调核 N 位置）的高音点为 18.67，比中焦点句末调尾 T 位置的高音点值 15.43 高出约 3.24st；语句条件下，后焦点小句的句末（即调核 N 位置）的高音点为 19.41，比中焦点小句句末调尾 T 位置的高音点值 14.66 高出 4.75st，无论是语篇条件下，还是语句单读的条件下，后焦点小句都明显表现出通过提高高音点来突显句末焦点的特征。

低音点的对比也发现，语篇和语句两种条件下，中焦点小句调尾 T 位置与后焦点小句调核 N 位置的低音点都有显著差异（P 值均为 0.000 < 0.05）。从低音点具体数据来看，语篇条件下，后焦点小句的低音点均值为 12.95，大于中焦点小句的句尾 T 位置；同样语句条件下，后焦点小句的低音点均值 12.72 也大于中焦点小句的调尾 T 位置的 10.40，说明语篇和语句两种条件下，后焦点小句的调核 N 位置低音点都高于中焦点小句的调尾 T 位置。

在时长方面，语句和语篇两种条件下，中焦点小句的调尾 T 位置与后焦点小句的调核 N 位置时长差值也都有显著差异（t 检验 p 值均为 0.000 < 0.05）。语篇条件下，后焦点小句调核 N 位置的时长均值（0.245 秒）大于中焦点小句调尾 T 位置的时长均值（0.215 秒）；语句条件下，后焦点小句调核 N 位置的时长均值（0.267 秒）大于中焦点小句调尾 T 位置的时长均值（0.234 秒），时长作为重音突显的一个重要特征，在后焦点句的焦点突显中表现明显。

语篇和语句两种条件下，后焦点小句的句末位置与非后焦点小句的句末位置的高、低音点及时长值都有显著差异，无论是语篇条件下还是语句条件下，后焦点小句的调核 N 位置的高音点、低音点及时长值都高于中焦点句的句末调尾 T 位置，说明后焦点小句，即焦点在句末的小句，也需要重音来突显焦点。

三、听辨实验及结果分析

为了进一步从听感的角度验证重音表达对焦点突显的重要作用，本研究设计此听辨实验，将语料的重音位置进行重新设定，然后让被试重新认定焦点的位置。

（1）实验目的：验证朗读将重音位置错放在非焦点位置时，在语篇和语句两种条件下，听辨人是否还能正确判断焦点的位置，同时考察将重音错放在非焦点位置后对语义理解是否有影响。

（2）实验语料：从实验一语篇和语句语料中筛选部分小句，进行重新组合。语篇中力求主题明确，小句之间语义连贯。语句语料同样是语篇中的语句打乱顺序组成，大多数是带焦点标记词和敏感算子的小句，如："他是努力的""连老师都佩服""是执着成就了他"等；语篇和语句中各有小句 33 个。

（3）实验过程：1 名女性发音人，普通话水平二级甲等，明确实验目的，故意在朗读时将重音放在非焦点位置；重音突显清晰，发音自然、流畅。听音人数共 26 人，说普通话多年，绝大部分是语言学及应用语言学、对外汉语专业研究生，两耳听力正常，在实验中未被告知实验目的。听音人对语篇和语句中的焦点做出判断，并对语篇小句的焦点突显是否清晰做出总体主观评价选择：A 非常清晰，B 一般清晰，C 比较混乱，D 非常混乱。

（4）实验结果讨论。对焦点位置正确性的判断结果显示：语篇条件下，焦点位置判断正确与错误的卡方检验结果为（$P = 0.000 < 0.05$），说明语篇条件下，被试对焦点正确与错误的判断是有显著差异的，从统计数目明显看出，正确数为 47，仅占总数的 5.5%，而错误数为 811，占 94.5%，说明重音表达不当的语篇中，焦点判断的正确率明显低于错误率。同样在语句条件下，卡方检验 P 值 = $0.000 < 0.05$，说明在重音表达不当的单读语句中，被试对焦点正确与错误的判断是有显著差异的，正确数为 45，仅占 5.2%；而错误数为 813，占总数的 94.8%，说明在重音表达不当的语句中，焦点判断的正确率同样明显小于错误率。

表 4 是重音表达不当情况下，语篇语义清晰度情况的统计结果。

表 4　重音表达不当情况下，语篇中语义清晰度统计结果

语篇清晰度选项	选择人数	所占比例（％）
A 非常清晰	0	0
B 一般清晰	8	30.8
C 比较混乱	16	61.5
D 非常混乱	2	7.7
合　计	26	100

从表 4 看出，选择"比较混乱"和"非常混乱"的合计占 69.2%，由此看来，重音表达不当情况下，语篇的韵律表达清晰度明显下降。因此，重音与焦点位置错位，在语篇中对语篇语义的理解有影响，导致语篇表达不够清晰，甚至混乱。而在语句中，主要出现焦点位置判断错误，导致原焦点无法突显，而焦点位置转移。

四、结　论

本文在语篇和语句两种条件下，对单焦点、窄焦点句中，焦点与重音的对应关系及重音对焦点的突显作用进行考察，得出结论如下。

在语篇和语句两种条件下，焦点与重音基本上都是对应的，即使书面文本中有焦点标记词或焦点敏感算子来标示焦点，也还是需要重音来突显焦点，重音是焦点突显的重要手段。重音对焦点的突显作用和方式在两种条件下存在差异：从重音对焦点的突显程度来看，语句条件下，重音的突显程度整体更高；从重音对焦点的突显方式来看，语篇条件下重音的突显表现出较明显的强弱对比的变化，而语句中重音表现较稳定单一。

重音突显程度影响焦点位置的判断，重音表达不当后，焦点位置判断的正确率较低；此外，语篇条件下，受语篇结构及上下文语义影响，焦点与重音位置改变的随意性较小，而重音位置偏离焦点会对语篇韵律造成影响，导致语篇语义表达不够清晰；而语句条件下，小句没有前后文语义影响，重音改变的随意性较大，但是重音改变后，焦点位置也会发生转移，导致正常焦点不被突显。

正常情况下，掌握韵律表达技巧的朗读时，焦点与重音是高度一致、基本对应的，文本上确定的焦点在语音上应该被重读，无论是否有敏感算子或标记词都不能摆脱用重音来突显焦点这一手段。

本文对汉语中单焦点、窄焦点小句在语篇和语句两种条件下，焦点与重音的对应情况进行了分析，还存在很多问题和不足，需要进一步讨论。

（刘相君，北京中文在线数字出版有限公司管培生，中国传媒大学文法学部国际汉语教育学院 2014 届硕士毕业研究生；陈玉东，中国传媒大学文法学部汉语国际教育学院副教授、博士）

国外语码转换研究理论综述[*]

■ 徐 娟

引 言

语言是人类文明的标志，是社会发展的产物。当今社会国际交流日益频繁，语言接触也不可避免，语码转换便是语言接触所导致的说话者在两种或多种语言之间进行转换的语言现象。

语码转换研究从 20 世纪 20 年代开始零星出现，但直到 60 年代这一领域的研究才开始蓬勃发展起来。自 70 年代以来，语码转换现象得到多个学科的重视，学者开始从各个不同的视角展开对语码转换的研究。

在语码转换研究的理论领域，国外近半个世纪已经有了不少成果。何自然、于国栋对 20 世纪 70 年代以来语言学领域语码转换研究的不同路向进行了评述，把国外的语码转换研究划分为四大类：语码转换的社会语言学研究、语码转换的语法研究、语码转换的心理语言学研究和语码转换的会话分析研究。❷李经纬、陈立平也对国外近 30 多年的语码转换研究做了述评，从社会语言学、句法学、会话分析和心理语言学四个视角对语码转换研究的主要理论和模式进行回顾和评析。❸

需要指出的是，上述两个综述虽然尽可能全面地涵盖了国外语码转换

---

* 本文为教育部人文社会科学重点研究基地广播电视研究中心一般项目"两岸电视娱乐节目中汉英语码转换的比较研究"（2013GDYB10）阶段性成果之一，也是中国传媒大学科研培育项目"同素异序词历时分化研究"（CUC12C13）阶段性成果之一。

❷ 何自然、于国栋："语码转换研究述评"，载《现代外语》2001 年第 1 期。

❸ 李经纬、陈立平："多维视角中的语码转换研究"，载《外语教学与研究》2004 年第 5 期。

各个路向或者视角的研究，但是在划分路向或者视角的标准上却存在不够统一的情况。如语码转换的语法研究与社会语言学研究和心理学研究不在一个层面上，句法学研究与社会语言学和心理语言学研究也不在一个层面上。同时，会话分析作为语码转换研究中引入的一种研究方法，与其他研究路向或视角亦不可并驾齐驱。此外，对于语码转换研究的最新理论进展之一——语码转换的语用语言学研究，上述两个综述也并未涉及。

因此，本文将在上述综述研究的基础上，按照社会语言学、本体语言学、心理语言学以及语用语言学等语码转换研究的四个角度，对国外语码转换研究中一些比较有代表性的理论成果加以重新梳理，并进行简要述评。

一、语码转换的社会语言学研究

语码转换是一种语言现象，也是一种社会现象。语码转换最初的研究便是在社会语言学领域展开的。语码转换的社会语言学研究旨在揭示社会因素与语言选择之间的相互影响，通过寻求种族、性别、年龄、社会地位等社会因素与语码转换在宏观层面上的关系来探讨语码转换背后的社会动机。

此研究视角下，有三个理论比较具有影响力，分别为美国三位社会语言学家费什曼的语域理论、甘柏兹的情景类语码转换和隐喻类语码转换、斯科顿的标记模式理论。

（一）费什曼的语域理论

费什曼被认为是当代语码转换研究的倡导者。他研究发现，多语情境中的语言选择并不是一种任意的、随心所欲的行为，而是受到个人在交际中的身份、交际情境及交际话题等因素的影响。❶ 他认为有一些规约化的语境，即语域，决定着语言使用的类型。在他看来，语域是受共同行为规则制约的社会情景，包括地点、时间、身份和主题等因素。他将语域总结概括为家庭域、朋友域、宗教域、教育域和工作域等五个范畴。

---

❶ Fishman, J. A. (1965). "Who speaks what language to whom and when?". La *Linguistique*, 2: 67~88.

费什曼的语域理论为多语环境中的语言选择研究提供了社会文化结构方面的理解，也首次为言语行为研究提供了系统的描述方法。但是该理论描述功能虽强，解释功能却稍弱。因此，语域理论还需要进一步发展和完善。

（二）甘柏兹的情景类语码转换和隐喻类语码转换理论

甘柏兹将会话中的语码转换当作一种社会现象来对待，他感兴趣的是个人如何依据语言和社会的制约选择不同的言语行为模式。他通过研究发现，交际者选择哪一种语言进行交际并不是由语言能力决定，而是由各种社会因素决定的，这些因素包括种族、性别、年龄、社会经济地位等。❶

甘柏兹据此提出了情景类语码转换和隐喻类语码转换。情景类语码转换指那些由于情境的变化而引发的语码转换。通过语码转换，交际者可以成功地理解和把握情景。隐喻类语码转换指那些在情景不变的情况下，交际者为了表达一定的交际意图而实施的语码转换。隐喻类语码转换打破了情景与语言选择之间的规约关系，需要交际对象付出更多的气力来对语码转换的用意进行推理。

甘柏兹的研究表明语码转换是一种既负责又可熟练运用的语言策略，双语者可以用它来传递言语本身所没有的社会信息。同时，该研究还激励人们去建立一个以个人选择为焦点的动态的语码转换模式，而不只是从个人的社会地位着眼做静态的描述，体现了交际者在使用语码转换过程中的主观能动性，具有一定的解释力。

（三）斯科顿的标记模式理论

斯科顿将宏观视角和微观视角融合在一起，从认知角度解释了语码转换的社会心理动机。她把语码转换看做是说话者协商双方权利与义务的一种手段，认为会话交际中语言的选择是社会因素和个人自身的动态考虑相互作用的结果。❷

---

❶ Blom, J. P. & Gumperz, J. J. (1972). "Social Meaning in Linguistic Structure: Code – switching in Norway". In Gumperz, J. J. and Hymes, D (eds). *Directions in Sociolinguistics*. New York: Holt, Rinehart and Winston. pp. 417～434.

❷ Myers – Scotton, C. M. (1998). "Theoretical Introduction to the Markedness Model". In Myers – Scotton, C. (ed.). *Codes and Consequences: Choosing Linguistic Varieties*. Oxford: Oxford University Press. pp. 18～38.

斯科顿根据自己在肯尼亚所做的斯瓦西里语和英语的语码转换研究，提出了著名的标记模式，将语码转换划分为有标记转换和无标记转换。作出无标记的选择意味着说话者在协商遵循社会规范、维持各自的权利与义务现状，相当于甘柏兹的情景类转换；作出有标记的选择暗示着说话者在常规化交际中违反无标记选择准则，试图协商一套新的权利与义务均势，相当于甘柏兹的隐喻类转换。

近年来斯科顿对自己的标记模式理论进行了修正和扩充，修正后的标记模式理论认为，说话者是理性的行为者；在特定会话中的语码转换是建立在认知基础上的、说话者为自己以最低的代价获得最高利益的一种"算计"行为。标记理论模式不仅能对无标记选择做出解释，也能对有标记选择作出解释，因此被成功地用来解释语言之间、语言与方言之间乃至文学语言的各种语体之间语码转换的动机。

标记模式理论从使用标记性来估算说话者意图这种认知能力出发，探讨了交际能力这一普遍问题，为语码转换研究提供了有力工具，也为一些语码转换研究者所用，用来解释语码转换的动机。

以上是语言转换研究社会语言学视角的三个较具影响力的理论。总的说来，语言转换的社会语言学研究成功地将社会因素引入了语言转换研究的视野，这些研究认为语码转换是一种社会行为，不可能脱离社会因素和社会规约的制约。这种对语码转换和社会因素之间宏观关系的探索可以加深我们对语言和社会之间的关系认识，至今仍为国内外许多语码转换研究者所采用。

二、语码转换的本体语言学研究

在语码转换的社会语言学研究蓬勃发展之时，一些语言学家认为语码转换研究的社会语言学视角似乎还停留在事物的表面，不能够深刻揭示语码转换的整个过程以及这个过程中的语言本体因素。因此，在过去的三四十年里，为数众多的学者开始从本体语言学的角度来研究语码转换。

从本体语言学的角度进行的语码转换研究主要关注语言结构，也即两种语言在句内发生转换时两套语法规则的相互关系，其核心观点就是：从语言结构来看，两种语言之间的转换并不是一种随意的行为，而是一种由规则支配的行为。在这一研究视角中，同样有三个比较有影响的理论，分别为加拿大著名语言学家帕普拉克的自由词素限制和对等限制、斯科顿的基础语框架模式和美国语言学家布哈特引入到语码转换研究领域的优选论，下面分别加以简要介绍。

（一）帕普拉克的自由词素限制和对等限制

帕普拉克是较早研究语码转换在语言方面的限制的学者。她根据西班牙语和英语的双语转换现象，于 20 世纪 80 年代提出了两条具有普遍适用意义的语法限制。❶

（1）自由词素限制：语码转换可以在语篇的任何一个成分后发生，只要该成分不是一个粘着词素。这个规则适用于除音位层次以外的所有语言层次。

（2）对等限制：语码转换发生时，两种语码的并置不违反任何一种语言的句法规则。

帕普拉克的语法限制提出后，引起了广泛注意，但是经过众多的实证研究之后被证明并不普遍适用。国内的汉英语码转换研究同样表明这两条语法限制不具有适用性。结果证明，限制是相对于语言而言的，各种语言里的限制有所不同，要想找到能被世界所有语言都接受的语码转换的语法限制是很困难的。

（二）斯科顿的基础语框架模式

1993 年，斯科顿提出了基础语框架模式，把决定混合成分语法框架的语言称为基础语，参与语码转换的其他语言称为嵌入语。❷

根据双语相互作用过程中每种语言所起的作用和功能，她预测了可接受的语码转换的框架。基础语框架理论区别了语码转换中两种关键性的对

---

❶ Poplack, S. (1980). Sometimes I'll start a sentence in Spanish y termino en espanol: towards a typology of codeswitching. *Linguistics* 18: 581~616.

❷ Myers - Scotton, C. M. (1993). *Duelling Languages: Grammatical Structure and Code - switching*. Oxford: Oxford University Press.

立成分：基础语与嵌入语、系统词素与内容词素。区别基础语与嵌入语是该理论构思语码转换的基本原则。

基础语框架模式理论将含有语码转换的句子分为三种结构：

（1）基础语岛。基础语岛的语法框架由基础语的词素顺序和系统词素构成。基础语岛必须是一个按基础语语法组成的构建得很好的语段，符合基础语的语法。

（2）嵌入语岛。嵌入语岛与基础语岛相似，嵌入语岛必须是一个按嵌入语语法组成的构建得很好的语段，其词素来源于嵌入语并且遵循嵌入语的语法框架。这种组合完全转到了非基础语语言，是一个完整的语码转换语段。

（3）基础语＋嵌入语组合。这种组合的典型形式是由来自基础语和嵌入语的词素组成，含有参与语码转换的两种语言的词素，但是由基础语的语法为语码转换的两种语言结构设定词法和句法框架。

斯科顿的基础语框架模式被认为是语码转换结构限制研究中比较完善的理论体系，经过多种语言之间语码转换研究的验证，具有较为普遍的适用性。在我国最常见的汉英语码转换研究中，不少学者应用了斯科顿的基础语框架模式，结果证明该理论同样可以很好地解释汉语和英语两种语言在句内发生转换时两套语法规则的相互关系，对汉英语码转换现象也具有较强的解释力。

（三）布哈特的优选论

优选论起源于生成音系学，由美国音系学家艾伦·普林斯与认知科学家保罗·斯莫林斯基于20世纪90年代共同提出。优选论以制约条件的交互作用为主要内容，认为制约条件并非是不可违反的，而是具有层级次序的，不同语言按不同次序将制约条件排列成不同的严格优势层级。根据这一层级，每个制约条件比等级低于它的制约条件享有绝对优先权。就是说，假设两个表达式各违反一项制约条件，那么，违反等级低的条件而符合等级高的条件的表达式，优于违反等级高的条件而符合等级低的条件的表达式。各个具体语言就这样通过为普遍语法中的制约条件排列顺序，形成不同的

优势层级，实现了参数化，构成各自的语法。❶

优选论诞生后便很快风靡整个语言学界，其理论原则和分析方法被迅速运用于语言研究的许多其他领域。首先从优选论的角度解释语码转换现象的是布哈特。布哈特认为，过去用来表达语码转换普遍性的制约条件都是绝对条件，对这些绝对制约条件的违反便导致了不符合句法的结构。他借鉴优选论的理论原理，对原来的理论进行了一个细小的改动，把不可违反的制约条件改为可违反的有层级次序的制约条件，这些制约条件只有在与更高层级的制约条件产生冲突时才可以被违反。如果被转换语码的成分违反了某一制约条件，它的完好形态就受到了一定程度的破坏。

布哈特认为，语码转换所涉及的语言对什么叫完好形态有自己的偏好；当嵌入语被混合进基础语时，转换结构会力争保持优选的完好形态。语码转换中制约条件的存在与否，其效果主要是层级排序问题，是相对于特定双语语法中其他制约条件而言的；不同的双语语法选择不同的制约层级构型，于是不同语言间语码转换时便产生了差异。语码转换模式的差异是结构制约条件相互作用的结果，是两类语言项的最佳调节所致。❷

布哈特将优选论引进语码转换的研究，把绝对的制约条件修改为可以违反的制约条件，使之在不同的语言中体现为不同的优先次序，并允许它们发生交互作用，最终产生许多不同的制约层级构型，这在语码转换的本体语言学研究领域是一个新的突破。布哈特的研究模式对多语言间的语码转换具有较强的解释力，是对优选论的一次成功应用，也标志着语码转换的语言结构研究愈加程式化。遗憾的是，国内的语码转换研究仍然没有这方面的尝试，没有语言学家使用优选论来分析和解释汉英语码转换，这也是未来研究值得努力的一个方向。

三、语码转换的心理语言学研究

语码转换的研究离不开心理语言学和神经语言学。语言学家在研究语

❶ 王嘉龄："优选论"，载《国外语言学》1995 年第 1 期。

❷ Bhatt, R. M. (1997). "Code – switching, constraints", and optimal grammars." *Lingua*, 102：223～251.

码转换时，肯定会想到人的大脑是怎样运作两种甚至更多种语言的问题。语码转换的心理语言学研究的基本任务就是帮助我们理解双语者在做出明显的语码转换行为时的大脑活动状态，关注双语交际中语码转换是如何自然发生并被对方感知的、影响语码转换的心理因素是什么等问题。然而由于对于大脑这个黑匣子研究的困难很大，所以与语码转换的其他视角研究相比，语码转换心理语言学研究的成果相对较少，然而也正在逐步发展过程中。

语码转换的心理语言学研究的一个重要贡献是英国社会心理学家贾尔斯等人提出的话语调节论，该理论的两个核心概念是趋同和趋异。❶ 趋同是指说话人将自己的言语风格（语言类型、发音、语速、语调、副语言特征等）调节到适应对方的风格，以表示与对方的团结一致关系；趋异是指说话人故意偏离对方的言语风格，以表示想扩大同对方的社会距离。

话语调节论说明说话人改变语码和语体是一种主动、积极的行为，把它们当作一种策略去建立新的人际关系。话语调节论注重交际的互动作用，强调交际的协商性质，也具有较强的解释力。

语码转换的心理语言学研究能够帮助我们理解双语者在语码转换过程中的思维过程，从而揭示语言使用者对这种语言现象的认知过程，但是该研究目前仍处于初级阶段，对转换的心理语言学动机尚未形成系统、有力的解释。无论如何，这种研究还是给我们提供了许多有关语言使用和理解都不能忽视的心理或认知因素，值得我们继续探索和努力。

四、语码转换的语用语言学研究

为了回答"人们在使用语言时做什么事"这一简单的问题，比利时学者维索尔伦提出了顺应论。顺应论的研究出发点是语言的使用。维索尔伦认为，语言的使用是不断地作出各种语言选择的过程，语言选择可能是有意识的，也可能是无意识的；既可以出于语言内部的原因，也可以出于语

---

❶ Giles, H. & P. F. Powesland. (1997). "Accommodation theory". In N. Coupland & A. Jaworsky (ed.). *A Readers and Coursebook*, London: Macmillan Press, pp. 232~239.

言外部的原因；既发生在话语的产出过程中，也发生在语言的解读过程中。语言选择包括语言形式和语言策略的选择，人类之所以可以在语言使用过程中进行语言选择，是因为自然语言具有三个本质的特征，即变异性、商讨性和顺应性。

其中语言的顺应性包括四个方面：（1）语境关系的顺应。语境关系包括语言选择要与之相互适应的所有交际语境的要素，包括实际的语境、说话人和受话人的社会关系、谈话者的精神状态等。语境要素不是静态的，而是会随着谈话的进行发生变化。（2）语言结构顺应。交际谈话要顺应语言结构各层面的变异以及语言的构建原则。（3）动态顺应。语言顺应是个动态过程，与语言选择的商讨性有密切关系。（4）顺应过程的意识程度。人们对语言选择过程中所发生的语言和语境的互相顺应的意识程度有高有低，目的也不尽相同。有些顺应完全是自动的，而有些则有很强的目的性。❶

维索尔伦的顺应论从语言的使用出发来分析语言现象，而语码转换是顺应论所谈到的一个比较典型的语言选择过程，而且意识程度也因人而异。因此，顺应论被广泛地应用到语码转换的研究之中，并且被证明具有一定的普遍适用性。

在国内，顺应论更是得到了本土化的应用。于国栋在语言顺应论的基础上，针对汉英语码转换的特点，提出了语码转换的顺应性模式，可以充分地解释汉英语码转换过程中的语言选择过程，是国外理论本土化的一次成功的尝试，具有很强的解释力。

五、结　　语

综上所述，在过去的几十年里，国外语言学家从各个不同的角度对语码转换这一语言现象进行了深入的研究，得出了较为丰硕的理论成果。然而，上述理论成果主要集中在 20 世纪末期。进入新的世纪，语码转换的研究似乎已经陷入了一个瓶颈期。语码转换的相关理论在经过数十年的应用

---

❶　Verschueren. *Understanding Pragmatics.* 外语教学与研究出版社 2000 年版，第 66 页。

研究之后被证明只能分析解释语码转换的某个方面，或者只适用于某两种或某几种语言之间的语码转换，不具有普遍的解释力和适用性。近十年来，大部分的语码转换理论只是在原有的基础上进行了一定的修正和完善，并没有新的突破性理论成果出现。国内的语码转换研究则更是以国外语码转换理论的译介和本土化应用为主，鲜有具有国际影响力和普遍适用性的理论成果，这也是值得广大语言学家共同思考的问题。

（徐娟，中国传媒大学文法学部文学院讲师、博士）

文学与艺术编

唐代写作传播特点分析

■ 刘洪妹

唐代是中国写作史上一个灿烂辉煌的时代，唐代写作继承了魏晋南北朝文学的优良传统，创造了以唐诗为代表的繁荣兴旺的时代。本文试从写作传播的角度分析唐代写作的特点及影响。

一、印刷术的发明对写作传播的意义

雕版印刷术发明于隋末唐初，是各种条件具备和成熟的必然产物。

首先，造纸术发明后，随着造纸技术不断发展、造纸原料低廉易得，纸的使用越来越广泛，到唐代时，纸已经是极为普通的生活用品和书写材料，笔、墨等书写工具也更加普及，这些都为印刷术的发明奠定了基础。

其次，隋唐时代交通便利，隋代开凿了南北运河，唐代的驿传系统比较完善，使得朝廷和各地的信息往来更加便利。而经济发达、文化繁荣，对佛经等书籍的需求与日俱增，由隋代兴起的科举制度使儒家等经典作品的需求量大增。而一字字的手抄书本显然效率太低下，难以满足日益增长的阅读需求。

雕版印刷术的原理是利用反文，即先将需要印刷的文字反着刻在木板上，再用墨汁涂于凸起的文字板面，之后，将纸按压其上，文字便印在了纸上。因为文字是反着刻的，所以印在纸上的文字便是正的。

印刷术的发明和使用扩大了作品的影响，传播效应惊人。如唐代诗人元稹在为白居易所作的《长庆集》序中称赞白居易的作品广受欢迎时写道："至于缮写模勒、衒卖于市井，或持之以交酒茗者，处处皆是。"这篇序作于唐长庆四年（824 年），文中的"模勒"一词一般认为就是指刊刻、印刷出版。

当然，一项发明在社会中的广泛应用需要相当长时间的推广普及，雕版印刷也是如此，虽然它在隋唐年间发明，但普及使用是一个缓慢的过程。在唐代，印刷作品虽非罕见，但也并未普及，写本仍是文字传播的主要形式，直到后唐时刻印本才大量出现。现存最早的整本印刷书是在敦煌千佛洞发现的《金刚经》。它是卷轴形式，由七张白纸粘连而成；长度超过 5 米，是 868 年运用雕板印刷而成；其卷首印有释迦牟尼说法图，并题有"咸通九年四月十五日王玠为二亲敬造普施"。该书的雕刻精美、印刷清晰。许多现存实物也表明，唐后期至五代时："印刷的内容涉及题材更为广泛，刻印中心也分布到各地。印刷物内容不再仅限于佛经和历书，开始包括道家和儒家的经典著作、文选、历史以及百科全书。"❶

印刷术的发明突破了手抄写作传播效率的局限性，作品复制的速度成倍增加，传播速度加快。佛经和经典著作等大量出品的书籍满足了人们的需求，扩大了受众面，也给了更多人读书识字的机会。文化和文明成果的传播速度突飞猛进，纸媒介的传播跨入了新时代，开始了写作传播的新历史。

二、兴盛的唐诗写作传播

唐代写作的代表成就是诗歌，唐诗的兴盛与传播主要有以下原因。

（1）宽松自由的创作环境。唐代文化环境开放自由，中外交流与传播空前活跃，儒释道交融，各种思想兼收并蓄。诗歌是情感的抒发，自由的创作环境使诗人的内在情感得以尽情宣泄，个人写作风格得以完美呈现，如陈子昂的豪壮、王维的静逸、王昌龄的刚健、高适的悲壮、李白的飘逸、杜甫的沉郁、刘禹锡的雄健等。

（2）诗歌与民间的密切联系。隋唐以前，写作多是文人的专利，诗歌写作主要局限于文人和朝廷；诗人只是在狭窄的小圈子里的自娱自乐，因

---

❶ 钱存训：《中国纸和印刷文化史》，广西师范大学出版社 2004 年版，第 138 页。

而创作出来的诗歌缺乏鲜活的生命力。而到了唐代，许多诗人出入于市井生活，使得文学走向民间，与现实生活紧密相连，诗歌的活力再次迸发。盛唐经济繁荣，诗歌充满理性化的豪放激扬；安史之乱，社会动荡，诗人则满怀悲愤写人生。广阔的社会生活在唐诗中得到了丰富多彩的呈现。

（3）诗人丰富的人生经历。漫游经历是很多唐代士人必经的人生历程，也是那个时代的风尚。他们游历名山大川，欣赏自然山水美景，从名城大都到边塞重镇，从名山访道到广结良友。漫游既增加了见闻，丰富了人生体验，又激发写作灵感，深化了山水田园诗、边塞诗、讽喻诗、贬谪诗等写作素材和题材。

（4）写作诗歌的热情。唐代诗歌的写作热潮与科举制度的推波助澜有很大关系。科举是一条新兴的入仕途径，科举制度为文人踏上仕途提供了更多机会，尤其给有才华的寒门士人提供了成功的路径。诗赋是科举考试的必考项目，这对诗歌的兴盛具有积极的意义。读书写诗可以功成名就，这无疑激励了人们诗歌写作的热情。写诗的人数激增，诗歌的数量增长迅速。

众多因素使唐代成为诗的时代，诗成为民众的爱好，写诗成为一种普遍的文化现象。名作广泛传播，名家辈出，更有无数的普通诗人和数不清的诗歌作品。仅以《全唐诗》为例，就收入了约 5 万首诗歌；诗歌以律诗为代表，内容丰富，风格多样。作者 2 000 多人，身份复杂多样，有名家有官僚，也有歌妓、僧人等普通作者以及无名氏。

三、丰富的写作理论传播

唐代写作的繁荣与写作理论的兴盛和传播密不可分，许多文学家在文学写作的同时也热心于写作理论的倡导与传播。如陈子昂推崇"汉魏风骨"（《与东方左史虬修竹篇序》），提倡诗歌革新；刘知几主张史书编撰应"采摭群言，然后能成一家"（《史通》），提倡直书，反对曲笔；韩愈主张"不平则鸣"（《送孟东野序》），强调抒发内心情感；元白诗派则推崇杜甫的写实诗作，强调诗歌的写实性和通俗化；韩愈、柳宗元等人倡导古文运动；司空图提出"味外之旨""韵外之致"（《与李生论诗书》），强调诗的作用是引发联想。这些写作理论与作者的写作实践紧密结合，有力地推动了唐代的写作传播。

以古文运动为例。古文运动既有政治目的，也是写作内容和文风的积极改革。从政治层面看，安史之乱后的社会动荡激发了唐代士人的忧患思变意识和复兴儒学的思潮。古文运动的目的是复兴儒学，弘扬儒家传统。"出于相同的政治目的，韩、柳二人不约而同地走向了以文明道、反对不切实际的文体文风的路途。他们将文体文风的改革作为其政治实践的组成部分，赋予文以强烈的政治色彩和鲜明的现实品格，去其浮靡空洞而返归质实真切，创作了大量饱含政治激情、具有强烈针对性和感召力的古文杰作。"❶

在写作上，韩愈、柳宗元继承了前人的文体改革理论，并针对现实明确提出了古文理论。在诸多文章中，他们都清楚表明了自己的古文理论和写作理想。他们强调积极学习文化经典，吸收前人写作成果。韩愈认为"愈之志在古道，又甚好其言辞"（《答陈生书》），柳宗元指出"言而不文则泥，然则文者固不可少耶"（《答吴武陵论非国语书》）。针对浮华晦涩的骈文言辞，他们追求创新求实，传播新鲜的思想和理念。韩愈主张"能自树立，不因循"（《答刘正夫书》），"唯陈言之务去"（《答李翊书》）。他们强调作者的写作素养和文章体现出的情感与理性的力量，"气盛则言之短长与声之高下者皆宜"（《答李翊书》），有了内在的"气"则文章的力量和力道便呼之欲出。

韩愈、柳宗元等用文章清晰地阐述他们的古文理论，也用写作贯彻他们新的散文美学理念，实践了他们的理论和理想。韩愈对古文运动的贡献"不仅由于他的理论，更重要的，是由于他写出了许多富于个性、才力和创造性的佳作，从实践上重新奠定了散体文的文学地位"。❷ 韩愈创作了数百篇散文，他的写作构思富于变化，善于运用修辞和描写，雄健大气，具有强烈的情感力量。他的议论文如《师说》等大胆揭露社会矛盾，情感表达激烈，气势强盛。他的杂文融合议论、叙事、抒情等各种表达方式，嬉笑

---

❶ 袁行霈主编：《中国文学史》第二卷，高等教育出版社 2005 年版，第 300 页。

❷ 章培恒、骆玉明主编：《中国文学史》（中），复旦大学出版社 2004 年版，第 189 页。

怒骂，挥洒自如，文采浓郁。如《杂说四》构思巧妙，以马喻人；名写马，实写人，具体形象地描写了千里马无法施展千里之能的委屈和不平，强调的是千里马渴望伯乐的急切心情。这种巧妙的隐喻开发了原有典故的新寓意，含蓄、形象而寓意深刻。

柳宗元的议论文针砭现实，表达鲜明的改革思想，论证的逻辑严密，论说性强，语言犀利，峭拔简练，气势高昂。如他的《封建论》，细致分析郡县制的优势和合理性，抨击中唐时期藩镇割据对中央集权的威胁；在对比中针砭时弊，具有强烈的现实针对性和批判性。他的寓言含蓄深刻，哲理性强。如《罴说》，借一个会吹出百兽声音便自以为能打到猎物的猎人被最凶恶的罴吃掉的故事，讽刺那些不学无术却虚张声势的人，形象地揭示了人应有真才实学、不断充实完善自我的道理。他的传记散文继承了《史记》的实录传统，以典型事件为事实材料，通过精心剪裁和巧妙布局，在矛盾冲突中刻画人物性格、展示人物命运，多角度、多方面地揭示了深刻的社会矛盾和社会问题。如《段太尉逸事状》选取若干典型事件生动描绘了主人公为官的正直品格。他的山水游记更是将自身遭遇与自然景物完美结合。如他的《永州八记》，在生动传神的景物描写中蕴含着作者的主观情感，那些奇异但被世人忽视冷落的自然美与作者才情不被赏识而遭贬谪的悲苦命运苦涩而巧妙地互相映衬。

古文运动的实质并非复古，而是创新地吸取秦汉散文之长。以韩愈、柳宗元为代表的作家们致力于古文的振兴，对扭转文坛脱离现实的骈俪文风、增强文章强烈的情感和精神力量起到了积极作用，文体改革的影响深远。由他们积极写作推动的杂说、寓言小品等新文体也得以迅速发展，对文章写作与传播产生了积极影响，也在一定程度上促进了中国文学的健康发展。

四、活跃的官方写作传播

唐代是中国历史上的一个鼎盛时代，朝廷与民间的言论相对自由，控制比较宽松。士大夫们常定期聚议，各抒己见畅谈天下大事，因此民意得以沟通，社会思想较为开放且富多元化。加之社会生产力和经济的发展，都大大促进了写作传播活动的兴盛。

从《贞观政要》中可以一窥唐代尤其是唐初较为活跃的言论传播状态。这部十卷四十篇的治国宝典由唐史学家吴兢编著，记录了唐太宗李世民和朝廷大臣们关于如何治理国家的谈话，内容涉及政体、君道、仁义、诚信等诸多方面。该书旨在总结唐太宗统治的得失，以作为后世君主之借鉴，其中引人关注的是李世民广开言路，兼听纳谏。作为统治措施，谏官制度虽被历代统治者采纳，但成效各异。李世民接受了魏征的兼听主张，也切实做到了鼓励进谏、虚心纳谏，了解下情以不负民心，这是唐太宗治国成功的关键之一。

《贞观政要》属记言体，但吴兢加以改造，以谈话内容分类，话题集中，并大量引用皇帝诏书、大臣奏疏谏议等，史实与政论兼长；对唐太宗时期的政治经济、军事文化、社会状况等各方面有详尽的史实描述。《贞观政要》总结了唐太宗统治的成功经验，也传播后世，为后代的封建统治提供了重大参考作用。

唐宋时期的官方写作传播主要是传达政令，写作内容和传播方式主要是信息的上通下达。唐代时官方写作传播方式主要有露布、条报、榜示、进奏院状报等。

（1）露布。也称露板、露版，就是在帛上书写文字以通报四方。这种写作传播方式从汉代延续而来。早期的露布内容与形式不定，其主要的内容是传递军事捷报——军队打了胜仗后在绢帛上书写胜利消息，高悬在杆上凯旋，沿途与民同庆；传播速度迅速，社会影响巨大。到唐代时露布成为正式上行公文，从宣读露布时的礼仪到写作内容都已经规范化。露布的内容需要朝廷润饰核准后方可公布，内容也不仅仅是简短的捷报，而是对战斗过程的详细描述，文采讲究，因而字数也越来越多，多时可达千字。

（2）条报。条报始于唐代，是朝廷发布信息的方法，主要通告皇帝的行踪，还有官员任免以及朝廷的信息。条报每天发布，主要面对的是京城官吏，而京外官员获取朝廷信息的来源则主要是进奏院状报。

（3）榜示。榜示具有张贴公示的含义，朝廷、官府以文告的形式，面向普通百姓明示有关事宜。这是古代常见的写作传播方式，它和露布一样具有广而告之的目的，不过内容更广泛，有战事、诏令，也会有地方官员任免，与百姓的关系较紧密，而且具有强制性。发榜地点多在官府或人流密集的闹市，榜示的发布时间不定。因为内容广泛故发布频率较高，因此传播对象和范围更广泛。

（4）进奏院状报。进奏院状报是"经由进奏官传发给各藩镇和地方诸道，用来介绍朝廷政事动态和各项信息的报告"。❶ 进奏院是唐代设立的与藩镇制度相关的机构，是由各地方节度使在都城设立的办事机构，也是聚会和上朝前修整的场所。进奏院类似于汉代的邸，职能是上通下达。进奏院状报便体现了这种职能，其内容主要是传达信息，介绍朝廷相关事宜，包括政治、军事等方面；既有关乎仕途命运的官员任免消息，也有各地发生的自然灾害消息，信息很丰富。进奏院状报的信息来源一般是进奏官主动获取的，也有一部分来自于条报。

学界对进奏院状报的性质所见各异。但从写作传播的角度考虑，状报由书面文字记载并传递到各地，信息传播的特点显著。不过，条报和进奏院状报都属于官报性质，其内容更多的是朝廷动态，传播对象也多限于相关级别的官员，所以传播范围和传播对象有限，传播影响也有限。

五、新文体涌现和多种写作传播方法

诗的普及和兴盛代表了唐代文学的繁荣，而唐文化的繁荣不仅体现在诗歌等文学创作的兴旺，其他领域如绘画、音乐、舞蹈等艺术成就也很可观，而且，这些艺术在与写作强强联手后，催生了新的写作样式，产生了新兴多样的写作传播方法。如诗与绘画的融合产生了题画诗、咏画诗。在《全唐诗》中，咏画、题画诗有近200首。唐代诗人如李白、杜甫、王维等都创作有题画、咏画诗。诗与画的融合是唐代文学艺术互相影响、互相融合的范例。绘画是诗的题材之一，诗的意境和形象丰富的色彩传神地体现了绘画的神韵。可以说，唐代的诗与画各自达到了高峰，又在融合中拓宽了写作的视野和内容。

---

❶ 方汉奇主编：《中国新闻事业通史》，中国人民大学出版社1992年版，第38页。

唐代写作的兴盛面貌也体现在传奇小说、词等新文体的诞生。传奇小说由六朝志怪和杂史杂传演变而来，结合生活中的娱乐内容，有较完整的虚构情节和人物塑造。唐代传奇小说代表我国文言小说已经进入成熟阶段。词可以说是诗与音乐结合的产物，最初来自民间。唐代宴饮、歌楼等都市娱乐生活的需求加快了词的流行与传播，后来文人加入了作词行列，扩大了词的写作内容和风格境界。此外，俗讲与变文等与宗教关系密切的通俗文体也极为盛行。经过唐代文人的努力，这些新文体传播后世，为宋词和小说的发展与繁荣奠定了坚实的基础。

唐代诗歌写作普及，传播广泛，也得益于许多别具一格的传播方法，这些方法既有针对特定人群的，也有面向大众的，如传诗、题诗等。

诗赋是科举考试的内容，自然也是考生备考的主攻方向，平日的功夫积累就是为了考场的一锤定音。好诗传千里，考场上的好作品不仅让作者一举中的、前途光明，也激励后来者学习借鉴。所以每逢考试后，考场上的佳作便被挑选出来、转相传抄，传播久远。

写诗常常是兴致所至，所以作者灵感来临时往往随手而写。有白居易《答微之》为证："君写我诗盈寺壁，我题君句满屏风。与君相遇知何处，两叶浮萍大海中。"

作者诗性大发时题诗书写的媒介往往创意十足。如出游时写在红叶上、石头上，访友时题写在房柱上、屏风上，没地方写还可以书写在衣服上。有时私下默默题写，更多的是在公开的或是聚会的场合题诗助兴。如科举考试后，考中的人登塔题诗以示庆贺，欢庆的宴席也少不了助酒题诗。

然而，不管是何种传播形式，诗意盎然且通俗易懂的作品才有可能传播广泛。据说白居易写完诗后第一个读者通常都是老妪，老妪听懂了他才满意。"童子解吟长恨曲，牧儿能唱琵琶篇"，唐宣宗李忱在《吊白居易》中描绘的这幅图景生动地说明了只有真实、通俗、易于传唱的作品才会被人传诵，传播影响才能悠久。

（刘洪妹，中国传媒大学文法学部文学院副教授）

也说南北曲《赵氏孤儿》的关系
——从公孙杵臼之"耻"说起

■ 杨秋红

关于元杂剧和宋元旧篇《赵氏孤儿》谁先谁后的问题，学术界争议颇多。俞为民认为南戏《赵氏孤儿》似由北杂剧改编而来，❶ 景李虎持同样的观点。❷ 吴敢则认为南戏与元杂剧大约同时，世德堂本《赵氏孤儿》显然受到元杂剧较大的影响，和宋元旧篇《赵氏孤儿》差异很大。❸ 鲍开恺发现南戏《赵氏孤儿》中有两处被北杂剧挪用或略写的痕迹，提出"杂剧改编自南戏说"或可成立。❹

而对戏文《赵氏孤儿》的创作时间也颇多争议。徐渭《南词叙录》"宋元旧篇"著录了《赵氏孤儿》。它到底产生于宋，还是元呢？学者们往往从最早提及《赵氏孤儿》的《错立身》来推断《赵氏孤儿》的产生年代。俞为民《南戏〈错立身〉〈小孙屠〉的来源及产生年代考述》考证《错立身》为元代北曲南移之后的作品；钱南扬认为《错立身》出于宋人之手，作于"金亡之后，宋亡之前这段时间之内"（《永乐大典戏文三种校注·前言》）。有持元代中期说的，如吴敢、鲍开恺，有持元代后期说的，如王季思《全元戏曲》剧目提要之观点，如此则戏文《赵氏孤儿》的产生时间扑朔迷离。

纪君祥《赵氏孤儿》杂剧创作年代是可以肯定的。元代钟嗣成《录鬼簿》将纪氏列入"前辈已死名公才人"条目下，说他是大都人，与李寿卿、

---

❶ 俞为民："元代南北戏曲的交流与融合（上）"，载《山西师大学报》2003 年第 1 期。

❷ 景李虎："元代南戏《赵氏孤儿记》的重要价值及版本源流"，载《中山大学学报》1993 年第 2 期。

❸ 吴敢："《全元戏曲·赵氏孤儿记》辑校商榷"，载《徐州师范大学学报》1999 年第 4 期。

❹ 鲍开恺："南、北《赵氏孤儿》的改编关系"，载《中国社会科学报》2012 年 10 月 22 日。

郑廷玉同时。由此可知，纪君祥为元代前期人。杂剧《赵氏孤儿》当然是元代前期作品。戏文《赵氏孤儿》和同题北杂剧的时序关系，我们通过对公孙杵臼形象嬗变的梳理，或许能够从另外的角度来推测。

"赵氏孤儿"故事写春秋时期晋国上卿屠岸贾诛杀赵氏一族，遗孤长大后复仇的故事。舍命存孤的程婴和公孙杵臼以大英雄的形象为人所熟知。最早记载此事的文献是《左传》和《史记》。然而在《左传》中，并没有记载程婴和公孙杵臼，也没有屠岸贾，救孤的只有韩厥。《史记·赵世家》中，多了屠岸贾，还有对程婴和公孙杵臼的详细刻画。程婴作为赵氏的门客，冒死盗孤，和公孙杵臼谋划把真孤儿掉包；逃匿山中，忍辱负重养育孤儿，十五年后帮助孤儿复仇；孤儿20岁成人后，程婴自尽。《史记》对公孙杵臼的描写，与对程婴的描写平分秋色。公孙杵臼也是赵氏的门客。赵氏罹难，是公孙杵臼首先质问程婴为何不死。孤儿出生后，又是公孙杵臼首先提出调包救孤的计策。被屠岸贾抓住后，公孙杵臼凛然赴死：

> 杵臼谬曰："小人哉程婴！昔下宫之难不能死，与我谋匿赵氏孤儿，今又卖我。纵不能立，而忍卖之乎！"抱儿呼曰："天乎天乎！赵氏孤儿何罪？请活之，独杀杵臼可也。"诸将不许，遂杀杵臼与孤儿。（《史记》卷四十三）

从《史记》的描写来看，程婴的性格还有点优柔寡断，而公孙杵臼是一个果敢坚决、有勇有谋的形象，充满侠义风范。在戏曲中，两人的形象却发生了很大的变化。

一、现存南北曲《赵氏孤儿》均刻画了公孙杵臼的动摇

宋元以后，赵氏孤儿的故事被搬上戏曲舞台，文本有元杂剧和南戏两类。署名纪君祥的元杂剧《赵氏孤儿》今存《元刊杂剧三十种》本、《元曲选》本、《酹江集》本。《元曲选》本和《酹江集》本都是明刊本，二者曲词基本一致，《元曲选》本更精严完整。南戏《赵氏孤儿》在徐渭《南词叙录·宋元旧篇》中有名目，今存版本有富春堂本、世德堂本、《六十种曲》

本《八义记》以及《风月锦囊》《九宫正始》摘录的部分曲文。世德堂本为《六十种曲》改削的底本，最为重要。因此我们以《元刊杂剧三十种》本、《元曲选》本、世德堂本作为研究公孙杵臼形象的基础文献。与《史记》相比，公孙杵臼的变化集中体现于"公孙死难"。

先看元刊本杂剧的描写：

【雁儿落】搬公孙你泛调，顺贼子把咱陈告。唬的我立不住笃速速膝盖摇，把不定可丕丕心头跳。

【水仙子】俺二人商议我先招，一句话来到舌尖却咽了。我死呵休想把你个程婴道，我怎肯有上梢无下梢？（带云）休道打，折末便支起九鼎油镬，老的来没颠倒，便死也死得着，一任你乱下风雹。（《冤报冤赵氏孤儿》第三折）

再看明刊本杂剧的描写：

（正末云）我招，我招。（唱）

【得胜令】打的我无缝可能逃，有口屈成招。莫不是那孤儿他知道，故意的把咱家指定了。（程婴做慌科）（正末唱）我委实的难熬，尚兀自强着牙根儿闹。暗地里偷瞧，只见他早吓的腿脡儿摇。

（程婴云）你快招吧，省得打杀你。（正末云）有，有，有。（唱）

【水仙子】俺二人商议要救这小儿曹。（屠岸贾云）可知道指攀下来也。你说二人，一个是你了，那一个是谁？你实说将出来，我饶你的性命。（正末云）你要我说那一个，我说，我说。（唱）哎！一句话来到我舌尖上却咽了。（《赵氏孤儿大报仇》第三折）

元刊本中已经有了"俺二人商议我先招"这样的唱词，说明公孙杵臼内心动摇，差点就招了。明刊本补充了宾白，唱词也有所改动，明明白白写公孙杵臼真的招供了。公孙杵臼在酷刑之下实在难熬，竟然说出了"俺二人商议要救这小儿曹"。老奸巨猾的屠岸贾赶紧逼问他的同谋是谁，公孙杵臼再也没说。明刊本杂剧题目正名为"公孙杵臼耻勘问，赵氏孤儿大报仇"，强调招供之"耻"。

世德堂本《赵氏孤儿》第三十三出《公孙死难》中，公孙杵臼被程婴拷打，也差点招了：

> 【前腔】赵孤儿伊家藏过，把恶头推来与我，叫一声打后事如麻，他是隐孤儿窝主，来到舌尖与你都吞下。老倒公孙险些漏了根芽，小胆程婴慌甚么？孤儿有，在吾家。

《八义记》第三十六出《公孙赴义》的描写与此相似，"潦倒公孙也险些露根芽"，最终把舌尖上的话儿都吞下。

比较以上几个版本对公孙杵臼死难的描写，都写了"公孙招供"的波澜。元刊本杂剧和两种明代戏文都写公孙杵臼欲招未招，明刊本杂剧写真的招了。就艺术效果而言，南戏对公孙杵臼的描写比较简略，而元杂剧的描写是非常细腻的。元杂剧不但写了公孙杵臼的动摇，还写了他的恐惧和坚持，与程婴的对手戏也非常精彩。除了"来到舌尖与你都吞下"这一句之外，文辞上没有任何雷同。仅就现存戏曲文本看，元杂剧的艺术水准是高于南戏的。明代南戏《赵氏孤儿》《八义记》等，情节上应该受到了元杂剧的影响。那么，宋元旧篇《赵氏孤儿》和元杂剧《赵氏孤儿》孰先孰后呢？

二、宋元旧篇与元刊本杂剧《赵氏孤儿》对公孙杵臼定位有别

最早提到南戏《赵氏孤儿》的是《永乐大典戏文三种》之《宦门子弟错立身》：

> 【排歌】……冤冤相报《赵氏孤儿》。

祁彪佳《远山堂曲品》著录《八义记》时说：

> 传赵武事者有《报冤记》……

今传世德堂刊本《赵氏孤儿记》第一出"副末开场"和第四十出"北邙会猎"的下场诗都是下面这基本相同的四句：

> 毒不毒屠相岸贾，忠不忠触槐鉏霓，

　　义不义公孙杵臼，❶ 冤报冤赵氏孤儿。

　　巧合的是，《元刊杂剧三十种》的正名中也有"义逢义公孙杵臼，冤报冤赵氏孤儿"这两句。贾仲明为纪君祥写的"凌波仙"吊词谈及纪君祥的剧作也说："冤报冤，《赵氏孤儿》。"从这些材料来看，"冤报冤"是出现频率最高的词。那么"冤冤相报"应该是早期赵氏孤儿戏的一个情节核。这一点继承了史传的立场。在《左传》中，赵朔之妻公主庄姬和赵朔之叔赵婴私通，赵氏谋反，因而被诛杀。在《史记》中，屠岸贾借口赵氏有弑君之罪而赵盾仍为正卿，诛杀赵氏全族。屠岸贾用权谋，而赵氏也并非无过。在春秋时期的氏族制度背景下，赵氏和屠岸贾家族的斗争，冤冤相报的血缘复仇色彩非常强烈。早期的赵氏孤儿戏以"冤报冤"为题而且对后世影响深远，说明它沿袭了血缘复仇的文化特色。在一个"冤报冤"的故事框架之下，程婴和公孙杵臼都是为权贵家族报恩的侠义之士，而"公孙死难"无疑是这个事件中最惨烈的部分。有理由推测，宋元旧篇《赵氏孤儿》中的公孙杵臼，和《史记》的描写相似，是一个刚烈的人。明沈璟《南九宫谱》卷四"正宫·刷子序"说："赵氏孤儿，恩仇是岸贾公孙。"强调了公孙杵臼和屠岸贾分别是赵氏孤儿的恩人和仇人。从这一描述看，公孙杵臼应当是一等一的主角。明李开先《词谑》里讲了一位扮演公孙杵臼的演员在表演上下功夫的事迹：

　　　　颜容，字可观，镇江丹徒人……尝与众扮演《赵氏孤儿》戏文，容为公孙杵臼，见听者无戚容，归即左手捋须，右手打其两颊尽赤，取一穿衣镜，抱一木雕孤儿，说一番，唱一番，哭一番，其孤苦感怆，真有可怜之色，难已之情。异日复为此戏，千百人哭皆失声。归，又至镜前，含笑深揖曰："颜容，真可观矣！"

　　这位演员能令千百人哭皆失声，说明他在舞台上扮演的公孙杵臼非常有艺术感染力，是一个主要角色。从这位演员抱着孤儿"说一番，唱一番，哭一番"的描述来看，应为富春堂、世德堂等版本中的"婴杵共谋"或

------

❶　"义不义"第四十出为"义逢义"。

"公孙死难"。程婴抱着盗来的孤儿投奔公孙杵臼，公孙杵臼端详着孩子，感慨这是一个败家亡国的小业种，身世可怜，赵家可怜，充满了宿命般的悲怆。在屠岸贾围捕一老一小之前，公孙杵臼知道大限在眼前，一边安抚婴儿一边哭泣。现在我们无法看到宋元南戏《赵氏孤儿》的原貌，综合以上两条材料，至少可判断南戏中公孙杵臼是特别出彩的一个角色。明代戏文中，公孙杵臼差点儿说出真相，但最终没有说，还很淡定地对程婴说："小胆程婴慌甚么？孤儿有，在吾家。"这种风范更接近《史记》，可能受到宋元旧篇《赵氏孤儿》的影响，赞美义烈的公孙杵臼。

在元刊本杂剧《冤报冤赵氏孤儿》中，公孙杵臼比程婴的戏份重。该剧不载题目，正名为"韩厥救舍命烈士，程婴说妒贤送子；义逢义公孙杵臼，冤报冤赵氏孤儿"。韩厥、程婴、公孙杵臼都出现在正名中，说明这三个人物在剧中都占有比较重要的地位。从正末扮演的角色来看，在楔子部分扮演驸马赵朔，第一折扮演韩厥，第二折、第三折扮演公孙杵臼，第四折扮演赵氏孤儿。由此来看，公孙杵臼比程婴更为重要一些。虽然在元杂剧的"一人主唱制"中正末可扮演几位角色，这些角色可以是主角，也可以是像探子这样的配角，但反过来讲，主角一般会在剧中主唱。《元刊杂剧三十种》中，程婴在四折中都出场，但一场都没唱；公孙杵臼只有二三折出场，但都主唱了。从故事情节来看，韩厥、程婴、公孙杵臼都是悲剧主人公，但从场上扮演来看，公孙杵臼应该是当之无愧的第一主角。可就是这样一位主角，偏偏在救孤的表现上还不如韩厥和程婴。为让程婴安心带走孤儿，韩厥果断自刎。程婴为救孤儿，冒着被灭族的危险盗走赵氏孤儿，制定救孤计策，牺牲亲生儿子，还在屠岸贾府中忍辱含垢抚养孤儿二十年。而公孙杵臼在拷打面前却害怕了，差点在屠岸贾面前说出真相。和南戏相比，公孙杵臼的从容少了，慌张多了。应该说，尽管元刊本杂剧中程婴并未开口演唱，但这个人物身上的人格力量和牺牲精神具有极强的感染力。和程婴相比，公孙杵臼显得黯淡多了。元刊本杂剧体现出来的排场上的主角和真正的悲剧主人公是错位的，恰好体现出赵氏孤儿戏从盛赞公孙杵臼演变成盛赞程婴的过渡状态。所以元刊本杂剧的矛盾本身，就能够说明它曾受到宋元旧篇《赵氏孤儿》的影响。

三、从公孙之耻看赵氏孤儿戏创作时序

在南戏《赵氏孤儿》中，有对公孙杵臼差点招供的描写，但在相关开场和下场诗的评论中，从未提过公孙杵臼的耻辱，只说公孙的"义"。在元杂剧《赵氏孤儿》中，元刊本较为详细地刻画了公孙内心的恐惧和精神的恍惚，明刊本继续强化对公孙的定位，在"义"之外提出公孙之"耻"，反映出作者对气节问题的重视和强烈的遗民情结。由此推断，宋元旧篇《赵氏孤儿》应诞生于元杂剧之前，剧中很有可能并没有写公孙的动摇，只是赞美他的大义。元刊杂剧可能是把公孙杵臼写成意志动摇的开端，影响了以后的杂剧和南戏。宋元旧篇《赵氏孤儿》大概在南宋末年出现，元杂剧《赵氏孤儿》大概在元代前期出现。

南宋末期，汉民族面临被"夷狄"民族征服的命运，激发起强烈的兴亡之恨和反抗民族压迫和歧视的情绪。正如文天祥《正气歌》所咏："时穷节乃见，一一垂丹青。在齐太史简，在晋董狐笔。在秦张良椎，在汉苏武节。为严将军头，为嵇侍中血。为张睢阳齿，为颜常山舌。或为辽东帽，清操厉冰雪。或为《出师表》，鬼神泣壮烈。或为渡江楫，慷慨吞胡羯。或为击贼笏，逆竖头破裂。是气所磅礴，凛烈万古存。当其贯日月，生死安足论！"在这样的时代氛围中，赵氏孤儿的故事尤其能触动人心。汪藻《宋高宗登基之表章》说："辄慕周勃安刘之计，庶几程婴存赵之忠。"文天祥深陷囹圄时曾发出这样的感叹："夜读程婴存赵事，一回惆怅一沾巾。"（《无锡》）赵氏孤儿故事中包含的精神品质被凸显为"忠义"二字，公孙死难的节烈尤其可钦可敬。而到元代蒙古族统治中国已成定势，程婴的忍辱负重，从长计议复仇的品质更为汉族人内心所渴望，那些在危急关头意志薄弱沦为叛徒的人更为汉人所不齿。公孙杵臼这等一时糊涂但最终能明辨是非的人，还是值得敬仰的，但他曾经的耻辱不能抹煞。由宋元易代的背景来比对宋元南戏和杂剧《赵氏孤儿》，则赞美公孙杵臼节义的戏文当在宋末，而赞美程婴忍辱负重、以动摇为耻的杂剧在元代初年无疑；纪君祥生活在至元年间，他把宋元易代后的创伤写在剧中。

至于宋元旧篇《赵氏孤儿》与元杂剧《赵氏孤儿》在创作上的关系，

最大的可能性就是，南宋偏安时期，戏文《赵氏孤儿》出于抗击外族统治的需要而产生。在北方，元代建立后，同样是出于反抗异族统治和压迫的需要，纪君祥《赵氏孤儿》杂剧诞生。二剧可能是基于宋末元初汉族统治受到威胁，赵氏孤儿"报冤"故事广泛流传的共生背景，在不同的地域环境下先后完成的。此后随着元灭南宋，南北曲的交流，纪君祥的《赵氏孤儿》产生了更大的影响，为明代南戏所借鉴。学界所讨论的南北曲的改编关系，严格地说并不存在。元杂剧没有受到宋元旧篇《赵氏孤儿》的直接影响。明代戏文《赵氏孤儿》虽然受到元杂剧的影响，但元杂剧并非其唯一的参照，它也受到宋元旧篇的影响。

（杨秋红，中国传媒大学文法学部文学院副教授、博士）

"莲梦醒时方见三生觉路"
——清初小说《归莲梦》研究

■ 朱 萍

清初中篇章回小说《归莲梦》，目前学界对其研究并不充分。偶有一些专门论述，大都着眼于"失败的农民起义"，认为作者同情这场"失败的农民起义"是其进步性的表现。❶ 但《归莲梦》详细描写一场民间宗教起义创教、聚徒、举兵、终至失败的整个过程，无论是在中国古代文化史还是中国古代小说史上，都是一部值得深入研究的小说作品。

一、《归莲梦》与苏庵主人

《归莲梦》，全称《新镌绣像小说苏庵二集归莲梦》，题"苏庵主人新编""白香居士校正"，藏上海图书馆。日本宝历间《舶载书录》著录为康熙、雍正间书（据《中国通俗小说总目提要》）。❷

《归莲梦》作者"苏庵主人"无考。《归莲梦》题为"苏庵二集"，意为"苏庵主人新编"的第二部小说。苏庵主人编次的第一部小说即《绣屏缘》，正文卷端题"新镌移本评点小说绣屏缘""苏庵主人编次"。首序尾署"康熙庚戌端月望弄香主人题于丛芳小圃之集艳堂"，次有《凡例》七则，末署"苏庵主人漫识"；复次有《苏庵杂诗八首》（实只七律五首），又次《九疑山》南吕曲子五只。藏荷兰汉学院（据《中国禁毁小说百话》）。❸

---

❶ 司马师："异乡残梦归何处？却伴春鹃带血啼——《归莲梦》是怎样写白莲教起义的？"，见《归莲梦》，春风文艺出版社1984年版。

❷ 《中国通俗小说总目提要》，中国文联出版公司1990年版，第379页。

❸ 李梦生：《中国禁毁小说百话》，上海古籍出版社1994年版，第303页。

《中国通俗小说书目》另载有坊刊本，四卷十九回，无题署。❶

国家图书馆藏有《新镌评点绣屏缘》一种。笔者通读《归莲梦》与《绣屏缘》之后，认为这两部小说不像出自同一作者之手。《绣屏缘》涉笔香艳，情节、命意平平，无作者独特思想；仿说书人口吻，"看官"不断出现，常常有"看官们晓得的"之语。与布局谨严、文字雅洁、命意独特的《归莲梦》文风颇不一致。

国家图书馆另有《锦香亭》一种，又名《睢阳忠毅录》《第一美女传》《锦香亭绫帕记》，四卷十六回。题"古吴素庵主人编""茂苑种化小史阅"（藏大连图书馆、国家图书馆、首都图书馆）。单句回目，每两回回目成一对句，这是明末清初常见的排列方式，与《归莲梦》相似。据此似可判断《锦香亭》是与《归莲梦》同时代的作品。《锦香亭》内容、形式都与《归莲梦》比较相似：写才子佳人并杂糅战争；故事选用历史题材，却与真正史实不符；文从字顺，描写细致，有作者自己的思想贯穿其中。与《归莲梦》疑为同一作者。"古吴素庵主人"不知是否与"苏庵主人"为同一人而只是"苏""素"写法不同而已？号"素庵"的明末清初人，还有陈之遴，撰有《素庵诗》。

《中国禁书大观》中《中国历代禁书目录》列："《归莲梦》，清钱谦益撰。"❷ 认为《归莲梦》的作者是钱谦益，不知有何根据？钱谦益作为一代文人大宗伯，精通佛法，对白莲教、闻香教这些民间宗教不知有无深入了解？《归莲梦》中，关于白莲教的描写与史实不符；关于闻香教的描写真假参半，有荒诞不经的成分，民间文学气息浓厚。以钱谦益的诗风、文风来看，《归莲梦》中过于浓重的幻灭伤感情绪、洗练如画的中下层民众世情生活的描写、缠绵悱恻的才子佳人情怀，都令人一时与撰写《初学集》《有学集》的钱牧斋联系不起来。

《归莲梦》和《锦香亭》都曾被列为禁书。李梦生《中国禁毁小说百话》认为："《锦香亭》一书，毫无淫秽内容，故事情节也曲折生动，其被禁似乎有些冤枉。"❸《归莲梦》也是如此。应当从"淫秽"之外寻找被禁

❶ 孙楷第：《中国通俗小说书目》，中华书局 2012 年版，第 129 页。
❷ 安平秋、章培恒主编：《中国禁书大观》，上海文化出版社 1990 年版，第 663 页。
❸ 李梦生：《中国禁毁小说百话》，上海古籍出版社 1994 年版，第 294 页。

的原因。《归莲梦》叙述一场民间宗教起义从发端、酝酿到发展、强大直至失败的详细过程，在统治者看来，应当具有比较明显的"诲盗"的隐患。因此《归莲梦》的被禁，倒可能是与《水浒传》原因相同。

《归莲梦》也早就引起过研究者的关注。孙楷第《中国通俗小说书目》把《归莲梦》列入"灵怪"类。❶ 而张俊《清代小说史》则归入"才子佳人小说杂糅战争"类，正相其宜。郑振铎《西谛书话》中评价《归莲梦》："较之《平妖传》尤为变幻多姿，不落常套"，为"情境别辟之作"。❷ 张俊《清代小说史》中认为："小说宗旨在于宣扬佛法，而立局命意颇为卓特。"❸ 就《归莲梦》丰富的内涵及独特的命意而言，《清代小说史》将其归入"才子佳人小说杂糅战争"类，正相其宜。

二、古代民间宗教教案标本

《归莲梦》描写一个孤苦无依的 18 岁美貌女子白莲岸，因遇真如老僧入佛，又得白猿所授"天书"，而创立了白莲教。她于明末开始传教，收徒众多，遂搜罗文臣武将举兵起义，一度势力非常强盛。但因白莲岸沉迷于对一位文弱书生的单相思不能自拔而丧失了斗志和战机，迅速被朝廷剿灭。白莲岸肉身被杀，灵魂复活，重归泰山；回首前尘，终于抛却入世之心，彻底悟道解脱。

《归莲梦》艺术风格特色独具。首先是回目的排列方法。将相临两回的回目组成一联对句，每两回的回目为一组，上下对偶十分工整。回目如下：❹

第一回　降莲台空莲说法	第二回　劫柳寨细柳谈兵
第三回　假私情两番寻旧穴	第四回　真美艳一夜做新郎

---

❶ 孙楷第：《中国通俗小说书目》，中华书局 2012 年版，第 129 页。

❷ 郑振铎：《西谛书话》，三联书店 1983 年版，第 19 页。

❸ 张俊：《清代小说史》，浙江古籍出版社 1998 年版，第 163 页。

❹ 本文所引《归莲梦》目录及原文，均出自《归莲梦》（春风文艺出版社 1984 年版），引用该书原文之处，不再一一注明页码。

这种回目的排列方法与冯梦龙"三言"、李渔小说《无声戏》等相同，体现出明末清初小说回目形式方面的独特之处。

其次是文笔雅洁，刻画世情细腻入微，又处处弥漫着浓重的感伤气息。小说写白莲岸悟道的过程，仿佛是有传教之义的佛道类小说，但整体弥漫的挥之不去的忧伤感叹，则很难让人相信是一个彻悟了的作者在写一个彻悟了的教徒的成道史。尤其是最后两回的回目："柳营散处尚留一种痴情""莲梦醒时方见三生觉路"，给人一种迷离惝恍的审美感受。小说中凝聚着作者的某种深刻情怀，还没有得到读者和研究者的充分认识。

《归莲梦》正面描写一场民间宗教起义的始末，而所记白莲教起义事却与历史不符合。历史上的白莲教，前身是慧远创建的"白莲社"，唐朝时与祆教、道教等融合，南宋以后开始走向民间宗教化。白莲教的组织和教义在元代起了变化，并爆发了白莲教大起义。朱元璋借白莲教中明教的力量取得政权之后，在《明律》中明确取缔"左道邪术"，白莲教转向暗地流传。清顺治、康熙、雍正三朝直至乾隆初期，白莲教徒一直进行着反清复明活动。白莲教名联"淤泥源自混沌启，白莲一现盛世举"，印于白莲教圣莲令上。《归莲梦》关于闻香教的记载也半真半假：王森创教事真，妖狐之事有所依据（王森托言），但想象成分大，属民间传说。

明清两代描写民间宗教起义的小说，还有《三遂平妖传》《女仙外史》等。国家图书馆善本室藏《新编皇明通俗演义七曜平妖传》六卷七十二回，清隐道士撰，亦叙白莲教起义之事。《三遂平妖传》写了历史上的一场民间宗教起义，却没有一笔正面描写民间宗教之处。小说中王则只是宋江式有人缘的小吏，因官逼民反，借妖术成大乱，并没有王则传教活动的描写和相关教义的记载。《三遂平妖传》中圣姑姑行为类似白莲岸：物色才俊，准备起义。有组织：听到叫"圣姑姑"，就来相救。"圣姑姑"名称成为教徒之间辨认的标志，如《归莲梦》中"左手臂上刺一朵莲花"的标志一般。

《平妖传》着眼于"妖术"，几个主人公之间的联系全由于"妖术"。《归莲梦》中"妖术"气氛极淡，只作为作战时的一种手段。几个主人公之间的联系，或出于英雄事业，或出于儿女情长，与宗教联系不大，与"妖术"更是完全无关。

从民间宗教角度来说，《平妖传》记录了教外的形态：以"妖术"相传，以"妖术"作乱。反映了教外人士对民间宗教——"异端""邪教"——的浅陋看法。其实，民间宗教不只是简单地以显示、施展"妖术"的能力镇慑人、拉拢人，民间宗教也自有其蛊惑人心之处，有相对复杂的教义和严密的组织。《归莲梦》则记录了民间宗教起义的内部形态：创教原始、教义口号、经济来源、组织形式、领导人物的苦心经营、以利相结共图大事、起义失败原因的深刻总结，等等。

《归莲梦》前两回主要叙述白莲岸的出身、经历及其英雄事业的成就步骤。第一回《降莲台空莲说法》，讲述了教主创教之前的历史，较为详细地描写了一个民间宗教创立的过程。一般民间宗教教主创教的历史都有一个灵异传说，以便对教徒进行精神控制。《归莲梦》中的灵异传说有自己的特点。女教主被老僧引入佛门，是怜其父母双亡的"困苦"："真如道：'好个孩子，只是秀美太过。你既到我涌莲庵来，正如落水的人爬到岸上一般。'"因此取名莲岸。所以白莲岸的秉性和创教的初衷，就与其他小说中的女教主不同，不像《三遂平妖传》中的圣姑姑和《女仙外史》中鲍道姑那般诡诈、居心叵测。也为全书不同于一般民间宗教小说的基调和主旨埋下了伏笔。

白莲岸入教后学些佛法，然后机缘凑迫得白猿所授"天书"。这些情节在《水浒传》《三遂平妖传》《女仙外史》中都有相似描写。而小说写白莲岸创教的经济基础，是无意中得到强盗的大量银两。其实其中掩盖了历史上民间宗教传教教主分级收取教徒份子钱而发家的史实。白莲岸有了强大的经济基础，又常以幻术行善事，渐得众人归心，就起了正式创教之意。第二回《劫柳寨细柳谈兵》，写创教之初的情状，向教徒许诺本教的宗旨：使教徒个个衣食饱暖。在当时对于广大普通百姓来说，这是具有很强大的吸引力的。"左手臂上刺一朵莲花"，就是本教标志。白莲岸说："若不刺的，我也无银资助了。"这句话显示了民间宗教聚众目的与正统宗教救世情怀的根本区别。她招纳人才，特选一批"强壮多力、识字明理"的人"待之上等"，并且"于众人中选择强勇的，分别器械，教习起来"，颇显不端之心。然后主动占据山头。附近有个"深山险要之处叫做柳林"，寨主"番大王"生性多勇少谋，白莲岸设计夺为自己的根据地。最后招取异人，计赚程景道，如《水浒》中梁山人的行径。程景道进说三事，显示出他的不凡抱负："第一，是扶助天下文人，使他做官。第二，是交结天下豪杰，为我援救。第三，是赈济天下穷民，使之归附。又要着有才干的人在各省开个大店铺，以便取用。"白莲岸听了大喜道："我之得景道，犹汉高之得韩信，先主之得孔明也。"中国历史上民间宗教总与起义有关。历史上民间宗教有主动起义的，也有被动起义的。有些以敛财为目的，本无意起义，只愿与统治者搞好关系，如清茶门教王家。但统治者几乎都不会允许民间宗教的存在，称之为"异端""邪教"。小说写白莲岸创教之初就意在起义，为她的被擒杀埋下了伏笔。

之后小说按才子佳人和战争两条线索展开。第三回《假私情两番寻旧穴》写白莲岸英雄心意逐步实现之后，却起了儿女情长。小说笔墨转写河南开封府世袭百户崔世勋家世情故事。世勋的女儿崔香雪与表兄王昌年儿女情长，却屡受继母之子焦顺的骚扰。香雪在父亲领兵出战和昌年被逼出门之时，运用计谋自保清白。第四回《真美艳一夜做新郎》写到白莲岸运用"妖术"作战。先与官军交战，后与闻香教主王森交战。后白莲岸女扮男装化名白从李，一路寻访"才貌十足的文人"，见王昌年而倾心。假娶香雪以成就崔、王姻缘。才子佳人一线的结局是坏人一律洗心革面、回心向善。焦顺含羞忍耻，与杨氏并爱儿寻一僻静所在，耕种为活；改了姓名，叫做顺翁，隐避终身。第十一回《柳营散处尚留一种痴情》写白莲岸为救纯学、昌年出狱，决意归顺，接受招安，"率领所属将校到京投降"。圣旨诏宋纯学革职为民，王昌年放归，另行调用。"其女寇莲岸，着刑部即时枭斩。士卒分拨各官安置。"目的是"独斩元凶，以儆叛逆，余皆赦宥，以全好生。"

聚众则杀，是历代政权奉行的政策。教主被处死，教众可饶恕，这种描写符合历史事实。最后白莲岸肉身被杀，真身"假尸遁避"，再回涌莲庵修行。王昌年等人进泰山谒见复活后的白莲岸，发现她已经真正摒弃世间诸种诱惑，进入无欲无待的修行境界，获得真正的解脱。小说以度脱作为结局。

三、多层次立体化的复杂主旨

中国古代小说史上，"灵怪"类及"佛道"类小说大多主旨单一，或者记奇录异，或者宣扬修行。《归莲梦》则命意独特，主旨复杂，不适合归入"灵怪"类，也不适合归入"佛道"修行类。

度脱似乎是小说立意所在。小说名称即明显突出其度脱主题："归莲梦"。女主人公经历执着追求建功立业、儿女情长的一桢大梦，一一幻灭之后，回归涌莲庵，超越诱惑，获得解脱。但全书过于浓重的幻灭感伤气息、缠绵悱恻的才子佳人情怀、严肃认真总结起义失败原因的意图、洗练如画的中下层民众世情生活的描写，等等，实际上又都冲淡了小说的宗教度脱主题。

小说主人公白莲岸同时具有两种秉性：英雄浩志，儿女情长。白莲岸的儿女心是诚挚、深沉的。她对王昌年爱得深沉，付出很多，所求却很简单，甚至愿意与王昌年深爱的崔香雪一起分享爱情："只愿与妹妹共伴公子在一处生活，于愿足矣。"但此心愿却与她所追求的英雄事业构成不可调和的矛盾，终于导致无法挽回的毁灭性后果。小说描写起义失败原因是"景道逃亡，宝镜遗失"，天书也被白猿取回。根本原因是白莲岸的"兴兵构怨""情欲日深"，导致"道性日减"。

小说中有两处刻意否定白莲岸的儿女之情。第九回《妖狐偷镜丧全真》中，当初传一卷天书给白莲岸的老人，向程景道表达了对白莲岸的不满。老人道："我曾传他一卷天书，要他救世安民。不想他出山兴兵构怨，这还算是天数。近闻他思恋一个书生，情欲日深，道性日减。上帝遣小游神察其善恶，见他多情好色，反责老夫付托非人。老夫故特来与他讨取天书，并唤他入山，全性修真，参承大道。"老人否定了以"兴兵构怨"为手段的英雄事业，更否定了女大师的"多情好色"。白莲岸后来欲归附朝廷，自取灭亡，就是被爱情（救爱人心切）冲昏了头脑。第十一回《柳营散处尚留一种痴情》中，老人又一次表达了对"情"的否定。老人道："莲岸，你只为恋着那个书生，致有今日，我劝你把这念头息了。自古英雄，往往为了这'情'字丧身亡家，你道这'情'字是好惹的么。"莲岸极力为自己辩解："老师，天若无情，不育交颈比目；地若无情，不生连理并头。昔日兰香下嫁于张硕，云英巧合于裴生，那在为莲岸一个。"老人只得道："直等你在'情'字里磨炼一番，死生得失备尝苦况，方能黑海回头。"

由此可见，《归莲梦》主旨非常复杂。在描写民间宗教起义的外形下，同时叙写英雄大志和儿女情长，又因儿女情长误了英雄大志而否定了儿女情长。儿女情是多情，英雄心也是多情，多情就多累，在人间承受无限轮回之苦。小说最后给出的解脱之道是，两心皆灰，回归虚无。

清初以后出现意将历史演义、英雄传奇、神怪小说、世情小说四者糅合并试图超乎其上的创作潮流，如《林兰香》《绿野仙踪》《歧路灯》《野叟曝言》等。《归莲梦》应属于这种创作潮流中的一种。《归莲梦》艺术成就值得肯定。写英雄之意类似英雄传奇小说，在描写民间宗教起义的小说中有自己独特的风格；写儿女之情类似才子佳人笔墨，在才子佳人小说中也有自己独特的风貌。小说写王昌年与崔香雪、李光祖与胡空翠、宋纯学与潘琼姿等几对情人，故事婉转动人。仅崔家事情就用去大量笔墨，是世情小说的写法。作为才子佳人小说，故事情节也大致符合其一般结构：一见钟情——波折磨难——终成眷属（或悲剧收场）。也有一点作者传诗之意，譬如第五回《无情争似有情痴》中作《秋闺吟》四首。但作为才子佳人小说，《归莲梦》又杂糅战争与民间宗教题材。并且其中男女主人公的位置是倒置的，即发意选"美"并苦苦追求、势力财力都占优势地位的是"佳人"白莲岸，而被选择、被追求的是"才子"。才子佳人小说主人公一般都文才出众，白莲岸却善于使用谋士、将才，决心成就一番"武功"。她的择偶标准是"才貌十足的文人"，目的是免受其制，这符合她的教主身份。以上种种都符合明末清初小说中普遍存在的社会反论、逆向思维等潮流。李渔小说《无声戏》《十二楼》中不少故事也都有这样的特征。

总之，《归莲梦》虽是小说，但在中国古代民间宗教史上具有一定的民间宗教教案的标本意义；在中国古代小说发展史上属于才子佳人小说类中的杂糅战争类，并且体现出历史演义、英雄传奇、神魔小说与世情小说相互融合的趋势；作为篇幅不算太长的中篇章回小说，布局谨严，文字雅洁，命意独特，属于文人小说范畴；通篇弥漫着浓重的幻灭伤感气息，属于清初感伤文学潮流中的一部；在中国古代民间宗教研究和中国古代小说研究领域，都是一部值得注意的小说作品。

（朱萍，中国传媒大学文法学部文学院副教授、博士）

梁小斌前期朦胧诗浅论
——以诗集《少女军鼓队》为例

■ 王晓云

　　诗人梁小斌是朦胧诗派的代表诗人之一。梁小斌的诗歌创作分为前期和后期，本文主要讨论收录其前期诗作的诗集《少女军鼓队》中的诗歌。1988 年，《少女军鼓队》由中国文联出版公司出版，这本印刷相当粗糙，薄薄的诗集，共收录诗歌 83 首。这些诗歌不仅具有当时朦胧诗的共性，也具有独特的个性，对当时的朦胧诗研究具有重要意义。梁小斌前期的诗歌具有这样几个特点：注重"自我"；富有童稚；用颜色意象传达思想和情感。下面来逐一分析梁小斌《少女军鼓队》中诗歌的特点。

一、注重"自我"

　　朦胧诗出现后，学者们对其进行的激烈讨论，不禁使我们联想起"五四"时期，对新生诗体"白话新诗"的批判。无论是朦胧诗还是白话新诗，都大胆创新，勇于批判现实，更加注重作为个体的"人"。朦胧派诗人在经历了那段痛苦难熬的日子后，迫切需要释放压抑已久的"自我"，肯定"自我"的价值和尊严，抒发"自我"的情感。前期朦胧派诗人的诗作中几乎都表现出这种注重"自我"的人本主义思想。大量的诗作中出现第一人称"我"。北岛的"我并不是英雄/在没有英雄的年代里，/我只想做一个人"（《宣告》），"告诉你吧，世界，/我—不—相—信！"（《回答》）顾城的"黑夜给了我黑色的眼睛，/我却用它寻找光明"（《一代人》），舒婷的"我必须是你近旁的一株木棉，/作为树的形象和你站在一起"（《致橡树》），江河的"在英雄倒下的地方/我起来歌唱祖国"（《祖国啊，祖国》）等，朦胧派诗人的诗歌中都有一个作为个人的"我"出现。作为主体的人,"自我"再一次被推上历史的舞台,注重"自我"、抒发"自我"成为这一时期朦胧派诗人的标志性特征。

梁小斌也不例外,他的朦胧诗同样以"我"为主体,尊重自我,强调自我意识,注重自我价值的确认。其前期诗集《少女军鼓队》中出现了大量的"我",并几乎都以"我"为抒情主人公。《少女军鼓队》共收诗83首,其中诗名中带有"我"的共16首,并且逾九成诗中都含有"我"这个词。之所以出现这一现象,有多方面原因。首先,梁小斌在前期诗作中大量使用"我",突出自我意识,应该与其阅读经历有关。在《梁小斌自述》一文中,梁小斌提到了两次阅读经历。高中时期一位语文老师借给他一本郭沫若的《女神》,并第一次从语文老师那听到"泛神论"。《女神》是"五四"时期最具影响力的白话新诗集,整体风格奔放而自由,表现出"五四"新青年渴望打破旧樊篱,释放被压抑已久的心绪。郭沫若的《女神》受到16~17世纪西方"泛神论"思想的影响,诗集中也大量出现"我",强调"自我",表现"自我"。梁小斌诗歌中的"我"与郭沫若的《女神》及其"泛神论"思想不无关联。《梁小斌自述》一文中提到的另一位对其产生影响的诗人是20世纪20年代以来,美国著名的非洲裔诗人朗士顿·休士(又译兰斯顿·休斯,1902~1967),他"诗歌中放射出的黑色光芒令我眩目"。[1] 兰斯顿·休斯的诗歌深刻而真实地描写了黑人的生活与命运,强烈表达了对自由、民主和平等的渴望,他在《民主》一诗中这样写道:"我和其他人一样,/应有同样的权利,/堂堂正正,/做这块土地的主人。"兰斯顿·休斯的诗中也大量运用了"我"为抒情主体,希望非洲裔美国人作为主体的"我"而得到平等的权利和尊严,这种人本主义的思想在梁小斌的诗中也有大量体现。其次,表现"自我"是当时朦胧派诗人诗歌的共同特点,并有其出现的时代原因。此前的诗歌中是很少出现"我"这样的字眼的,几乎都是用集体的"我们"来代替"自我",以"大我"代替"小我"。作为"大我"的"我们"更适应当时的社会,起到很好的宣传和鼓动作用,但却将具有独立个性的"小我"湮没。可以说,冷冰冰的、没有灵

---

[1] 梁小斌:《少女军鼓队》,中国文联出版公司1988年版,第137页。

魂的"大我"是为政治服务的，而有血肉、有灵魂的"小我"才是为心灵而歌唱。朦胧派诗人正是这样一群歌者，唱出了"自我"的声音，梁小斌就是其中之一。诗歌《我也是中国的希望》开篇第一句就用了"歌唱我吧/我也是中国的希望"，❶表现出比较强烈的对个人价值得到肯定的希冀；在《钢琴不再为我伴奏》中写道："钢琴不再为我伴奏/我要独自唱歌了，/……现在开始试唱，/我要独立地放开歌喉。"诗人一度强调要"独立地"歌唱，发出"自我"的声音，这是自我意识的深度觉醒，是对自我价值、尊严和权利的强烈呼唤。梁小斌的代表作《中国，我的钥匙丢了》一诗中，描述了一系列私人性的行为、思想与意象："我沿着红色大街疯狂地奔跑，/我跑到了郊外的荒野上欢叫，/后来，/我的钥匙丢了"，"我想回家，/打开抽屉、翻一翻我儿童时代的画片，/还看一看那夹在书页里的/翠绿的三叶草"，"我还想打开书橱，/取出一本《海涅歌谣》，/我要去约会，我向她举起这本书，作为我向蓝天发出的/爱情的信号"。❷"我"奔跑、欢叫，丢了钥匙，也迷失了自我；"我"想找回儿时的天真，希望获得追求爱情的权利。这些都是在经历了"文化大革命"之后，作者所渴望得到的，是"自我"的希冀，也是对真正"自我"的价值与意义的寻找。再次，梁小斌的诗歌看似都是"自我"的喁喁私语，但是却可以由"小我"中见"大我"，不仅有个性的表达，也有对国家、民族、理想和信念的关注。还拿《中国，我的钥匙丢了》来说，从题目可以看出，"我"在向中国告白；"我"的钥匙丢了，我在焦急地寻找，也是在对那段充满迷茫和痛苦的历史进行反思。"我"与"中国"是相对的，那么，"我"一定不是简单的、单一的"自我"，"我"的背后定有其象征意义，"我"可以代表那时的一代人；而钥匙更是具有象征意义的重要意象，那是一把能够开启尘封已久的"真我"的钥匙，是理想和信念的化身。朦胧派诗人的诗都具有此特点：以"小我"见"大我"，作为抒情主体的"我"通常既是具有独立个性的"自我"，又是一个集体性概念；在诗歌中通过"我"的抒情，引出国家、民族、理想和信念等宏大主题，从而实现"小中见大"。

---

❶ 梁小斌：《少女军鼓队》，中国文联出版公司 1988 年版，第 21 页。
❷ 同上书，第 44 页。

二、富有童稚

梁小斌《少女军鼓队》中的许多诗歌都运用了孩童般的视角和语言，这也是他与朦胧派诗人顾城最为相似的地方。梁小斌曾说："我觉得应该用形象来说话。我喜欢单纯，我希望我的诗能使读者感到这些年来人与人之间所缺乏的友爱与温暖。我总想，不管多么深刻的哲理，都要以孩子的感觉和语言说出。实际上，我已长成大人，愿读者能从我表面轻松的情绪、平淡的笔触中看出一个青年人的期望和追求。"❶ 正是这一番话也道明了梁小斌与顾城的不同，顾城将自己困在自己亲手营造的孩童般的臆想世界中无法自拔；而梁小斌虽也喜欢单纯，但却是用孩童般的视角和语气去表现成年人的情绪与思索。

诗歌《雪白的墙》全篇采用孩童的视角和口吻：作为孩子的"我"上街买蜡笔，看到了工人在粉刷围墙；工人教"我"告诉所有小朋友，以后不要在这雪白的墙上乱画。看似天真的语言、简单的场景，其实蕴含着深刻的意义。"墙"象征着民族和国家所经历的曲折历程，曾经贴过粗暴的大字报的墙是肮脏的墙，是令人痛苦的墙，而如今这雪白的墙是"我"曾经的梦与渴望。孩子轻松的口吻与诗歌背后蕴含的沉重的历史形成鲜明的对比，隐喻和象征的运用更好地阐释了作者所要表达的深沉情感。《中国，我的钥匙丢了》同样是通过孩子和祖国母亲之间的互动来抒发诗情。诗歌《大街，像自由的抒情诗一样流畅》中作者描述了一个孩子与警察亲切谈话的场景，他们在谈论"中国大街的前程""诗和国家"。❷ 这些听起来未免有些不真实和矫饰，但这正是诗人所追求的一种诗意的和谐与美好。还有《爷爷的手杖》《夏日童话》等诗歌，都运用了孩童的视角和口吻，以童真的眼眸看世界，用纯净的心灵去思考，带给读者的却是更为深刻的哲理与启发。

除了"孩子"，梁小斌的朦胧诗中也大量使用了"少女"这一意象来体

---

❶ 梁小斌："我的看法"，见北京大学五四文学社：《青年诗人谈诗》，1985 年版。

❷ 梁小斌：《少女军鼓队》，中国文联出版公司 1988 年版，第 42 页。

现孩子般的童真与纯净。"少女"不仅仍旧保有童真，更是纯洁的象征。与诗集同名的诗歌《少女军鼓队》描写了一群由少女组成的军鼓队在大街上行进的场景，少女们是国家"崭新的希望"，❶ 我们的民族再也不要沉重，不要心酸，需要轻盈、澄清的灵魂去创造未来。诗歌《你让我一个人走进少女的内心》《玫瑰花盛开》等都以少女为主要描写对象，少女所象征的青春、纯洁、优美和明朗都是诗人所追求的理想，少女所具有的那抹不容玷污的纯净，带给心灵前所未有的平静与和谐。经历过黑暗和沉重的日子后，这一切显得更加难能可贵。

三、用颜色意象传达思想和情感

梁小斌前期朦胧诗的另一特点是善于运用颜色意象来传达思想和情感。在中国古典诗歌中，颜色意象就已经是一种典型的情感符号。不同的颜色有着不同的意义，可以唤起读者的联想，进而引发相关的情绪体验。通常，暗沉的颜色会带给人消极、压抑和感伤的情绪，而明亮的色彩则给人以积极、轻松和明朗的感觉。在梁小斌的《少女军鼓队》中，运用最多的颜色是白色，"雪白""洁白"等词语多次在诗集中出现。白色与黑色是相对的，象征光明和纯洁，表现出诗人对单纯、美好生活的向往。

诗集中运用了白色意象的诗歌有 10 首左右，最具代表性的一首是《雪白的墙》。整首诗以白色作为主色调，诗人在诗中使用了对比的手法，让肮脏粗暴的墙和雪白的墙同时出现。"这上面曾经那么肮脏，/写有很多粗暴的字。/妈妈，你也哭过，/就为那些辱骂的缘故，/爸爸不在了，/永远地不在了"，而这"比我喝的牛奶还要洁白、/还要洁白的墙，/一直闪现在我的梦中"，❷ 鲜明的对比让整首诗更具张力。雪白的墙将一切肮脏和粗暴埋葬，象征着美好、和谐的新生活，是诗人的梦想和理想所在。诗歌《白雪，你使我心情舒畅》中以雪白的"白雪"为贯穿全诗的主要意象。诗人感叹到："白雪，亲爱的雪啊，你使我心情舒畅。/白雪世界树枝撞动的声音都

---

❶ 梁小斌：《少女军鼓队》，中国文联出版公司 1988 年版，第 10 页。
❷ 同上书，第 46～47 页。

使我无限神往"。❶诗人对雪白的白雪世界无限向往，那是可以驱散苦恼和黑暗的光明，是"安慰我灵魂的亲娘"。❷诗中同样运用了白与黑二元对立的手法，在黑暗的映衬下，白雪显得更加洁白、可爱。诗人对单纯、纯净灵魂的追求表露无遗。诗集中的《在我雪白的衬衫边》《心灵上的雪花》《青春协奏曲》《少女军鼓队》《夏日童话》《大地沉积着黑色素》《钢琴不再为我伴奏》等诗歌中都出现"雪白""洁白"等白色意象，足以见出诗人对白色的偏爱。大量白色意象的出现，使梁小斌的诗更显清澈、透明与温暖，白色虽然单纯，却不寡淡，这白色背后蕴藏着深厚的历史意蕴，是经历过黑暗与沉郁之后，灵魂的荡涤与理想的放飞。与梁小斌一样，顾城也在诗中用颜色意象表现其对光明的追求；不过与梁小斌所不同的是，顾城更善于运用黑色来突显光明。特别是他最著名的那首《一代人》："黑夜给了我黑色的眼睛，我却用它寻找光明"。一句诗里用了两个"黑"色意象——"黑夜"和"黑色的眼睛"，其中"黑夜"象征了动荡不安的"文化大革命"时期，而正是这个时代给了"我"寻找光明的"黑色的眼睛"。诗人对象征着黑暗的"黑色"是憎恶的，他渴望光明，希望"让所有习惯黑暗的眼睛，都习惯光明"（《我是一个任性的孩子》）。顾城的诗通过"暗"与"明"的强烈对比，倾诉了对光明生活的极度向往。无论是梁小斌的直接代表光明和美好的"雪白"意象，还是顾城的运用黑色意象反衬光明，都可以使我们感受到"文化大革命"那段日子给朦胧派诗人心理留下的阴影和他们对驱散黑暗、迎接光明的强烈愿望。

除了"雪白"，梁小斌的诗集中还有其他的颜色意象出现，如"金黄的屋顶"（《黄昏即景》❸《那个屋顶仍在那里》❹）、"火红的玫瑰"（《玫瑰花盛开》❺）、"蓝色的天空"（《我曾经向蓝色的天空开枪》❻）等。这些明亮的暖色调，和白色的象征意义基本一致，代表着光明、和谐、美好；与黑暗和肮脏相对，是积极的信念与理想的表现。

---

❶ 梁小斌：《少女军鼓队》，中国文联出版公司1988年版，第7页。

❷ 同上书，第7页。

❸ 同上书，第6页。

❹ 同上书，第12页。

❺ 同上书，第23页。

❻ 同上书，第31页。

四、结　语

　　梁小斌前期的朦胧诗，以其诗集《少女军鼓队》为主要代表，具有较强的抒情性，注重"自我"情感的表达；善于运用孩童的视角和口吻表现成人的思想与情绪；巧妙使用颜色意象来揭露黑暗，表现颜色背后更深层的意蕴。20世纪80年代前后出现的朦胧诗具有很多共性，可以说，正是那风起云涌的时代造就了"朦胧诗派"。"文化大革命"所导致的精神危机，使朦胧派诗人迅速向西方现代主义诗歌靠拢，提倡从人的内心感受出发，对于作为"自我"的人和其生存处境进行深刻的反思。梁小斌等朦胧派诗人的诗歌是现代汉诗研究中不可逾越的一环，其对现代汉诗发展的多种可能性起了启发作用，十分有必要对朦胧诗进行进一步的挖掘和思考。时至今日，当我们读到这些朦胧诗时，仍能感受到其无穷的魅力。

（王晓云，中国传媒大学文法学部助理研究员、博士）

论台湾作家周啸虹散文的情感世界

■ 陈友军

　　我和周啸虹的散文谋面，是因 2013 年 8 月 15 日有幸参加了中国社会科学院文学研究所举办的"周啸虹作品研讨会"。面对十多年前就在大陆出版的这部周啸虹散文集《迢递归乡路》，我虽读它也晚，但还是很庆幸这次相遇。能接触到如此生动感人的生活纪实类知性散文，并领略其散文的崇山峻岭，对我而言，称得上是一次心灵的放假——它把我带到了那并不遥远的历史的丛林和令人向往的宝岛台湾。我非台湾文学研究的专家，但我还是有感于周啸虹的《迢递归乡路》。透过周啸虹散文的隙缝，我不揣浅陋，仅就其散文的情感世界谈谈我阅读的心得和体会，以就教于方家。

　　《迢递归乡路》这部散文集除了序跋，正文依主题的不同分六辑收录了周啸虹 2002 年以前的散文。这六辑散文涉及的主要是两岸人事勾连"剪不断，理还乱"的种种情感。读这些散文，感受最深的也是作者流淌于内心的、生发于两地的真善美的各种情感。

一、"关山梦远"：周啸虹散文的乡土情怀

　　第一辑"关山梦远"收录周啸虹 16 篇文章。与《木兰辞》中的"万里赴戎机，关山度若飞"的情感向度不同，他思绪中的"关山"是那一道因政治的分歧与隔绝所造成的历史难以逾越之山，它和历代文人所抒发的游子远乡的离愁别恨情感相通却又不同。收录在这一辑的 16 篇散文没有一篇谈论关山难渡的历史因缘，谈的只是故乡、童年趣事，类似于周作人谈故乡的野菜、梁实秋谈家乡的小吃；但周啸虹在台湾谈故乡扬州的往事，自是别有一番滋味在心头。《三月春光好踏青》主要说的是故乡放风筝的旧

事。除了对故乡"放晦气"风俗的描述，文章充满了对故人的怀念，主要写三舅的大风筝给一群乡下的孩子们所带来的如痴如醉的欢乐。《私塾一年》写的是自己的故事，也是童年伙伴的故事；让作者无限思念的是私塾先生的"毛栗子"和戒尺的疼痛味道，还有小学生们拿签上茅厕以防偷懒等私塾惩戒顽童的规矩。这样的文字，让大陆的读者很容易想起鲁迅从百草园到三味书屋的情趣。"毛栗子"和戒尺带给儿童的皮肉疼痛已是过去事，可两地相隔的乡愁呢？这大概是文章所要表现的永远的疼痛。《压轿的滋味》写的是婚俗，但也是孩童参与成人世界活动的记忆；除了自己的扮相，文中所描述的"我"坐轿时摸到装着铜板的红包毫不客气地揣进口袋的心理感受，还有在新郎床上打滚、小娃娃坐首席的滋味，都把传统婚俗喜庆、热闹的场面再现在读者面前。《与戏结缘记》也是忆人记事的散文，写冯老师音乐课教平剧和"我"登台客串受到外婆的嘉奖，笔墨之间饱蘸情感。《童年十八团》写的童年往事是相距数十年后的回顾，它"像一部电影似的，清清楚楚地在脑海里映现"。[1] 赶集、庙会、帮船、货郎这些乡里旧事，化作千丝万缕的乡土情怀，在作者的笔下是那样亲切有趣。《外婆》《怀念母亲》《祖父的画像》《遥念父亲》《同窗》《长辫子姐姐》这一组回忆亲人的文字，写的是经过时间风雨淘洗过的人类最为真挚的情感。《外婆》写出现在梦里的外婆，音容笑貌，宛在眼前。作者在那里如数家珍，把外婆疼爱自己的一件件往事娓娓道来，而结局是两地相隔不能为自己一生的"守护神"外婆送终尽孝；伤痛的恐怕不是外婆，而是作者自己。《怀念母亲》由母亲节想到母亲。作者回顾的是 30 年前不得不离家别母时的情景，车夫"抬起车杠，毫不犹豫地起步飞奔"间接地写了这不忍的离别；母亲用手帕捂住鼻子的目送以及作者在忆念往事时抑制不住的泪水，都是那样催人泪下。《祖父的画像》写的是在家里有至高无上权威的祖父的生活琐事。写祖父，除了亲情，更主要的是写祖父给予晚辈的人生教诲，尤其是塔顶眺望长江时他的告诫："人，必须眼界宽，心胸阔，像我们在塔顶上一样，当天地都在我们脚下时，人实在是很渺小的。"《遥念父亲》本是父亲七十寿辰时作者在台湾对父亲的祝祷，殊不知，音讯隔绝的境外游子还

---

[1] 周啸虹：《迢递归乡路》，昆仑出版社 2002 年版，第 16 页。

不知道父亲已经在"文化大革命"期间因为遭到批斗，57岁时，便跳水自杀了。这篇文章后面的"附记"更能促发人的思考。《同窗》《长辫子姐姐》写的是同学情谊。在人生彼岸生离死别的夜空，散文的主题包含了友情与爱情的抒发。《灯火忆往》是由停电时孩子们的疑问引出的、对自己见过的各种油灯的回忆。《江湖夜雨十年灯》，写的是灯，也是对自己人生的感慨。《拾麦》写的是家乡农人的生活的艰难与人性的质朴。《野味记趣》《奶奶哼与秋里蹦》写的是家乡小吃。《"出人"记往》是对惩处案犯的古今不同的小感想。大致说来，收录在这一辑里的散文，大多关乎师生情、亲情、友情、乡情，与相同母题引出的散文不同，因为海峡两岸人为的政治隔绝，赋予了这类散文特殊的文化内涵和时代气息，也为我们体会人与时代的偶然的政治关系、永恒的情感关系提供了一个全新的审美向度。

二、"逆旅浮生"：周啸虹散文的家国情怀

第二辑"逆旅浮生"收录周啸虹15篇文章。这组散文与第一组"见一叶而知秋"的纪实笔法略有不同，它更多地描写的是自己在一个特殊年代里的家国情怀。《都门一别》写的是淮海战役后，南京国民党政府南迁广州的经历；从散文的笔法而言，作者是将那些发生在历史上的大事演化为一个机关职员的具体感受。如果可以将这视为个人化的历史，那么这历史也有一些大人物作为背景和点缀。如南京国民政府追悼黄伯韬，于右任从台上哭到台下，金圆券、银元券的信用丧失和贬值等，都在"我"离开南京、告别中山陵的8小时行程中浓缩为个人真切感受的历史。《在徐家棚过年》《车过长沙》《曲江观影录》《师爷生涯》延续了告别南京的行程，是写作者从南京到广州的行程中，先到武汉徐家棚、再乘粤汉铁路南下时的所见所闻、所感所历。这些带有回忆性质的文字有意淡化了时代的政治色彩，把着眼点定位在战乱导致的妻离子散、亲人天各一方以及战乱期间普通人的众生相。《大福轮》写的是作者从广州到高雄的经历，这种真实的具象化了的历史场景，在我们以往的文学作品中，往往被一些宏大的叙事所忽略。作者在船上的颠簸，在风雨飘摇中期望达到彼岸的念想，生病拉肚子的种种难堪，都在这特殊的旅途中得以具象化的表现。《五块厝的怀想》《脚印》

《前哨小记》《庆生》《情系马祖》《银翼与蓝天鹅》《克难运动真克难》《"名菜"难忘》《一本小书》是一组回顾自己军营生活的散文。对于 20 世纪五六十年代军营生活的记忆，作者同样抹去了过于浓厚的时代背景，显示出不同于当时国民党"战斗文艺"的复杂性存在。在政党意志左右台湾文坛，台湾主流文化话语弥漫着"反共抗俄"诉求的特殊历史时期，周啸虹对文学意识形态对立这样的文坛气候固然也是感同身受；但他的散文有意规避了这种"战斗性"，选择兵营的日常生活和战友之间的纯粹质朴的情谊这一人文关怀的向度来着墨，这就使得这些散文作品有了一种别样的意味。阅读和分析这组散文，萦绕在笔者眼前的，一方面是周啸虹的军人或驻军记者的特殊社会身份；一方面是 20 世纪五六十年代台湾时代文艺创作的特殊气候。另外，还有周啸虹描述这个时代时"避重就轻"的文艺态度：在一个文艺政治化的年代，深处漩涡当中，谁都不能置身事外。如果把这三个方面放在一起来衡量，不难看出，即便在"白色恐怖"下，台湾文学的存在也有其多种样态。

三、"尘缘俗事"：周啸虹散文的人伦情怀

第三辑"尘缘俗事"收录周啸虹散文 16 篇。这组散文呈现的是以其家庭生活为背景的人生百态，重在表述养儿育女的人伦乐事。《想起那穿木履的日子》是从一首儿歌引发的联想："台湾糖，甜津津/借问此糖何处造/此糖造自台湾人/甲午年，起纠纷/鸭绿江中浪滚滚/中日一战我军败/从此台湾归日本/台湾糖，甜津津/甜在嘴里痛在心。"儿歌引发的联想是"我"对尝过了不同的人生况味和遍历的酸甜苦辣的感慨。儿歌直接把"我"带回到那难以释怀的 1949 年，"我"怀着创痛渡海到台时的各种狼狈和无助。作者对台湾糖的留念是因为"它是我的希望，当我们痛苦时，总会感到它所留存的一点甜味"。❶《机车与我》应该是生活写真，回顾的是"我"教妻子学骑自行车和轻型机车的趣事。在描写由于妻子"太笨"给"我"制造的"麻烦"中，作者自得的神情跃然纸上，文章揭示的是那种真挚和相

---

❶ 周啸虹：《迢递归乡路》，昆仑出版社 2002 年版，第 39 页。

濡以沫的夫妻情感。《我家小小子》《给慧儿的信》《父子两封信》《陪考记》《陪考十七年》都涉及台湾的现代教育。从这组文章可以看到一位用心的父亲是如何教育孩子成人成才的，大陆的教育也在重复这种从小升初，考高中、上大学的竞争模式。读起来与当下大陆的现实似曾相识，也甚是亲切，也能促发人们对现代家庭教育的联想。《我家小小子》写的是儿子出生后给家庭生活带来的总总忙乱和这种忙乱中小生命快乐成长带给"我"发自心底的欢乐。《给慧儿的信》中，父亲对女儿的慈爱跃然纸上，父亲对女儿的期许、对女儿的安慰、对女儿的赞扬，还有父女之间无声的对话使读者领略到的是平凡人生中的人间大爱，感人至深。《父子两封信》《陪考记》《陪考十七年》是台湾教育的生态描述，记录了求学过程中学生和家长所付出的艰辛。《信义路的蛙鸣》固然是旧地重游，然而沧海桑田，令作者感慨的是现代城市文明对乡村文明的侵蚀与改造。《与棒球结缘记》《带球走的惆怅》《三轮车的怀想》《总干事与我》《证婚记趣》《市场内》《烟壶因缘》《三逢文抄公》是"我"的日常生活与工作趣事的记录。从这组散文中，可以看到中国儒家传统文化对周啸虹散文创作的深刻影响。加上作家以审美的眼光看待日常生活，日常生活也就富有了诗意。

四、"闲情偶拾"：周啸虹散文的人文艺术情怀

第四辑"闲情偶拾"共收录周啸虹散文 17 篇。《三春花事》写的虽然是花事，但作家寄情于花，将对故乡深切的怀念融进各种赏花的活动中，对花落花开、花的赞美与遐思，都哲理化为人世循环的常理。《喜雨》一篇，若问作者喜从何来？文章写了 4 个不同时间的雨。"夏雨如珠"是炎炎赤日里雨给忧心忡忡的农人带来的欢乐，写农人对夏雨的珍惜；"午夜惊雷"暗讽台湾当局"雷大雨小"的时政风气与弊端；"过门不入"写台风与渴盼雨水的台湾擦肩而过却对广东造成的灾难，作者关怀的还是辛苦的农人以及对主宰人类的"宇宙之神"的复杂感情；"靠天吃饭"揭示的是人与自然和谐共处的关系，从水库干涸想到的是人对环境的糟蹋、浪费、破坏引起的天的愤怒。由此可见，对生活中雨的描述带着感情、托物兴怀并形诸文字，这并不是通常意义的"闲情"。《两只鸽子》写的是作者养鸽的经

历，从一只肉鸽养成宠物鸽子，可以看到孩子和家长在热爱生命的视野上重合。《绿窗前》《阳台上的绿意》是写作者养花植草的经历，从绿植的生长体会生命的哲理。《晨光》写得是晨练，实际上传达的是一种"坚持"对于生命的价值。《后院那棵杨桃树》是对过往生活之地人事的美好留恋。《荔红时节》体现了作者视野向下，对荔农生活的关怀。《人蟑大战》写的是日常生活琐事。《白胡子》是对老之将至的感怀。《老戏迷》《半吊子学艺记》写的是自己的兴趣爱好，从侧面未尝不能看到作者的多才多艺。《君子不远庖厨》写的是家庭生活。"民以食为天"，在描写厨房生活中，仍能看到中华传统文化的根深叶茂。《曹操跳粉墙》《"猪"事皆宜》《没落的旧书店》《闲话"三百两"》，大多针砭社会现实，文风厚道又不失犀利。从上述以"闲情偶拾"结集的散文来看，周啸虹以"闲情"归结自己的生活散文，恰如笠翁《闲情偶寄》，写的多是居室、器玩、饮馔、种植、颐养等驳杂的家居琐细，居室饮食、花草树木这林林总总平淡处收获的生活乐趣与真情。闲的心境，闲的呈现，闲的认同与满足，闲的人生智慧，其实也包含"警惕人心""劝惩之意"；将自己独特的审美情趣融会其中，是这一组散文令人津津乐道的价值所在。

五、"神州屐痕"：周啸虹散文的山水情怀

第五辑"神州屐痕"收录周啸虹散文 28 篇。20 世纪 90 年代周啸虹得以返乡探亲。老母在堂，故国山河，他将每年一两次大陆之行，化为一篇篇情真意切的游记散文。《重来陵墓拜先生》是周啸虹故地重游所作。40 年前，也就是 1948 年年底，他凄凄惶惶离开南京前往台湾之前，曾专门拜谒中山陵。40 年后，作者以探亲的身份再次拜谒中山陵，自然会有诸多的人生感慨。作者感慨刻着"中国国民党葬总理孙先生于此"的大石碑依然竖立在祭堂；作者感慨中山堂以及所在的紫金山曾经历的历史的洗礼；作者还感慨历代普通百姓经历的苦难……人、景、物交相融，交相成，面对历史的淘洗似乎有相似之处。《迢递归乡路》是 46 年后重回故乡的写照，太多的回忆构筑起一个实实在在的生命个体。"我"的童年和青少年似乎都能在故乡的石板路、老房子和燕子窝中找寻回来，最让人惊奇的是相隔 40 多

年后，老虎灶前的老翁居然还叫得出曾经在此打过开水的"我"的名字。正如作者口中念念有词："樱花老、风雨催，景物全非，杜鹃声声唤道：不如归。"《小桥、流水、江南》写的是苏杭一带的桥，作者写苏杭一带桥的柔美，一再表达江南人性格的柔性。重归故里，作者在欣赏风景时，时刻不忘的是对家乡人民的赞美。《运河夜航记》写的是作者从杭州坐船到苏州走运河的经历。所见所闻，感受到的是水乡的真意，表达的是对这块土地的依恋。《秦淮重觅旧时月》写的是作者游历秦淮河和夫子庙的思古之幽情，在追述其历史的过程中，隐含着对新建秦淮河历史内涵流失的一丝怅惘。《哈尔滨之秋》写的是游历哈尔滨的感受。《荆州古城之旅》写作者游三峡顺道游历荆州古城的意外收获，在这千年古城体会"是非成败转头空，青山依旧在，几度夕阳红"的畅达心情。从荆州城关公庙的缺失与再建，感受到的是中华文化的多元性。《碧荷、翠柳、大明湖》写的是游历济南的经历。作者以渊博的历史知识来审视济南的山水，对于现代化的科技怪物对历史景点的破坏提出了善意的批评。看故国山川，在留恋故乡风物时的兴奋与感伤都呈现在作者的笔端。《灵岩山下女轿夫》写的是作者游历苏州灵岩山坐轿子的经历，感受的是苏州的风土人情；一方面是自己坐女轿夫的轿子所感受的歉疚，一方面写自己一旦明白女轿夫"抢"生意的传统以及苏州百姓的生存智慧后的释然。《寻访唐寅墓》写的是对江南才子唐伯虎的追悼。作者对描述唐伯虎的诗词信手拈来，从唐伯虎的经历中感受的是对人生得失的感怀。《古塔风华》几乎写尽了苏州和杭州的名塔，作者感受的是和他相关的各种有趣的故事、历史掌故和江南风景进入作者视野带来的快感。《南京路上走一遭》写作者游历豫园和老城隍庙时，上海的风貌和这座现代化城市的脉动，感受最深的是中西文化的交融。《茫茫江水漫三峡》写在三峡大坝尚未建起之前，是作者游历三峡想到的三峡人文历史即将淹没在水底的失落感和现代文明对历史印记抹去的抒发。一方面是对现代人开发资源、防洪防灾保平安的认同，一方面是历史消失的感怀怅惘的复杂情感。《边城黑河》写的是作者游历黑河感受中俄边境贸易。从中俄历史关系到抗日英雄一路写来，历史的感受与现实的结合体现在字里行间。《江南小吃》一路写的是各种小吃，看来作者是一个美食家，文字的描写吊足了读者的胃口，但从作者体味舌尖上的中国江南小吃的种种遭遇，感受的是传统小吃的变味和今非昔比。《一尝石家鮰肺汤》写的是在苏州木渎镇品尝鮰肺汤，既有民国名人于右任的相关记叙，也有苏州生活情趣的描述。《红顶商人开药店》《沈园今昔》《孔林凭吊才子墓》是一组颇有意味的文化散文。《红顶商人开药店》写的是胡庆余堂国药号的历史，顺带介绍红顶商人胡雪岩传奇的一生；物是人非，药店还在，过往的人事已成为历史的陈列。《沈园今昔》是作者游沈园的见闻，对于它的重修亦有记叙。作者面对沈园，从记忆中搜寻出的陆游和唐婉凄苦哀怨的爱情故事，还有放翁"凄苦不忍卒读"和沈园相关的诗词，都道出了沈园所蕴含的历史文化价值。《孔林凭吊才子墓》是作者凭吊孔尚任的散文。在孔尚任生平介绍中，隐含着周啸虹对文人气节的尊崇和对明末清初戏剧家命运遭际的感慨。《五台山庙多僧少》也是写景抒情的文字，主要探讨五台山庙多僧少的历史因由，对比台湾的出家风波，感受时代和政治气候变换对于佛教文化的影响。《大草原记游》《塞上行》《内蒙新视界》三篇文章都是纪行内蒙古旅游的，感受的是内蒙古特有的草原文化；《探访鄂伦春》《塞外苏杭牡丹江》是作者北上寻访黑龙江省鄂伦春族以及游览镜泊湖美景的感受。《江南新景阅江楼》从三大名楼说起，重点介绍南京阅江楼的历史典故。《再谈江南小吃》是对以前江南小吃颇有微词的修正，从小吃中感受大陆生活的变迁。《归帆寻梦》是多年返乡途中的感触，内容涉及大陆见闻的十多个场景和片段，如"且说扬州酱菜"涉及的童年的味道，"脱胎换骨的标语"从大陆看到的标语感受时代和社会的进步；"十里春风廿四桥"勾起的是童年桥上放风筝的回忆和一些关于此桥的掌故，"梅花岭上"是赞美史可法的英雄气节；"唐装与棉袍"从亚太经合会议说到自己的棉袍，从不合时宜中领略中国服装文化的趣味和魅力；"瓜州渡口十娘祠"说的是景物与戏剧戏曲的关联，表达的是对有骨气弱女子的敬意；"厕所今昔"写的是在大陆旅游中上厕所的遭遇，表现了大陆"厕所革命"带来的现代化和文明进步与观念的演变；"润扬重现旧繁华"写得是润扬大桥，"再见校场"写的是由扬州经过历史淘洗后依然存在的校场引发的"我"的惊喜；"闲话凉粉"说的是家乡的小吃，那是其他美味无法代替的味道；"南柯一梦说唐槐"是将自己半个世纪背井离乡、两岸隔离的生活比作南柯一梦的触景生情之作。这组以"神州屐痕"命名的散文正如作者的自序所言："北到内蒙古的大草原，东到边城的黑河、牡丹江，西至西安、洛阳，西南则到了成都；航行过大运河、长江三峡，步行过泰山，扬州、苏杭，则作为老家故里，更是不掸百回游。对一个痴等了近四十年岁月，才回到故土故乡的人而言，这归乡之路的确迢递；然而，如今回大陆老家是'归乡'，每趟倦游归巢，回到高雄的蜗居，也总会舒一口气说：'回家莫好！'所以回台湾也是归家。的确，无论大陆或海岛，她们都是我美丽的故乡，这本书里留下的是我的乡情与相思。"❶ 脚踏祖国的千山万水，将历史的情思和现实的感怀托付其间，乐水乐山的这组散文让我们看到了周啸虹思想的另一方面。

六、"宝岛行脚"：周啸虹散文的宗教自然情怀

第六辑"宝岛行脚"收录 20 篇散文。《长河落月夜无声》是写作者投宿曾文水库"深夜观鱼跃"的奇景。面对静静的大自然，作者感叹的是大自然静虑澄心的净化功能。"仰观宇宙之大，俯察品类之盛"，使得作者对于许多人事的看法，有了极大的改变，只觉得天地皆宽，眼前生意盎然，感叹人都是活在浑浊的世界之中。《夜宿佛光山》把都市的喧嚣与山上的清净做比较，作者体会的是佛的精神：只有心存善良，求真爱美的人才会在佛像面前，感受自己仿佛一个婴儿的状态；才会在慈光的抚慰中，无限安适。《雾里杉林溪》写的是台湾美景杉林溪的奇特雾景，当然也有雾里行车的惊心动魄的感受。《社顶公园摔跤记》写的是南台恒春半岛上的社顶公园尚未开发的原始景观。读这篇文字，除了感受作者关于旅游和保护自然生态的两难心境外，作者溢于言表的是人生的极致乃是崇山峻岭；字里行间荡漾的"出世"思想，与中国道家的自然观不谋而合。《从竹山到鹿谷》也是写景记事的文章。写竹山，作者不厌其烦地写那里的竹笋烧肉的美味，苏东坡的名言信手拈来："无竹令人瘦，无竹令人俗，若要不瘦又不俗，除非顿顿笋烧肉。"鹿谷则写当地的茶事，感受的是当地人的福气，文章多有"顺其自然"的滋味。《知本月夜》是作者再游台东知本的感受，回忆的是台湾原住民的生活习俗，写的是知本的温泉和森林。再探访十年前曾经到

---

❶ 周啸虹：《迢递归乡路自序》，昆仑出版社 2002 年版，第 11 页。

访过的知本小村时，作者难免有物是人非的感叹。《登上山巅望基隆》写到中正公园登高望海的心旷神怡，不厌其详地介绍其交通的便捷和七月盂兰盆会的文化盛况，颇有广而告之的"嫌疑"，却表现出作者对基隆那份执着的热爱情感。《爱河沧桑》写的是高雄的仁爱河，先写名字的来由，再写爱河近半个世纪的变化，其中有作者对于往事的记忆，最后落脚于工业文明对爱河的污染。《鹿港的庙及其他》介绍了鹿港的天后宫里妈祖婆、苏府王爷庙、龙山寺的观音庙以及文武庙。除了鹿港"沧海桑田，白云苍狗"的人事变迁，作者传递给读者的还有台湾人的信仰，从妈祖庙的香火与观音庙和文武庙的破败中略见一斑。由此也可以看到与沿海一带大陆人信仰的一脉相承。《北港行》也是写朝天宫妈祖庙香火的鼎盛。从日常生活百态感受和领悟信仰的至诚与伟大以及信仰的力量。《七上梨山》写台湾荣民对于台湾社会发达的贡献。《风雨访西屿》《桶盘垂钓记》都是写澎湖的风景。大凡是关于宝岛风景的描述，作者总是以兴奋的心情和审美的眼光用工笔描述，不厌其详。《好茶村去来》写的是屏东县雾台乡好茶村里采兰与捉蟹的经历。《溪头之晨》主要写溪头的森林、溪头的雾、溪头的阳光和古松树。《谷关玩月》写的是谷关的夜雨月色以及由月色勾起的对远方的怀念。《林家大厝·衰草斜阳》主要写台中县雾峰乡林家老屋的兴衰和诸多与大陆人事相关的历史遗迹。《大溪的落日》写的是大溪镇看日落的自然情怀。《台湾的夜市》《从南到北吃小摊》写的是台湾的小吃。从这一组描述台湾风景的文字来看，兴之所至，除了详细描述台湾风景地的人文自然风貌，还大多与复杂的宗教有牵连；自然情感和宗教情怀的会通构成了周啸虹散文的多样性和复杂性存在，也使得他的散文于朴实之中更见深度和厚度。

总的看来，周啸虹散文的情感世界是朴实的、丰富的、醇厚的、多样态的审美存在。这里包含了离乱时代"周啸虹个人与他母亲的悲喜剧"。❶时代的悲喜剧沉淀、酝酿，化为周啸虹散文里感人至深的人伦情感，"在历史的长卷里，它或许只是一个小小的色块，但若模糊了它，这长卷的画面必然失色、失真，也有了缺憾"。❷ 同时，周啸虹丰富的人生经历以及他行

---

❶　陈春华：《迢递归乡路·后记》，昆仑出版社 2002 年版，第 476 页。
❷　同上。

走在大陆和台湾之间坚实的脚步，使他的散文还有显而易见的现实的家国情怀、山水自然情怀、艺术人文情怀、宗教情怀、乡土情怀。读周啸虹的散文，不仅能从中获得知识与教益，还能感受生的乐趣，而这种对于现实人生趣味的审美感受，常常使人"若饮醇醪，不觉自醉"，这样的阅读感受也是我近两个月来读周啸虹散文的最大收获。

（陈友军，中国传媒大学文法学部文学院副教授、博士）

恐惧与敬仰：蒙元西征与
东方印象初成
——浅析《柏朗嘉宾蒙古行纪》

■ 刘双双

中世纪前期，在基督教为主导的西方世界，中西交流几乎处于停滞状态。蒙元西征强行打开了中世纪西方封闭的大门，东方重新进入到西人的视野。蒙古军队的屠城恐怖战略和日益逼近的步伐，使西方世界陷入一片恐慌。蒙元的两次撤兵使绝望的西方世界看到了转机。1245年，教皇派遣圣方济各教会修士柏朗嘉宾与圣多明我教会修士阿塞林出使蒙古。1247年，柏朗嘉宾回到里昂。他成为第一个将大蒙古帝国首都和大汗的消息带回欧洲的人。他根据自己的经历撰写了《柏朗嘉宾蒙古行纪》，将一个更具体的东方世界带回西方，中世纪西人的东方印象由此开始形成。作为一个文学文本，《柏朗嘉宾蒙古行纪》同时投射出西人在东方印象形成过程中复杂的文化心理。

一、散播恐惧的战略

蒙元西征始于1220年成吉思汗对花剌子模帝国的征服。花剌子模是突厥部落所统治的帝国，与那个时代的许多国家一样，它将劫掠商队作为获取资源和财富的重要方式。1218年，花剌子模算端❶劫掠了蒙古人的商队，并将蒙古派来进行和平商业谈判的大使毁容，这一行径激怒了花甲之年的

---

❶ 算端：中世纪前后伊斯兰教头衔之一，有"土地拥有者""首领""王者""领袖"的意思。

成吉思汗，并成为蒙元西征的导火索。花剌子模统治下的布哈拉城，成为蒙元西征大军的第一个目标。

在对布哈拉城的征服过程中，成吉思汗采取了双重的恐怖战略。这也是蒙元铁骑横扫亚欧大陆的主要战略。一方面，军队并不直接进攻该城，而是"通过夺取邻近的几个小城镇，释放很多当地的平民逃往布哈拉，逃亡者不仅充斥该城，而且大大地加剧了城内的恐惧氛围"。❶ 同时，"蒙古人在敌军防线背后的侵袭，立即给整个帝国带来了巨大的破坏和恐惧"。❷ 波斯编年史家阿塔篾力克·志费尼描述了这种恐惧的传播状态，"连闪电也不敢向前迈步，霹雳也不敢高声布道"。❸ 随后，成吉思汗对市民展开心理攻势。"他给城外的民众提供宽待的投诚条款，若他们接受条款就可加入到伟大仁慈的蒙古人之中。"❹ 而那些拒绝投诚的俘虏，则被蒙古人在下一次进攻中置于军前，成为蒙古军队的人肉盾牌。这种恐惧策略成功攻破了布哈拉城突厥守军的心理防线。在蒙古军队攻城之前，仅有 500 名士兵选择留下来守城，而其余的 2 万名士兵则丢城弃甲，如鸟兽散。这正好掉进了成吉思汗的陷阱，他们尽数落入早在城外等候的蒙古勇士之手，被集中消灭。蒙古大军横扫过的城市，悉数尽毁。从蒙古人手中逃出的地理学家雅古特·哈马维，描述了蒙古人对于城市宫殿的毁坏："清除掉这些宫殿，就像是从纸上抹去一行行的笔迹那样，那些住所成为猫头鹰和大乌鸦的住处；叫枭在那些地方应答彼此的呜咽，而在那些大堂里，则是厉风呼啸。"❺ 对于久攻不下的城市，蒙古军队则采取水攻、火攻等毁灭性的攻城方式。这些对士兵、平民的屠戮，对城市的毁灭，成为其恐惧战略的另一个方面。尽管很多学者认为很多史料记载是蒙古军队用以传播恐惧的工具，对其真

---

❶ ［美］杰克·威泽弗德著，温海清、姚建根译：《成吉思汗与今日世界之形成》，重庆出版社 2006 年版，第 6 页。

❷ 同上书，第 7 页。

❸ ［伊朗］费志尼著，何高济译：《世界征服者史》上册，内蒙古人民出版社 1980 年版，第 96 页。

❹ ［美］杰克·威泽弗德著，温海清、姚建根译：《成吉思汗与今日世界之形成》，重庆出版社 2006 年版，第 7 页。

❺ ［美］杰克·威泽弗德著，温海清、姚建根译：《成吉思汗与今日世界之形成》，重庆出版社 2006 年版，第 120 页。

实性持怀疑态度，但恐惧作为一种战略工具，起到了显著作用。布哈拉城被以残酷的方式征服之后，蒙古军队的下一个目标城市也不战而降。1220年春天，成吉思汗带领骑兵以征服者的姿态进入布哈拉城。通过对这座"为所有伊斯兰教徒带来荣耀与欢愉"的"高贵布哈拉"圣城❶的征服和恐惧散播的战略，蒙元军队撼动了整个中亚的穆斯林世界。

这时的欧洲大陆依然沉溺在自己的世界中，以隔岸观火的态度，将敌对的穆斯林世界的遭遇看做是异教世界理应承受的惩罚。1221 年，速不台将军率领小股部队对欧洲大陆进行了试探，并获胜而归。尽管欧洲的一些编年史记述了蒙古人的出现，但中世纪以其特有的宗教思维将自己败于这个陌生民族的原因解释为来自上帝的惩罚。1227 年成吉思汗去世，这迫使蒙古军队紧急撤兵，第一次西征也戛然而止。

成吉思汗之后，窝阔台继位成为大汗，他将成吉思汗的金库公之于众，并将财富悉数分发。为了巩固地位，窝阔台将军队调回中亚和契丹（现中国境内北部的大部分地区），西征难以深入。随后，窝阔台汗将精力放在了首都哈剌和林的建设上。奢靡的生活方式和城市建设的巨大耗费，使这个黄金家族的财富迅速耗尽。聚敛财富成为蒙元组织第二次西征的目的。1236年，黄金家族做出一个重大决议，入侵欧洲和进攻南宋同时进行。伏尔加河成为第二次西征首要征服的目标。蒙古大军吸收了中原汉地和穆斯林的军事技术和作战技巧，由老练的速不台大将率领，加之智慧的拔都和蒙哥的协助，此时真正做到了所向披靡。三年的时间里，蒙古军队横扫今天的乌克兰和俄罗斯，这标志着蒙古军事力量顶峰时期的到来。在第二次西征中，通过毁城、屠城散播恐惧依然发挥了重要的作用。蒙古大军首先攻陷了基辅，大批难民逃到西欧。这些难民的关于蒙元军队恐怖的传说，在西欧迅速、广泛地传播。蒙元第一次西征的种种可怕行为，也在西欧重新被想起，恐惧成为整个西欧大陆的主旋律。

此时的西欧，依然是以基督教为主导的封闭世界。宗教思维方式迫使他们去《圣经》中寻求答案。蒙古大军的恐怖行径，唤醒了西人脑海中关

---

❶ 布哈拉（Bukhara），现位于乌兹别克斯坦境内，有 2 500 多年历史，是中亚最古老城市之一。7 世纪，随着伊斯兰教的传播和盛行，布哈拉兴建了上千座清真寺、神学院和其他祭祀场所，成为著名的伊斯兰教学术重镇和穆斯林的圣城。

于"上帝之鞭"和"魔鬼撒旦"的记忆，于是蒙元入侵一方面被解释为"上帝之鞭"——即上帝的惩罚，而另一方面被解释为上帝的对立面——撒旦或者魔鬼行径。教皇以基督教的语义传统，将蒙古人解释为"撒旦的使者""地狱的牧师"，然而，"在他们可怜的世界观念中，还找不到这些魔鬼的驻地"。❶ 1241 年，拔都率兵打到匈牙利的首都佩斯城下。牧师试图以将死者的遗骸和其他遗物陈列展示的方式拒敌于佩斯城外。这在仪式上亵渎了忌讳遗体的蒙古人，愤怒的蒙古大军杀死了牧师、焚烧了那些遗体、遗物和教堂。这大大挫败了以基督教为中心的西方世界。刚踏上西欧大陆的蒙古人给他们带来世界末日般的恐惧。在恐惧中，作为"魔鬼使者"或者"上帝之鞭"的蒙古也成为中世纪西方最初的东方印象。

1241 年 11 月 11 日，窝阔台去世，蒙元大军再次仓促撤兵。除了深深的恐惧，较之于伊斯兰世界，蒙古大军并未对西方世界造成重大的毁灭，西方世界从绝望之中稍稍复苏，于是开始寻求防御新患的方法。然而对于封闭的西方，这支来自亚洲草原的队伍显得神秘不可测。于是，了解这支可怕的队伍成了迫在眉睫之事。同时，长老约翰的传说重新复活，教会似乎深信这一信奉基督教的专制君王就在蒙古部落境内。长老约翰被以宗教为标准划分世界的基督教世界看做救命稻草。于是，1245 年在里昂的主教大会上，教皇英诺森四世决定派遣教士出使蒙古。1245 年春季，修士柏朗嘉宾和阿塞林带着教皇的信件和希望从里昂踏上了去蒙古的旅程。1248 年，柏朗嘉宾回到里昂，并带回了蒙古大汗给基督教皇的一封信，成为"第一个将蒙古首都与大汗的消息带回欧洲的人"。❷

二、《柏朗嘉宾蒙古行纪》中的恐惧情绪

柏朗嘉宾回到欧洲后，根据自己旅程见闻撰写了一部蒙古行纪——《柏朗嘉宾蒙古行纪》。这本行纪详细介绍了蒙古的地理、人种、民风、宗教、军事等情况，使文本中的东方形象更加广泛地传播。伊丽莎白·福克

---

❶ 周宁：《契丹传奇》，学苑出版社 2004 年版，第 108 页。

❷ 同上书，第 111 页。

斯－杰诺韦塞认为，对于历史学家而言，文本是关联域的一个函项，作为一种表现而存在。"关联域被认为是文本得以生产和播种的环境。"❶《柏朗嘉宾蒙古行纪》一直作为一部信息详实的史料被引用，上面所梳理的，13世纪蒙元西征时，西方世界的无知和恐惧是其关联域。于是，在绝对真实和客观的假定性前提之下，《柏朗嘉宾蒙古行纪》成为再现历史的重要文献。然而在新历史主义者看来，绝对的客观真实本身就是一种幻象，再现也永远不可能完整，历史本身"是作为一种文类、一种特殊的文本而存在的"。❷ 在这个意义上，《柏朗嘉宾蒙古行纪》重新被拉回到文学的领域。作为文学文本的行纪，在更具体的层面上展示了东方印象最初形成过程的复杂性。

恐惧作为一种时代性情绪在文本中表露无遗。这也成为柏朗嘉宾东方印象的主导性心理。柏朗嘉宾将这次旅程看做是地狱之旅。"尽管我们曾担心会被鞑靼人或其他民族的人所杀戮或终生成为他们的俘虏，或者是会遇到饥饿、干渴、寒冷、酷热、受虐待和过度的劳累会使我们难以忍受。所有这一切果然大量地降临到了我们头上，除了死亡和永远被囚禁之外，甚至比我们所想象的有过之而无不及！"❸ 首先，他在文本中直接描述了自己的焦虑不安和恐惧。"他们将来会如何动作呢？我们一无所知。"❹ 蒙元是否会卷土重来，他们将会以什么样的方式卷土重来，是柏朗嘉宾关注的重点。同时，恐惧也是他出行的原因，出使鞑靼人是因为"我们害怕即将有一种来自这一方向的危险威胁上帝的教会"。❺ 其次，柏朗嘉宾通过对蒙古人生活、社会、军事等各方面的描述，侧面烘托出其可怖性。"相反，行凶杀人、入侵他人的领地、以各种不正当的手段巧夺豪取他人的财产，私通、破口谩骂他人、逆神的戒律和意志行事，所有这一切对他们来说根本不算

---

❶ ［美］伊丽莎白·福克斯－杰诺韦塞著，孔书玉译："文学批评和新历史主义的政治"，见张京媛主编：《新历史主义与文学批评》，北京大学出版社 1993 年版，第 57 页。

❷ 同上书，第 56 页。

❸ ［意］柏朗嘉宾著，耿昇译：《柏朗嘉宾蒙古行纪》，中华书局 2013 年版，第 21 页。

❹ 同上书，第 30 页。

❺ 同上书，第 21 页。

犯罪造孽。"❶ "他们非常善战，与各民族厮杀已有四十余载之久了"❷ "他们有时甚至还会把已杀死人的肉体脂肪溶化后泼到房舍上去"❸ "无论大首领或其他人，都必须对他们（鞑靼人）俯首帖耳，言听计从。如果这些城市或地区的居民不按这些'八思哈'❹ 的意志行事，这些人就以反叛鞑靼人而加罪之，于是便命令以鞑靼人的手段摧毁城池或整个地区或者屠戮平民。"❺ 这些描述表面上非常冷静地叙述了蒙古人的习性，但这些习性本身体现出了蒙古人的可怖性，这实际上成为作者内心恐惧的外露方式。而这种可怖性同时也经由文本得到了更大范围的传播。再次，作者还描述了蒙古人之外，狗头族等其他东方民族的可怖形象，作者称他们为蛮族。"我们骑着乞瓦千户长的马匹和带着卫队，朝那些蛮族地区前进了。"❻ 这些描述将蒙古与其他民族结合起来，打破了西人以往所称的东方概念，以鞑靼帝国为代表的东方可怖印象也进一步明晰。最后，作者的谨慎态度也体现出其恐惧的情绪。对于皇帝要派遣使臣随他们回到欧洲，柏朗嘉宾列举了五条原因，认为他们不宜前来。这些原因包括"我们害怕他们见到我们之间的内讧和战争，将会鼓励他们向我们发起进攻""唯恐他们刺探我们国家的活动"。❼

"文本除了是我们所能知道的一切之外，还是唯一使我们感知到这一切的形式。"❽ 恐惧的情绪还通过文本形式传达出来。首先，叙述中使用了大量的修饰成分。"最为""甚至""十分""彻底"等程度副词在文中大量出现。"他们是人类中最为盛气凌人和不可一世者，鄙视所有人，丝毫不尊重他人，无论是贵人与否。"❾ "这些人无论在吃喝和其他处世为人方面，都十

---

❶ ［意］柏朗嘉宾著，耿昇译：《柏朗嘉宾蒙古行纪》，中华书局2013年版，第31页。

❷ 同上书，第58页。

❸ 同上书，第59页。

❹ 即 Bascac，鞑靼人向那些已获许归国的王公地区委派的镇守官。

❺ ［意］柏朗嘉宾著，耿昇译：《柏朗嘉宾蒙古行纪》，中华书局2013年版，第63页。

❻ 同上书，第76页。

❼ 同上书，第92页。

❽ ［美］伊丽莎白·福克斯 - 杰诺韦塞著，孔书玉译：《文学批评和新历史主义的政治》，见张京媛主编：《新历史主义与文学批评》，北京大学出版社1993年版，第59页。

❾ ［意］柏朗嘉宾著，耿昇译：《柏朗嘉宾蒙古行纪》，中华书局2013年版，第36页。

分肮脏卑鄙。"● "甚至无法忍受太阳的隆隆响声"● "把这一地区彻底毁灭和劫掠一空"，● 等等。程度副词的使用使表述出现了极端化的倾向，这使鞑靼人的残暴和可怖形象跃然纸上；这既对应了蒙元西征过程中残暴的可怖形象，也是作者焦虑心态的写照。其次，柏朗嘉宾用对比手法来描写蒙元军队入侵前后的城市景象。"此城过去曾非常庞大和居民异常稠密，而现在它几乎已被夷平。那里可能最多还有二百间房舍，居民处于一种严酷的奴隶地位。鞑靼人从那里边战斗边向前推进，使整个斡罗思地区都遭到了劫掠。"● 过去的繁荣和现在的荒凉对比鲜明，恐惧由此体现。最后，恐惧的情绪还体现在作者描述角度和叙述安排上。作者分九章事无巨细地记述了自己出使蒙古的所见所闻。鞑靼人生活地区的方位、资源和气候，其居民日常生活、社会风俗、宗教信仰，整个鞑靼王国的起源、其作战的方式、武器、对待战俘的方式，对待所征服地区的政策等，都有所涉及。甚至细致到鞑靼人生活细节："他们从来不用水刷洗盘碗器皿，如果有时用肉汤来洗之，洗完后还要把刷碗水与肉一起倒回锅内。"● 中世纪西方对于蒙元的恐惧，除了蒙元残酷的征战方式带来的震撼，更多地是源于自己对这支强大军队的无知。《诺夫哥罗德编年史》阐述道："我们不知道他们是从哪里来的，也不知道他们再一次躲藏在哪里，上帝知道，由于我们的罪恶，他是从哪里把他们接来惩罚我们的。"● 而柏朗嘉宾如此细致地记述鞑靼人的生活，一方面由于东西两方各方面巨大的差距，另一反面也离不开其先入为主的焦虑和恐惧。所以，这些详细的描述，在内容分配上也有详有略。从对鞑靼王国基本信息的描述，逐渐深入到对其作战技巧的分析上。例如作者用第四章一章的篇幅描述了鞑靼人的淳风和陋习、处世之道和食物，却用第六章、第七章、第八章三章的篇幅，描述包括鞑靼人的作战方式、军队结构、武器等在内的关于战争的方方面面。

● ［意］柏朗嘉宾著，耿昇译：《柏朗嘉宾蒙古行纪》，中华书局 2013 年版，第 36 页。

● 同上书，第 46 页。

● 同上书，第 47 页。

● 同上书，第 51 页。

● 同上书，第 37 页。

● "The Chronicle of Novgorod" by Camden Society, 1914, pp. 64, 66.

三、历史之外：对恐惧的反应

柏朗嘉宾出使蒙古时，蒙元第二次西征刚刚结束，整个欧洲大陆惊魂未定。恐惧的情绪是当时的主旋律，蒙古的形象也是神秘、可怖的。所以尽管柏朗嘉宾试图冷静客观地陈述自己的所见所闻，这种情绪也依然表露无遗。

然而，恐惧之外，文本中还体现了其他心理状态，东方印象及其形成机制也更加复杂。与恐惧状态下的惊慌失措相反，柏朗嘉宾在其文本中提倡西人对可能卷土重来的蒙元大军积极防御、勇敢抵抗。耿昇在序言中指出："由于柏朗嘉宾此书的目的是为了千方百计地使罗马教廷深信蒙古人意欲西征，要求进行备战，并且呼吁先发制人地对蒙古人发动战争，所以他有意过分地渲染了蒙古人及其所征服的东方诸民族的残暴性和陋习等，并极力进行歪曲和丑化。"❶ 首先作者在文本中极力说明，蒙古大军一定会卷土重来。"除了基督教地区以外，他们不畏惧世上的任何地区，所以他们正在筹划向我们开战"❷ 然后，顺势指出面对鞑靼即将而来的入侵应该顽强抵抗。柏朗嘉宾说："我们觉得似乎没有理由唯贵由之命是从。"❸ 对此，他列出了四个原因。首先他认为被奴役的身份是忍无可忍的，其次他说鞑靼是个背信弃义的民族。再者，他认为"由于鞑靼人的十恶不赦，基督徒归附他们觉得是可鄙的；同时也由于这样一来对上帝的信仰就会破灭，灵魂就会堕入地狱，身体就会遭受人们意想不到的苦难"❹ 最后柏朗嘉宾判断"同基督民族相比，鞑靼人的数量微少而且在体质方面也较低劣"❺ 所以他呼吁基督教地区联合起来，抵御蒙古大军可能的入侵。"据我们来看，没有一个省能够独自抵抗他们，除非是上帝希望为该省而战，因为鞑靼人已经从他们政权下的所有地区招募兵丁进行战争。"❻ "如果基督教徒希望能自身

---

❶ ［意］柏朗嘉宾著，耿昇译：《柏朗嘉宾蒙古行纪》，中华书局 2013 年版，第 6 页。
❷ 同上书，第 67 页。
❸ 同上书，第 68 页。
❹ 同上书，第 68 页。
❺ 同上书，第 68 页。
❻ 同上书，第 69 页。

得救，保护自己的地区和基督教，那就需要各地区的国王、王公、大贵族和总督们都联合起来，在鞑靼人尚未开始势如潮涌的杀来之前，便同心协力地派遣自己的人去与他们战斗。"**❶** 为此，作者使用了大量以"以便""实际上"开头的句式。"实际上，一旦当鞑靼人在某个地区猖獗时，任何人也不能再为他人提供有益的帮助了，因为他们成群结队地开始搜捕和追杀居民。"**❷** "实际上，与其说鞑靼人是以勇力取胜，还不如说是以韬略而获捷。"**❸** 用"以便"和"实际上"句式，作者试图分析和深度解释元蒙人的作战方式，从而思考抵御良策。试图解释结果的"因为"句式，也起到了相同的作用。例如"战斗部队应注意不要穷追太远，因为鞑靼人惯于设伏兵。"**❹** 除此之外，作者还用大量的假设从句模拟战场，"如果要加固城市的防御工事和堡寨，首先必须具体研究一下其方位"。**❺** "如果鞑靼人在战斗中被摔下马来，那就要立即活擒"，**❻** "如果"是这种从句的标志。作者在模拟战争的同时，用含有"应该"和"必须"的句型对可能存在的战争给出指导。"凡是想与鞑靼人作战的人都必须具备以下装备"**❼** "也必须像鞑靼人那样组织军队"**❽** "还必须向各个方向派出侦察兵"**❾** "我们还应注意避免过多地消费给养"**❿** "我们的指挥长官也应该日夜密切注视自己的部队，以避免鞑靼人攻其不备"，**⓫** 作者分条缕析地给出了作战的战术指导。甚至，作者还给出了辨认鞑靼人的方法，抵御蒙元入侵的决心可见一斑。

---

❶ ［意］柏朗嘉宾著，耿昇译：《柏朗嘉宾蒙古行纪》，中华书局 2013 年版，第 69 页。
❷ 同上书，第 69 页。
❸ 同上书，第 71 页。
❹ 同上书，第 71 页。
❺ 同上书，第 72 页。
❻ 同上书，第 73 页。
❼ 同上书，第 69 页。
❽ 同上书，第 70 页。
❾ 同上书，第 71 页。
❿ 同上书，第 71 页。
⓫ 同上书，第 71 页。

四、敬仰的萌芽

　　然而，除了对顽强抵抗的提倡，文本中还出现了"敬仰"这种情绪的萌芽。柏朗嘉宾笔下的贵由汗并不可怕，甚至让人感觉到可亲可敬："这位皇帝大约有四十至四十五岁，或者更年长一些；中等身材，聪明过人，遇事善于深思熟虑，习惯上举止严肃矜重。任何人没有见过他放肆地狂笑或者凭一时的心血来潮而轻举妄动，正如一直和他生活在一起的基督徒们向我们叙说的那样。他宫中的一些基督教徒对我们说，他们确信他将会皈依而成为一位基督教徒，他们已经发现了一种明显的征兆，即他把一些神职人员留在自己身旁，而且还向他提供俸禄；在他的大幕帐之前一直设有一个基督教的小教堂，无论那里聚集有多少鞑靼人或其他人，但他们仍如同在其他基督教徒中一样在大庭广众之中唱圣歌，以希腊的方式敲钟报时。其他首领们则从不这样做。"❶ 柏朗嘉宾用大量的褒义词来形容这位大汗，并以敬仰和笃定的口吻描述这位蒙古人的皇帝。此外，柏朗嘉宾还生动地描述了一场庄严隆重的集会。"当我们到达那里时，人们已经搭好了一个很大的紫色帆布帐篷，据我们认为，这个帐篷大得足以容纳两千多人"❷ "第一天，大家都穿着紫红缎子服装；第二天，换成了红色绸缎，贵由就在这个时候来到了帐篷；第三天大家都穿绣紫锻的蓝衣服；第四天，大家都穿着特别漂亮的华盖布服装。"❸ 柏朗嘉宾颇费笔墨地描述了这场仪式，而在习惯以仪式表达宗教崇敬的中世纪西方世界中，仪式性本身就是一种带着崇敬意味的形式。到了以《马可波罗行纪》为代表的忽必烈时代的游记中，仪式性描写更加普遍。

　　如果说，恐惧是时代性的情绪，勇敢抵抗是出于守护家园的欲望，那萌发的这种敬仰的情绪该作何解释呢？返回到中世纪西方的基督教世界及其特有的宗教思维方式，对勇敢抵御元蒙入侵的提倡和敬仰情绪的稍稍萌发都会得到很好的解释。当蒙古人先后取得了对不里阿耳、俄罗斯、匈牙利、德国

---

❶ ［意］柏朗嘉宾著，耿昇译：《柏朗嘉宾蒙古行纪》，中华书局 2013 年版，第 91～92 页。

❷ 同上书，第 85 页。

❸ 同上书，第 85 页。

和波兰的胜利时，如同前文所叙述的恐惧情绪弥漫。这些人是谁？他们想做什么？都得不到答案。宗教思维模式的惯性迫使基督教的牧师们试图通过《圣经》寻找答案。即使是深处蒙古阵地的柏朗嘉宾也习惯于用基督教的思维模式解释一切。"在也可蒙古地区，有一个人叫成吉思，他开始成为'上帝面前的勇敢猎人'。"❶ "上帝面前的勇敢猎人"，这出自《旧约·创世纪》的第十章。蒙古（Mongol）与《启示录》中所说的魔鬼部族歌革（Gog）和玛各（Magog）发音很像，而鞑靼（Tartar）与拉丁文中"地狱"（Tartarus）写法很像，于是"鞑靼人从地狱中来，蒙古人就是歌革和玛各的部族"。❷ 于是"魔鬼"成为蒙古人的形象代名词。撒旦的诱惑是上帝的考验，于是坚决抵御蒙元大军就得到了解释。腓特烈二世在写给英王亨利三世的信的结尾，说"他信赖上帝，希望靠基督教国家的共同力量，鞑靼人最终将会赶回他们的地狱里去"。❸ 而那些稍稍表露出来的敬仰，一方面因为蒙元大军给对手伊斯兰世界造成了毁灭性的伤害，而对欧洲的西征浅尝辄止，并未造成毁灭性的后果，另一方面也来源于基督教的原罪观念和《圣经》的语义传统。蒙元军队的入侵唤醒了西人脑海里面关于"上帝之鞭"的记忆。这场无缘由的灾难不是被看做上帝的考验，而是被看做上帝的惩罚。神迹将伴随苦难显现，而信徒们所做的就是接受上帝的惩罚。因为我们有罪，所以，陌生的部落才会到来，《诺夫哥罗德编年史》曾这样写道。与上帝相连，这种恐惧开始了向敬仰的慢慢转化。由此看来，坚决抵御的态度和流露出来的敬仰，都只是西人面对元蒙入侵所带来恐惧的反应，而这最终要归于对上帝的敬仰。

在恐惧与敬仰这对看似矛盾的情绪中，在中世纪西方人特有的思维方式和宗教心理的影响下，西方人关于东方的印象以蒙古为蓝本开始慢慢形成。随着元帝国的建立，中西交流的增多，西人对东方的印象也慢慢变化，但敬仰与恐惧却始终是这个形成过程的主旋律。

（刘双双，中国传媒大学文法学部文学院 2012 级硕士研究生）

---

❶ ［意］柏朗嘉宾著，耿昇译：《柏朗嘉宾蒙古行纪》，中华书局 2013 年版，第 40 页。
❷ 周宁：《契丹传奇》，学苑出版社 2004 年版，第 25 页。
❸ ［法］威廉著，何高济译：《鲁布鲁克东行记》，中华书局 2013 年版，第 164 页。

17 世纪法国古典时代的炫耀性文学

■ 许雯瑶

　　17 世纪中期，路易十四开始亲揽朝政，君主专制制度最终在他在位期间确立。路易十四在位的最初几十年，法国文学艺术的象征是凡尔赛宫以及建设、歌颂它的艺术家们。法国君主专制制度以及其象征性的艺术吸引了别国无数羡慕的目光，各地纷纷仿照法国的建筑风格以及城市规划。在17 世纪具有炫耀性的城市文化当中，孕育出了与其相应的炫耀性文学。学者刘易斯·芒福德提出人类文明是城市文化运行产生出来的，所以产生了城市是文明社会的孕育所的观点。文学艺术是由行走穿梭在城市中的作家创作的，刻有明显的城市文化的烙印。因此，从芒福德提出的视角可以分析 17 世纪贵族的炫耀性文学产生的原因以及后来它走向衰落的原因。

一、17 世纪城市文化的发展情况

　　17 世纪是路易十四亲政的时期，也是专制王权发展到顶峰的时期，法国文化这一时期是围绕宫廷文化汇聚的。凡尔赛宫"扩建后的建筑群规模庞大，服务设施齐全，主堡内房间毗连，这些正是这一既高度集中又具行政的专制政权的极具象征性的体现；一切都汇聚于这个权利的中心，包括城市的街道。该城的建设也严格服从整个城市规划的需要"。[①] 宫廷是全城的焦点，皇帝成为城市的主人公，皇宫理所应当地成为全城的中心，决定并影响着城市的发展。

　　[①] ［法］让·凯尼亚著，傅绍梅、钱林森译：《法国文化史》，华东师范大学出版社 2011 年版，第 264 页。

221

17 世纪的城市规划处处彰显着太阳王的威严。凡尔赛宫是巴黎的中心，也是整个法国的中心，由凡尔赛宫向外辐射的大街是当时城市规划的主体部分。轮式车辆交通在 17 世纪很流行，如果街道的规划适应不了这一交通工具，就将一无是处。17 世纪之后，城市开始有了军营，当一个地方发生事故的时候，军队必须在第一时间到达。因此，在这样的双重要求下，城市道路的规划变得异常重要。当时解决这个问题的方案是，把空间划分成为集合形体，这种方案表达出当时社会生活的主导思维。所以，古典主义的城市是星形城市的计划，也称为"清除贫民窟计划"。这种设计的好处在于，小街小巷就好像依附在大道的两边，既能安顿城市的穷人又不妨碍城市的整体规划。此时，"大街是巴洛克城市最主要的象征和主体"，❶ 是军队阅兵炫耀王权的场所。巴洛克城市理论的倡导者阿尔伯蒂认为："把主要大街和次要大街互相区分开来；并且把前者称作 viae militare，或者叫军用大街；而且他要求这种大街必须笔直。……因为他懂得，在阅兵时若想让军队显得威武雄壮，就必须给这个队伍提供一块宽阔的广场，或者笔直轩敞且又连贯通衢的大道。"❷ 由此可见，在古典时代，城市街道的主要功能是作为皇室权威的炫耀场所。此外，这种大道还有一种特别的视觉体验，给人带来前所未有的愉悦感，在此之前，只有在马背上的驭手可以体验这种视觉效果，现在只要一坐上这种轮式的交通工具，就可以得到与王公贵族同样的身体体验。这种体验，把运动的快感和刺激与城市的景观结合在一起，如同骑手在田野或者丛林中驰骋一样。

总而言之，古典时代的街道是给整齐的军队提供阅兵与炫耀的场所，以及创造与王公贵族一样的视觉体验。此外，出于"国王乃由上帝选中的一国之父"❸ 的荣耀感，"路易十四专制政体也运用其他载体百般呵护他的

---

❶ ［美］刘易斯·芒福德著，宋俊岭、李翔宁、周鸣浩译：《城市文化》，中国建筑工业出版社 2012 年版，第 106 页。

❷ 同上书，第 105 页。

❸ ［法］让·凯尼亚著，傅绍梅、钱林森译：《法国文化史》，华东师范大学出版社 2011 年版，第 266 页。

荣耀，从而使造就了一个时代的审美品位的建筑和艺术主题广为传播"。❶
在凡尔赛宫里，路易十四延揽了一大批出色的文学艺术家，在宫廷里面为
他表演。每隔一段时间，他也会让巴黎人观看盛大的表演。那些巴黎人经
过威严的街道，来到凡尔赛宫来观看演出的人群本身组成了一个观众体，
在前往的路上与观看表演的过程中完成了对国王的瞻仰；同时，国王在这
个过程中也实现了他的炫耀。

在宫廷的内部，"现实生活中一切苛刻和残酷都被缩小了，而一切无价
值的东西反而倒被夸大了，美化了"。❷ 这里的一切都充分体现了权利与炫
耀。最典型的代表就是宫廷的礼仪，它"企图用一种戏剧性的场面来强化
和巩固其是所谓上帝赐予的权利"。❸ 宫廷礼仪的存在，是为了在无时无刻
中提醒人们要尊重国王的威严。渐渐地，宫廷的礼仪与消遣娱乐变成责任
和义务，正如普鲁斯特注意到："他们曾经有过积极的责任心，庄重的义务
感，严肃的兴趣和爱好，而现在仅对有关礼貌举止和仪式典礼感兴趣，而
对其他一切都不予认真对待。"❹ 因此，仪式越来越重要，越来越隆重，"其
意已不在宗教信仰，而更在表演场面了"，❺ 佛莱希耶后来这样评价道。因
此，这个时代开始发生了"意义的转向，观者更注重形式的精彩而忽略内
容的深度，追求瞬时的艺术而忽略其持久性"，❻ 这样的时代风尚深深影响
了文学艺术的发展，造就了古典时代矫揉造作的巴洛克风格。

二、宫廷影响下的城市以及城市人

在以宫廷文化为主流的古典时代的城市文化中，城市的发展被烙上了

---

❶ ［法］让·凯尼亚著，傅绍梅、钱林森译：《法国文化史》，华东师范大学出版社 2011 年
版，第 266 页。

❷ ［美］刘易斯·芒福德著，宋俊岭、李翔宁、周鸣浩译：《城市文化》，中国建筑工业出版
社 2012 年版，第 123 页。

❸ 同上书，第 124 页。

❹ 同上书，第 125 页。

❺ ［法］让·凯尼亚著，傅绍梅、钱林森译：《法国文明史》，华东师范大学出版社 2011 年
版，第 271 页。

❻ 同上书，第 271 页。

宫廷文化的烙印。古典时代的宫廷文化不仅成为别国的模仿对象，也成为巴黎的贵族以及上层资产阶级争先效仿的模板。总之，不难看出巴洛克宫廷生活对城市以及城市人的影响。

随着城市空间的变化，城市人的衣食住行也发生了很大的变化。这些变化很大程度上是跟随宫廷贵族的习惯而发生的，最大的变化在于城市人对饮食与卫生的要求。随着宫廷礼仪对城市人生活的影响，人们也开始讲究餐桌礼仪与卫生习惯。盘子、杯子、刀、汤匙、叉子、餐巾和面包，从公共菜盘到家庭调味壶和盐碟，这些餐具慢慢进入了市民的生活，这些原先不必要的礼节现在开始渐渐地成为习惯。人们对烹饪技术的苛刻也显示出宫廷一样的生活品味，这个"主要的区分不再是在吃禽肉和猎物的贵族和吃'大肉'的资产阶级之间，而是在讲究切法的贵族及资产阶级和吃粗快的、切法低级的肉的普通民众之间"❶ 的区别了。甚至，为了打发闲散的时间，又发明了一种新型的家务劳动——家具的养护和伺弄。"中世纪居家生活的固定设备和物品是这样一些装备：椅子，供坐席之用；床铺，无疑是供睡眠用；小圣像，供家居环境里的早晚祷告用；就这么多，再没别的！所以，家具的概念当真是巴洛克生活方式的新的大发明"❷ 人们为了炫耀这些家具，每天需要花费时间去打理，于是，家具的炫耀功能代替了实用功能。这些与宫廷相似的生活追求慢慢融入市民的生活，用以区分贵族与资产阶级、资产阶级与平民的等级差别。

宫廷是全城的焦点，于是在宫廷潜移默化的影响下，城市的规划成为了人们欲望想象的场所。首先，在城市出现了仿照皇宫建筑的"旅馆"，这是"虚假的皇宫"。人们的身体沉浸在仿宫廷的装潢中，并且在这座"虚假的皇宫"中还可以享受到侍应的招待，就如皇宫的主人一样。其次，现代剧场也随之出现了。这种现代剧场具有观众大厅，有固定不动的座位；舞台的大幕一揭开，戏剧就如同橱窗里的商品一般，开始向人们展示。此时，人们是这一出戏剧的消极看客和观众，人们被剥夺了参与感，与沉浸在

---

❶ ［法］菲利普·阿利埃斯、乔治·杜比主编，杨家勤等译：《私人生活史3》，北方文艺出版社2008年版，第240页。

❷ ［美］刘易斯·芒福德著，宋俊岭、李翔宁、周鸣浩译：《城市文化》，中国建筑工业出版社2012年版，第131页。

"虚假的皇宫"里一样,是一种想象的享受。此外,这样的城市还具有游乐园、博物馆、美术馆以及动物园等供人们观赏的场所。总之,这样的城市空间满足了城市人的虚荣以及炫耀自身身份地位的一种心理机制。

此外,17 世纪最大的变化在于私密空间的出现,而且这种私密性是当时贵族才能拥有的奢侈品。因为贵族的住所基本格局是带花园和内院的私人公馆,所以,空间的使用越来越专门化,这也是贵族的特权之一。"在中世纪历史阶段,能享受私密性的只有隐士或者一些洁身自好者,他们往往为了躲避尘世的纷扰,避开凡尘的罪恶和诱惑,分心的事物,退避到单独清静的隐居室里。否则只有王公小姐才能享受到这种清福。而到了 17 世纪,这种独居模式的出现已经是为满足自我的特殊需求。仕女的房间是闺房,先生们则有他们的办公室或者书房,两者都同样神圣不可侵犯。"❶

在这样的私密空间里面,可以进行各种不同的活动。"这里有火炉,旁边是厨具,还有桌子、台子、凳子、空桶、城堡的物品以及寝具,也就是一种人可以睡在上面的东西,但是没有木头床架和床帘。"❷ 从这些摆设中可以看出一种新的文化即将孕育出来,一种围绕着对话、朗读和通信的新生活形成了。"人们在私人房间里面甚至在女人的床边聚会——因为女人通常在这些小'世界'里发挥重要的作用,至少在法国和意大利是这样。当人们用尽了各种谈话和朗读方法,人们就开始参加'社交游戏'——或唱歌或奏乐或进行辩论。"❸ 因此,17 世纪的沙龙文学就在这样的温床上应运而生。

三、文学在城市生态中的位置

古典时代的文学艺术只有一个使命,无论在主题思想上或者在语言风格的表达上,文学艺术的使命就是歌颂与炫耀王公贵族,并且营造一个光

---

❶ [美] 刘易斯·芒福德著,宋俊岭、李翔宁、周鸣浩译:《城市文化》,中国建筑工业出版社 2012 年版,第 136 页。

❷ [法] 菲利普·阿利埃斯、乔治·杜比主编,杨家勤等译:《私人生活史 3》,北方文艺出版社 2008 年版,第 189 页。

❸ 同上书,第 8 页。

辉灿烂的欲望的氛围。17 世纪古典城市的一个重要变化就是私密空间的出现以及对私密关系的承认。伴随着私密空间出现的是一种新型的文学——沙龙文学，这种文学往往以女主人为主角，并开展诗歌批判、私信公开阅读或者社交游戏等。贵族的炫耀型文本，笔者认为可以分为两种，一种是面向公众的炫耀，主要是表现在贵族与贵族之间的攀比和贵族相对于平民的优越感；另一种炫耀是来自法兰西民族的炫耀，主要体现在歌颂法兰西傲人的文学文化传统，这种文学文本更多的是体现在七星诗社的文本中。

　　法国的沙龙贵族文人群体兴起于巴黎近郊的朗布耶府邸，朗布耶侯爵夫人的沙龙活跃了半个多世纪。在她的沙龙活动里，经常出入的有高乃依、莫里哀等文学家以及博须埃等名流。沙龙的特点之一就是讲究言谈的文雅和高尚，讲究词语的雅致。书信，是与沙龙生活并驾齐驱地反映上流社会情趣的重要形式。而沙龙文人的咬文嚼字不仅表现在口头评论中，更体现在书信这一形式上。塞维尼侯爵夫人的书信是最为人称道的，也最能体现典型沙龙文人雅致的特点。比如在她写给女儿的一封评论卡斯通公主婚礼的信中这样道："我要告诉你的事件，是最所曾未闻、最所曾未见、最令人惊异、最出人意料、最不可思议、最无从预料、最无法置信、最神奇又最成功、最独特又最平凡、最重大又最微小、最罕见又最普通、最惹人注目又最不为人察觉，总之，它是最引起轰动又最使人羡想的事件了。"❶ 也就是，要成为一个合格的文人雅士，必须具备把一个普通的句子转化成一个典型的沙龙风格句子的能力。一个极为普通的句子"我早晨起不来床"，成为标准的沙龙语言应该是这样的："又一天，也总是相同的一天，我的一天，但也是你的一天，从某种意义上说，就像'普通'老百姓一样，破晓/制约（我）：（进入了白天）在孩提时，我总爱睡懒觉——（谎言还是想象?）。白痴，（我的?）母亲（妈妈）过去常说，唉，起床这个过程是多么难受，地狱，恐怖，痛苦，悲哀，烦恼。"❷ 总之，贵族文人群体对法语的咬文嚼字，实际上形成了一种贵族文人的语言文化。这种高雅的语言文化实际上去除了法语中低俗的、让人感觉不舒服的词汇。

---

❶ 奥尔维尔：《十七世纪法国文学史》（法文版），阿蒂耶出版社 1985 年版，第60 页。
❷ 敖军：《法兰西的智慧：感性与理性的结晶》，浙江人民出版社 1994 年版，第 15 页。

实际上，这种文风的出现与城市的发展有着密切的联系。在前面两部分的分析当中，实际上，沙龙这种矫揉造作的文风是贵族从学习宫廷文化演变而来的。贵族既可以生活在皇宫里，也可以生活在自己的府邸中，所以贵族们自然而然就把宫廷的这种典雅又刻板的表达风格融入了自己的表达之中。再加上贵族们的荣耀不仅可以通过礼仪或者在物质上表现出来，还可以通过文学、艺术、精神方面表达出来。当贵族们想区别于平民百姓而超脱他们的办法就是，在言谈举止以及审美趣味上高于一般的平民百姓。

另一种文学文本是来自七星诗社的诗歌。七星诗社自成立之初就打着恢复古希腊文学传统的旗号，他们的诗歌中不管是词汇还是思想内容，皆引自古希腊的神话传说，意在指明法兰西的文学文化传统是与古希腊一样悠久优秀。他们学习希腊的遣词造句并且发表《保卫和与发扬法兰西语言》，企图使法语成为可以与拉丁语相媲美的语言。在七星诗社的诗集中，对古希腊典故的引用现在已经成为文学批评家们研究的对象。在诗人对希腊典故的引用当中，延续抒情诗传统的同时，需要注意到对词的引用、音律的运用以及思路的表达在新的诗歌格局中的相互呼应。比如，在龙沙的《爱情》（*Les Amour*，1553 年编辑出版的诗集）第 20 首十四行诗中对希腊典故的引用以及诗句的遣词造句。

> Je voudroi bien richement jaunissant
>
> En pluïe d'or goute à goute descendre
>
> Dans le beau sein de ma belle Cassandre,
>
> Lors qu'en ses yeus le somme va glissant.
>
> Je voudroi bien en toreau blandissant
>
> Me transformer pour finement la prendre,
>
> Quand elle va par l'herbe la plus tendre
>
> Seule à l'escart mile fleurs ravissant. ❶

---

❶ ［法］艾瑞克·马克菲尔："丰富的韵律——龙沙情歌中的声学意向"，载《法国论坛》2002 年第 27 卷第 2 期。

在这首十四行诗中，卡珊德拉（Cassandre）是希腊神话中的特洛伊公主，阿伯罗列爱上了她并赋予她预言的能力。但是她不接受阿伯罗列的爱，于是太阳神让世人不相信她的语言。她曾经预言特洛伊城必将被毁灭，也曾经发出警告让世人小心希腊人留下的木马，但是没有人相信她的话，还把她当成愚蠢的人。在现在的法语中，"carssandre"一词有愚蠢可笑的意思。而在龙沙的生活中，卡珊德拉是他在舞会上认识并深深地迷上了她的一个女子。龙沙在这首抒情诗中，将希腊神话传说引入他的诗歌里，并在内容和形式上相互呼应，达到对卡珊德拉的赞美以及爱慕之情。因此，在这首十四行诗中，头韵 S 以及前两个诗句中的分词形式"jauissant""glissant""blandissant"是对"Cassandre"名字的呼应。甚至可以认为，"cent"（cent 在法语中表示一百）这个音节贯穿了龙沙的整首诗，主要是为了强化这首诗歌的音律以及龙沙对卡珊德拉的爱慕。正如诗人受到了一百朵鲜花的引诱和一百次箭穿心，他经历了一百种生与死；在卡珊德拉的眼里，他正经历一百次蜕变。因此，"cent"的发音不仅仅是加强了诗歌的韵律，更是对卡珊德拉爱慕的呼唤。在龙沙的这首十四行诗中，可以看出当时诗人对诗歌遣词造句的苛求就如宫廷里对礼仪的要求一样。除了刻板冗杂之外，又表达了这个时代的主题，即歌颂和炫耀法兰西文学文化传统的优秀。

"18 世纪，一些这类团体开始采用正规的形式，他们组织为俱乐部、思想协会或学院，在这个过程中，它们丧失了一些自发性，而变成了公共机制。"❶ 17 世纪，沙龙文人在私密空间里面进行文学创作；但是进入 18 世纪，资产阶级的力量开始壮大，贵族们被迫放弃矫揉造作的文风而不得不使用与贫民一样的语言，因此贵族们被迫放弃炫耀自身地位的文风。

现代性的兴起，人们开始从家庭走出，去大街、咖啡馆、百货商场等公共场所，私密空间的意义也随之发生了转变。随着工业化和现代性在 18 世纪的进一步发展，家庭渐渐地成为人们避难的场所。"家庭成了私人生活的焦点，它的意义改变了。它不再仅仅是一个经济单位，为了它的繁衍生

---

❶ ［法］阿利埃斯、杜比主编，杨家勤等译：《私人生活史 3》，北方文艺出版社 2008 年版，第 8 页。

息一切东西都必须被牺牲。它不再是对个人自由的一个限制因素，也不再是一个由女人控制的地方。它变成了一个全新的东西：避难所。人们为了避开外人的窥测而逃遁其中；一个感情寄托的中心地带；一个不管怎样孩子都是注意焦点的地方。"❶ 家庭被迫成为城市人的避难所，私密空间的意义也发生了改变，它不再是对男女之私的承认，而是成为城市人宣泄情感的地方。在此意义下，人们再也没有闲情逸致在客厅或者卧室进行一系列社交活动，贵族在沙龙中创作的赋有炫耀性的文学文本也随之走向了衰落。

（许雯瑶，中国传媒大学文法学部文学院 2012 级硕士研究生）

---

❶ ［法］阿利埃斯、杜比主编，杨家勤等译：《私人生活史 3》，北方文艺出版社 2008 年版，第 8 页。

论《洛丽塔》的现代性和后现代性的特点

■ 谭雪松

　　纳博科夫的《洛丽塔》自问世以来总有说不完的话题，用纳博科夫本人的话说："我既不读教诲小说，也不写教诲小说。不管约翰·雷❶说了什么，《洛丽塔》并不带有道德说教。只有在虚构作品能给我带来我直截地称之为美学幸福的东西时，它才是存在的；那是一种多少总能连接上与艺术（好奇、敦厚、善良、陶醉）为伴的其他生存状态的感觉。"❷ 可见，纳博科夫强调的是《洛丽塔》的虚构性，而非道德说教类的指向。

　　现代派和后现代派的小说家们尤其看重作品的虚构性。小说的虚构性直接挑战了现实主义文学创作原则之一"艺术地再现客观真实"，既是虚构，又如何反映客观真实？这是一个"二律悖反"命题。纳博科夫在谈创作《洛丽塔》时曾说："所有其他的书不是应时的拙劣作品，就是有些人称之为思想文学的东西，而这种东西往往也是应时的拙劣作品，仿佛一大块一大块的石膏板，一代一代小心翼翼地往下传，传到后来有人拿了一把锤子，狠狠地敲下去，敲着了巴尔扎克、高尔基、曼❸。"❹ 纳博科夫的创作观

---

　　❶ 纳博科夫为《洛丽塔》序文设置的虚构笔者，是由他推荐了亨伯特的自白书，即《洛丽塔》。

　　❷ ［美］纳博科夫著，主万译：《洛丽塔》，上海译文出版社 2005 年版，附文《关于一本题名＜洛丽塔＞的书》，第 500 页。

　　❸ 托马斯·曼（1875～1955），德国小说家、散文家，1929 年诺贝尔文学奖获得者。作品多揭露和批判资本主义的腐朽。因抨击纳粹政策于 1933 年流亡国外，1944 年加入美国国籍。——译者注

　　❹ ［美］纳博科夫著，主万译：《洛丽塔》，上海译文出版社 2005 年版，附文《关于一本题名〈洛丽塔〉的书》，第 500 页。

显然不是现实主义的，而是现代主义的，甚至是后现代主义的。《洛丽塔》或《一个白人鳏夫的自白》，从头到尾都是那个名叫亨伯特·亨伯特的自述，内心独白。这是典型的现代主义文学的回归自我的手法，再者，由于纳博科夫采用了"消解"作者的手法，也使得《洛丽塔》一书成为具有后现代主义特质的小说。

一、小说的现代主义特点

《洛丽塔》这部小说确实体现了西方现代主义小说的虚构性，讲究技巧、情境、结构、语言，意义荒诞，推崇纯文学、精英文学，运用内心独白、自由联想等手法几方面的特点。下面从小说的虚构性和荒诞性两方面分析《洛丽塔》的现代主义特点。

（一）虚构性与内心独白相结合

《洛丽塔》虚构性主要体现在"不可靠叙述"方面。"不可靠叙述"是指叙述者以特定的视角叙述其所思所为；这种表述完全背离读者的心理价值观或习俗，非但使读者产生陌生化的心理距离，而且引起对叙述者的叙述强烈的、不可靠的质疑。在小说的序文中向叙述接受者（读者）推荐《洛丽塔》及其"作者"的小约翰·雷博士，就是一个不可靠叙述者。这位雷博士首先声明："这篇记述的作者，'亨伯特·亨伯特'，已于 1952 年 11 月 16 日在法定监禁中因冠状动脉血栓症而去世……"，❶ 他是受托于亨伯特·亨伯特的律师为《洛丽塔》一书做序言的。继而雷博士又说："这部回忆录作者离奇的外号（指英文的 H. H.，即亨·亨）是他自己杜撰的。……有关亨·亨罪行的材料，爱好盘根究底的人不妨去查阅 1952 年九、十两月的日报。"❷ 哪家日报、哪天哪版的报导？雷博士都没有明确解释。"自白"作者的名字还是他自己起的外号，那么，小说里有哪一点是真实的？或者反过来推断：法院还没有开庭审理，亨·亨就因病去世；实际上，亨·亨是无罪的！显然这是虚构性的说法，即"不可靠叙述"。那么，雷博士显然就

---

❶ ［美］纳博科夫著，主万译：《洛丽塔》，上海译文出版社 2005 年版，第 1 页。

❷ 同上书，第 2 页。

是一个不可靠叙述者。由一个不可靠叙述者引出另一个叙述者，其结果还是不可靠叙述者。

　　"《洛丽塔》或《一个白人鳏夫的自白》"❶ 的叙述者，主人公亨伯特·亨伯特，就是以一个"疯子"的独特视角抒发他的内心独白和感受的。所谓"疯子"，不过是亨伯特对自己患的"情欲增盛"❷ 症的一种隐喻。以疯子的口吻叙述他的感受，其叙述的内容之可靠性大打折扣。亨伯特在小说的第一部第十一章的开头提到："第二号证据是一本黑色仿皮封面的袖珍日记簿，面子左上角处烫金 en escalier（法文：斜排）印着年份：1947。我提到马萨诸塞州布兰克顿市布兰克·布兰克公司的这件样子好看的产品，好似它当真就在我的眼前。实际上，五年前它就给毁掉了。如今（凭着摄影般的记忆）我们所研究的，不过是它简略的实体，一个羽毛未丰的小不死鸟。"❸ 这段话提到的"布兰克顿市"和"布兰克·布兰克公司"都是英文 black——空白之意，即"子虚乌有"的城市和公司。用意很明显，亨伯特的叙述均非真实的，以这样的文字游戏告诉读者他就是个"不可靠叙述者"。非但如此，小说里的"性感少女"洛丽塔、勾引洛丽塔的克莱尔·奎尔蒂以及与洛丽塔有关的人物无一不是虚构的。

　　亨伯特在他的自白中，以幻想式的方法，讲述了一个小仙女❹洛丽塔的变形神话故事。亨·亨的叙述主线：什么是"性感少女"——寻找"性感少女"——找到"性感少女"洛丽塔——以继父加情人的身份陪同洛丽塔旅游——洛丽塔"性感少女"的特点逐渐消失并且失踪——再次寻找洛丽塔并查询拐骗洛丽塔的克莱尔·奎尔蒂的踪迹——找到已为人妻并且怀孕的洛丽塔，打听到了奎尔蒂的下落——枪击奎尔蒂，复仇成功。这些略去细节的主线，简直是现代版的骑士传奇故事；可以说是虚构中的经典虚构。也非常像 19 世纪法国具有浪漫主义艺术气质的现实主义作家普罗斯佩尔·

---

　　❶ ［美］纳博科夫著，主万译：《洛丽塔》，上海译文出版社 2005 年版，第 1 页。是序文的第一句话。

　　❷ ［美］纳博科夫著，主万译：《洛丽塔》，上海译文出版社 2005 年版，第 25 页注释。

　　❸ ［美］纳博科夫著，主万译：《洛丽塔》，上海译文出版社 2005 年版，第 63 页以及注释①②③。

　　❹ 纳博科夫称《洛丽塔》是一个神话故事，他的性感少女是一位"神仙公主"。参见［美］纳博科夫著，主万译：《洛丽塔》，上海译文出版社 2005 年版，第 25 页注释。

梅里美著名短篇《卡门》中的某些情节，至少亨·亨叙述过程中，多次提及小说《卡门》里的某些细节。由此可见，《洛丽塔》的虚构性是毋庸置疑的。而且所有叙述都是由亨·亨的内心独白和自由联想构成，考虑到小说的主要人物都已逝去，亨·亨的叙述既无证人，也无证言；唯有雷博士在序文中对亨伯特模棱两可的评论。

（二）小说意义的荒诞性

《洛丽塔》一书的虚构性和"不可靠叙述"奠定了小说意义荒诞性的基础。从头到尾，《洛丽塔》并没有出现像 20 世纪德国表现主义作家弗兰兹·卡夫卡的《变形记》"人变虫"的荒诞情节，但《洛丽塔》的荒诞性确实存在。其荒诞性主要体现在：（1）亨伯特对乱伦之恋的辩解和洛丽塔是否勾引了亨伯特；❶（2）小说在洛丽塔失踪和亨·亨找到克莱尔·奎尔蒂为之复仇两个情节（姑且称为情节）构成荒诞性的两个方面。

首先，看亨伯特是如何为自己乱伦行为辩解的。乱伦之恋在西方的文学作品里并不鲜见，最典型的例子是古希腊悲剧诗人索福克勒斯的经典悲剧《俄狄浦斯王》。俄狄浦斯一出生就背负着"弑父娶母"的命运，无论他怎样摆脱命运的罗网，最终还是在弑父娶母的事实证明下，刺瞎双眼、自我流放。英雄末路，究竟还是英雄。但亨伯特不是什么英雄，按照雷博士的话说："他反常变态。他不是一位上流人士。"❷ 像亨·亨这样一个变态的小人物，他存在的全部意义恐怕就在"情欲"一词上。不然，他不会反复地强调什么是"性感少女"，❸ 幻想让"性感少女"们"永远在我四周玩耍，永远不要长大。"❹ 这种"性感少女"的恒定模式本身就是荒诞的，荒诞之处就在于亨伯特将性感少女的年龄与时间关系割裂，只求看到的是一种现象，因亨伯特而存在的一种现象。而亨伯特对洛丽塔的乱伦之恋就是建立在"性感少女"的模式上。如雷博士所说："在他的自白书里，自始至

---

❶ 译文为："陪审团冷漠的女士们！……我来告诉你们一件十分奇怪的事：是她勾引了我。"参见［美］纳博科夫著，主万译《洛丽塔》，上海译文出版社 2005 年版，第 207 页。

❷ ［美］纳博科夫著，主万译：《洛丽塔》，上海译文出版社 2005 年版，第 4 页。

❸ "亨·亨对'性感少女'的界定是 9～14 岁女孩，且具有区别于她们同龄的女孩的难以捉摸、变换不定、销魂夺魄、阴险狡黠的魅力。"参见［美］纳博科夫著，主万译：《洛丽塔》，上海译文出版社 2005 年版，第 25 页。

❹ ［美］纳博科夫著，主万译：《洛丽塔》，上海译文出版社 2005 年版，第 31 页。

终闪现出一种力求诚实的愿望，但这并不能免除他凶残奸诈的罪恶。"❶ 一方面，亨·亨从历史事实中找出若干例子说明男子爱恋上一位年龄娇小的性感少女并无不妥。他举出欧洲文艺复兴的文学巨匠均是如此的例子，如但丁爱上贝雅特丽齐时，贝雅特丽齐只有 9 岁；23 岁的弗朗西兹·彼得拉克爱上劳拉时，劳拉才 12 岁；❷ 19 世纪美国第一代浪漫主义诗人爱伦·坡 27 岁娶他的表妹弗吉尼亚为妻时，弗吉尼亚才 13 岁。❸ 这些女孩都是在亨伯特"性感少女"的年龄段内，而且是历史上的真实人物。这就是亨伯特，用历史名人证明他对性感少女的年龄界定是有事实根据的。另一方面，亨·亨还举出法律条文证明自己占有洛丽塔的乱伦行为并没违反法律，❹ 他辩解道："我只不过顺应自然。我是自然忠诚的猎狗。"❺ 无论历史事实或者过了时的法律条文，这种用真实消除虚假的做法，只不过是欲盖弥彰。亨伯特力求诚实的愿望并没有消解他乱伦之恋的荒诞性，反而使得亨伯特的自我辩解愈加可笑、愈加荒谬。

其次，洛丽塔是否勾引了亨伯特？这个节点是构成《洛丽塔》荒诞性的关键。尤其是亨·亨对陪审团冷漠的女士们大声说出"我来告诉你们一件十分奇怪的事：是她勾引了我"这句话时，简直就像表演中国的相声抖了一个大包袱——令人捧腹大笑。前面，亨伯特旁征博引地举例、煞费苦心地谋划，就是想全身心地占有洛丽塔这个性感少女。到头来，在亨·亨终于占有洛丽塔的那个清晨，却发现她不是亨伯特的唯一，洛丽塔已失去了童贞。亨·亨理所当然地认为"性感少女"本应是纯洁的，保持着童贞之身。但却不料，他煞费苦心追求"诚实的愿望"在这个令他颤栗不已的清晨彻底破灭。一句话"是她勾引了我"消解了《洛丽塔》第一部的全部意义，亨伯特的任何自白都是废话，无意义的。无论亨·亨怎么装扮让 - 雅克·亨伯特（让 - 雅克·卢梭❻），他的自白全然无忏悔之意。直至小说结尾，亨伯特终于承认："如果我站到我自己的面前受审，我就会以强奸罪

---

❶ ［美］纳博科夫著，主万译：《洛丽塔》，上海译文出版社 2005 年版，第 4 页。
❷ 同上书，第 29 页。
❸ 同上书，第 67 页。
❹ 同上书，第 213 页的注释①②③④。
❺ 同上书，第 214 页。
❻ 同上书，第 194 页的注释。

判处亨伯特至少35年，而对其余的指控不予受理。"❶ 亨伯特终于对占有洛丽塔认罪了！所以，亨伯特的那句"她勾引了我"不过是推脱罪责的借口。

最后，洛丽塔的失踪和亨伯特的复仇是小说荒诞性的结果。亨伯特从未设想过如何与超出15岁的"性感少女"洛丽塔相处，尽管亨伯特早先曾有过念头："我知道我已经永远爱上洛丽塔了，但是我也知道她不会永远是洛丽塔。到一月一日，她就十三岁了。再过差不多两年，她就不再是一个性感少女，而变成一个'年轻姑娘'，随后再变成一个'女大学生'——最最讨厌的人物。'永远'这个词仅就我自己的激情而言，仅就反映在我血液中的那个不朽的洛丽塔而言。"❷ 亨伯特在意的只是性感少女的洛丽塔，超过15岁的洛丽塔就是亨·亨最最讨厌的女性。所以，洛丽塔的失踪并不离奇，离奇的是亨·亨对这件事的反映和行为。整个过程像是蓄谋好的，由亨伯特上演了一出荒诞闹剧。先是借口头痛在家酗酒，拖延不去医院接洛丽塔出院；至他离开洛丽塔的第三天下午才打电话到医院咨询。听说洛丽塔已经被她舅舅接走并且结清住院费用，这才怒气冲冲地开车去医院问罪。快到医院时，剐蹭别人的轿车却不停车；到了医院的问讯处，辱骂患者家属并大声叫嚷。结果，轿车受损的车主叫来警察，亨·亨好汉不吃眼前亏，向那个车主赔礼道歉还赔偿损失；却拒绝向那个被辱骂的患者家属道歉，被医护人员扣住，当作精神分裂症患者处置，住院检查好几天。等到亨伯特出院，洛丽塔早已不知所踪。至此，亨·亨摆脱洛丽塔的目的达到了。就是这样一个"凶险奸诈"的疯子竟还要为洛丽塔复仇，或者说亨伯特是要清算夺去自己性感少女的情敌。两个荒谬片段的叠加，加深了小说的荒诞性，真是绝妙的讽刺！

复仇的过程更像是慢镜头的喜剧短片：亨伯特和奎尔蒂见面后的谈话像是一场生意谈判；当奎尔蒂看到亨伯特手上的小手枪时，竟以为亨伯特是来推销手枪的。不等亨·亨开枪，奎尔蒂猛扑到亨伯特身上，打落了他的手枪。为了找到掉在柜子底下的手枪，亨伯特和奎尔蒂打成一团："我们又搏斗起来。我们抱成一团，在地板上到处乱滚，好像两个无依无靠的大

---

❶ ［美］纳博科夫著，主万译：《洛丽塔》，上海译文出版社2005年版，第493页。

❷ 同上书，第100～101页。

孩子。他浴衣里面是赤裸裸的、淫荡的肉体。在他翻到我身上的时候，我觉得要透不过气来了。我又翻到他的上面。我被压在我们下面。他被压在他们下面。我们滚来滚去。"❶（注意亨伯特的用词，他说的是"我被我们压在下面。他被他们压在下面。我们滚来滚去。"）两个人好像不是被对方扭打，而是被不知是谁的"我们"或"他们"扭打。当奎尔蒂躲到音乐室里弹钢琴时，亨伯特终于向他的肋部开了枪并且击中。然而，奎尔蒂像影片里的人物，无论亨伯特怎么开枪击中他，他都不死。奎的脸被打掉了四分之一，满嘴冒血泡，可亨·亨就是不能确认奎尔蒂是否死了。复仇或者说谋杀的这个过程延续了一个多小时，亨伯特觉得奎尔蒂应该死了，下楼向客厅里等着奎去看球赛的一干人声明他杀死了奎尔蒂。然而，奎尔蒂又缓慢地从卧室走出来站在楼梯口，"……站在那摇摇晃晃，不住喘气，随后慢慢倒了下去，这一次是永远倒了下去，成了一堆紫红色的东西。"❷ 就连复仇者亨伯特都认为："这就是奎尔蒂为我上演的这出匠心独运的戏剧结局。"❸ 漫长的复仇过程没有给亨伯特带来快感，反而使他心情沉重，奎尔蒂的死亡反射出亨·亨的人生结局，只不过亨伯特仅比奎多生存了两三个月而已。这种戏剧性的复仇、戏剧性的描述和戏剧性的结局，使整部小说的意义都弥漫着荒诞气息。这种荒诞抹消了生存与死亡的差异，使小说充满了滑稽效果。

二、小说的后现代主义特点

学术界对纳博科夫的小说究竟属于现代派范畴还是属于后现代派的范畴，争论不一。就《洛丽塔》而言，现代主义和后现代主义特点都很明显；因为纳博科夫把小说当作一种游戏创作，强调作品的艺术性和美感，探索有别于传统现实主义文学的创作方法。这种探索的结果就是为后现代派小说开拓了新境界。

后现代主义文学总体特征归纳起来有以下几点：（1）深度模式的消解。

---

❶ ［美］纳博科夫著，主万译：《洛丽塔》，上海译文出版社 2005 年版，第 479 页。

❷ 同上书，第 488 页。

❸ 同上。

就是对一切秩序和结构的消解。（2）作品的不确定性。不确定性包括结构扑朔迷离，意义难以追寻，人物行为缺乏合理的动机。后现代主义的不确定性在文本中还包括主题的不确定、体裁的不确定、人物形象的不确定和情节的不确定，涵盖含混、多元性、随意性、反常、变形等概念。（3）后现代派遵循以"语言为中心"的创作原则，高度关注语言实验和革新。后现代派作家认为：语言本身就是意义。所以，后现代派作家不断探索新的语言艺术挖掘语言的符号和代码功能。（4）倡导叙述方式的游戏性，读者能从阅读中获得极大的愉悦。手法包括戏仿、拼接等。❶《洛丽塔》一书的后现代主义特点在上述四个方面均有体现。因篇幅所限，下面着重分析除"以'语言为中心'的创作原则"外的其他三个特点。

（1）《洛丽塔》深度模式的消解。纳博科夫在《洛丽塔》一书中全面消解了作者本人。消解的结果是，《洛丽塔》的假作者亨伯特在叙述过程中获得了绝对自由，亨伯特占有绝对话语权。凡是不在"性感少女"之列的女性，他可以任意褒贬；凡是在洛丽塔周围的男性，甚至连洛丽塔已故生父也不例外，都被视为情敌。而洛丽塔呢？读者几乎听不到她的话语，即使洛丽塔表现出对亨伯特的厌恶，也被亨伯特看成是她任性的举动和言语，并不给予理睬。这是作者被消解的有利之处，亨伯特的内心独白只反映他自己感受的真实，而且可以让他自己为所欲为。其实，作者并没有真正退出叙述，亨伯特裹挟着洛丽塔长达一年的漫游，是纳博科夫与妻子微拉捕捉蝴蝶经历过的路线；基于对美国汽车文化的了解，纳博科夫让亨伯特查找奎尔蒂下落时，除去化名，只找到了几个车牌号：WS1564、SH1616、Q32888、CU88322。前两个车牌号是莎士比亚的出生年和去世年，前面的大写字母 WS 是威廉·莎士比亚姓名的第一字母，SH 表示莎士比亚的姓氏头两个字母；后两块车牌号的字母是暗指奎尔蒂，如果把后两块车牌号数字相加等于 52，预示着洛丽塔、亨伯特、奎尔蒂都死于 1952 年。看来纳博科夫为亨伯特设置了多个陷阱，让亨伯特陷入谜团中无法自拔。这种滑稽的安排，也只能是作者设置，亨伯特无法为自己设定陷阱。

（2）《洛丽塔》的不确定性。既然纳博科夫"既不读教诲小说，也不写

❶ 汪小玲主编：《纳博科夫小说艺术研究》，上海外语教育出版社 2008 年版，第 127～128 页。

教诲小说"，那么，《洛丽塔》究竟是部什么性质的小说？这可真是个谜题，小说的意义难以解读。雷博士评论《洛丽塔》时是这样说的："作为一份病历，《洛丽塔》无疑会成为精神病学界的一本经典之作。作为一部艺术作品，它超越了赎罪的各个方面；而在我们看来，比科学意义和文学价值更为重要的，就是这部书对严肃的读者所应具有的道德影响，因为在这项深刻的个人研究中，暗含着一个普遍的教训；任性的孩子、自私自利的母亲、气喘吁吁的疯子——这些角色不仅是一个独特的故事中栩栩如生的人物；他们提醒我们注意危险的情形；他们指出具有强大影响的邪恶。《洛丽塔》应该使我们大家——父母、社会服务人员、教育工作者——以更大的警觉和远见，为在一个更为安全的世界上培养出更为优秀的一代人而做出努力。"❶ 雷博士的道德说教虽是纳博科夫的设置，但却无关小说的宏旨，也不能作为解释小说意义的佐证。如果按照纳博科夫的解释："只有在虚构作品能给我带来我直截地称之为美学幸福的东西时，它才是存在的；那是一种多少总能连接上与艺术（好奇、敦厚、善良、陶醉）为伴的其他生存状态的感觉"，❷《洛丽塔》的主人公亨伯特的品性，除了好奇，其他与敦厚、善良、陶醉均不沾边；而亨伯特的存在状态与艺术或美学幸福也无直接关系。恐怕这种扑朔迷离的神秘感和纳博科夫创作小说的独特技巧才是《洛丽塔》刊行于世的意义。换言之，《洛丽塔》意义的不确定性，或者无意义，即是小说的真正意义。

小说的不确定性还在情节方面有所体现。这部貌似自白书的小说没有真正传统意义上的情节，被亨伯特叙述出来的琐事都是一个个"点"并由此而引发的内心感受，进而构成亨伯特 40 岁之后的某段人生轨迹，而非故事。所以，情节的不确定性亦是这部小说的一大特点。

（3）《洛丽塔》叙述方式的游戏性。纳博科夫本就认为小说创作是种游戏，在《洛丽塔》一书中，运用戏仿和拼接的手法，将游戏性发挥到极致。说到"戏仿"，纳博科夫并不是像詹姆斯·乔伊斯的《尤利西斯》整体戏仿荷马史诗的《奥德赛》，而是根据叙述的需要"散点"戏仿，❸ 或按需要拼

---

❶　[美] 纳博科夫著，主万译：《洛丽塔》，上海译文出版社 2005 年版，第 4 页。

❷　同上书，附文《关于一本题名〈洛丽塔〉的书》，第 500 页。

❸　"散点"戏仿是本文笔者借用中国传统画技中的"散点"透视一词组成的。

接。小说的第一部第一章就提到了"六翼天使"，这是从 19 世纪美国第一代浪漫主义诗人爱伦·坡一首名为《阿娜贝尔·李》的诗歌里撷取的。亨伯特回忆自己少年时代 13 岁的小恋人，后随家人移居海外，半年后染病去世，这与爱伦·坡的妻子，也是他的表妹，13 岁嫁给爱伦·坡，因病一年多后去世的状况很像，于是，就用阿娜贝尔·李命名亨伯特少年时代的小恋人。遇到洛丽塔后，亨伯特又将自己的这段早殇之恋投射到洛丽塔身上，时不时称洛丽塔为多洛蕾丝·李。❶ 在《洛丽塔》中，主要人物——克莱尔·奎尔蒂、多洛蕾斯·黑兹、亨伯特本人，都在一部介绍剧作家、演员的《舞台名人录》中出现；他们上演的剧目恰恰预示了小说中人物的命运。纳博科夫为亨伯特推迟了这些剧作家和演员的出生时间，使他们与亨伯特生活在同一时空里。就像现实主义文学作品中的人物，必得有现实生活中的原型一样，纳博科夫也为《洛丽塔》戏仿了人物原型，不是生活中的，而是作品中的。这种游戏手法令人感到非常滑稽，其虚构性一目了然。非但如此，整部小说就像一部谜语，当读者看到谜底时，才发现纳博科夫早在前面埋下伏笔。读者就像捉迷藏一样，在游戏中了解故事的来龙去脉。

在《洛丽塔》中，亨伯特提到类似的欧美著名诗人、作家不下五六十位，他们有古希腊、罗马时代的诗人，文艺复兴时期的欧洲文学巨匠，启蒙时代的著名思想家，19 世纪欧美浪漫主义和现实主义诗人或小说家，还有与纳博科夫同时代的诗人和小说家。有的诗人的作品被纳博科夫拿来戏仿，有的则是用来拼接。如亨伯特对着假想的陪审团成员发誓赌咒时，就直接拼接思想家的姓名，称自己为让－雅克·亨伯特，用以表示他的自白书堪比让－雅克·卢梭的《忏悔录》。又如，亨伯特找到奎尔蒂复仇时，事先拟好了一份约 32 行诗歌体的"判决书"，体例仿照的是 T. S. 艾略特❷的《圣灰星期三》一诗。亨伯特准备开枪前，让奎尔蒂自己大声念这份"判决书"，以便达到"惩恶扬善"的目的。❸ 由于亨伯特"拼接"了艾略

---

❶ 多洛蕾斯是洛丽塔的正式名字，洛丽塔为昵称。洛丽塔姓黑兹，亨伯特称呼多洛蕾丝·李，是将阿娜贝尔与洛丽塔合二为一了。

❷ T. S. 艾略特（1888～1965），英国现代派诗人、文学评论家。1922 年发表长篇诗歌《荒原》而蜚声欧美文坛；1947 年因诗歌《四个四重奏》获诺贝尔文学奖。

❸ ［美］纳博科夫著，主万译：《洛丽塔》，上海译文出版社 2005 年版，第 479～482 页。

特的诗，奎尔蒂刚读第一诗节，就说不懂。结果，宣读判决书变成了"诗歌研讨座谈"，两个人在这节骨眼上品评起了诗歌，一点没有"惩恶扬善"的气氛。这种滑稽、荒诞的场面，不仅消除了亨伯特决意复仇的沉重感，也使后面的章节具有浓厚的抒情色彩。在《洛丽塔》一书中，这种戏仿（戏说）、拼接的"桥段"俯拾皆是，时时令人捧腹不已。

对《洛丽塔》全面的分析，让人读懂了纳博科夫为何"不读教诲小说，也不写教诲小说"的目的。其实小说就是小说，没有必要人为地附加上道德说教、社会功能甚或是商业功能，小说能承载的除了艺术性，也就是美学功能，仅此而已。

（谭雪松，中国传媒大学文法学部文学院副教授）

"傻瓜"与现实的较量

——《傻瓜吉姆佩尔》和《我没有自己的名字》 中"傻瓜"形象之比较

■ 张兰英

余华在谈到影响他的 10 部短篇小说时选择了艾萨克·辛格的《傻瓜吉姆佩尔》（以下简称"傻瓜"）。他毫不吝惜地赞美道：

> 《傻瓜》是一部震撼灵魂的杰作，吉姆佩尔的一生在短短几千字的篇幅里达到了几乎是全部的展现，就像写下了浪尖就是写下整个大海一样，辛格的叙述虽然只是让吉姆佩尔人生的几个片段闪闪发亮，然而他全部的人生也因此被照亮了。这是一个比白纸还要洁白的灵魂，他的名字因为和傻瓜紧密相连，他的命运也就书写了一部受骗和被欺压的历史。辛格的叙述是如此的质朴有力，当吉姆佩尔善良和忠诚地面对所有欺压他和欺骗他的人时，辛格表达了人的软弱的力量，这样的力量发自内心也来自深远的历史，因此它可以战胜所有强大的势力。故事的结尾催人泪下……此刻的辛格似乎获得了神的目光，他看到了，也告诉我们：有时候最软弱的也会是最强大的。❶

《我没有自己的名字》的创作正是余华对辛格《傻瓜》的一次成功借

---

❶ 余华：《温暖和百感交集的旅程》，作家出版社 2012 年版，第 14 页。

鉴。两篇小说不约而同地选择了"傻瓜"这一形象作为中心人物，通过人物相似的不幸遭遇展现作家特有的人文关怀。

一、非常态的存在

辛格和余华描写傻瓜的手法如出一辙。

"我是傻瓜吉姆佩尔，我不认为自己是个傻瓜。恰恰相反，可是人家叫我傻瓜。我在学校里的时候，他们就给我起了这个绰号。我一共有七个绰号：低能儿、蠢驴、亚麻头、呆子、苦人儿、笨蛋和傻瓜。"——《傻瓜》❶

"我没有自己的名字，可是我一上街，我的名字比谁都多，他们想叫我什么，我就是什么。他们遇到我时正在打喷嚏，就会叫我喷嚏；他们刚从厕所里出来，就会叫我擦屁股纸；他们向我招手的时候就叫我过来；向我挥手时，就叫我滚开……还有老狗、瘦猪什么的。"——《我没有自己的名字》❷

名字是人最基本的代号，没有名字便意味着毫无尊严可言。吉姆佩尔和来发原先是有名字的，但却被繁多的绰号淹没，最终成为没有名字和尊严的人。两位作家选择"傻瓜"作为作品的中心人物并非偶然。傻是一种非常态的人生状态，一种非理性的存在。作品通过傻瓜的视觉、听觉去观察世界，感受世界，以这种独特的非常态的视角去反讽当今"正常的""理性的"和"文明的"人类。

吉姆佩尔的妻子埃尔卡是不忠诚的，她背着吉姆佩尔和各种各样的男人鬼混，并且所生的孩子没有一个是吉姆佩尔的。但当魔鬼来拉拢吉姆佩尔坠入道德的深渊时，她出现了，从思想和信仰上拯救了吉姆佩尔。埃尔卡的灵魂是上帝的代言人，是向善的代言，埃尔卡的灵魂拯救吉姆佩尔的

---

❶ ［美］辛格：《傻瓜吉姆佩尔》，人民文学出版社 2006 年版，第 1 页。
❷ 余华：《黄昏里的男孩》，作家出版社 2012 年版，第 63 页。

这一做法实际也是对吉姆佩尔的一生做出的一种肯定。《傻瓜》里众多嘲弄吉姆佩尔的人的存在本身就是一种讽刺。拉比说:"圣书上写着,做一生傻瓜也比作恶一小时强。你不是傻瓜,他们是傻瓜。因为使他的邻人感到羞耻的人,自己要失去天堂。"❶

《我没有自己的名字》中以许阿三为代表的头脑健全但刁钻野蛮的人是人性恶的典型,与来发形成鲜明的对比。同时,作家给我们展示了一个更加可怕的现实,许阿三的孙辈也让来发管他们叫"爹",文明被埋进坟墓,"野蛮"却异常嚣张,这不得不说是整个社会的悲哀。他们的健全的智力和良知的泯灭同来发的傻以及善良形成鲜明的对比,作家以一种非常态的存在——来发,讽刺公认的社会常态的存在——许阿三等人,更具批判性。

二、善良的哲学

辛格曾声明:"吉姆佩尔不是个小人物……描绘小人物的传统正是我在作品中回避的东西。"❷ 吉姆佩尔并不是一个懦弱的人,他清楚地表示过"我不是弱者。要是我打人一拳,就会把他打到克拉科夫去。"❸ 他的"逆来顺受"并非小人物懦弱无能的表现,而是由内心强大的信仰支撑的,那便是古老的犹太教教义。他并不傻,甚至他本就是一个正常人,他的傻是其善良的行为被周围的人歪曲后得出的结论,是大智若愚的结果。

吉姆佩尔最大的特征是善良。他是一个虔诚的犹太教徒,一生对犹太教义严格遵守。他的善良和宽恕体现在受人愚弄时暗想算了吧;在受人欺骗时想"我相信他们说的话,我希望至少这样对他们有点好处";❹ 在受到妻子蒙骗时说"如果这样对她来说是很好的话,那么在我也是愉快的";❺ 当青年男子们将为埃尔卡即将出生的私生子准备的儿童床抬进吉姆佩尔家时,他想"我认识到我是在受人欺骗。然而,从另一方面看,我损失点什

---

❶ [美]辛格:《傻瓜吉姆佩尔》,人民文学出版社 2006 年版,第 2 页。
❷ 王宁:《诺贝尔文学奖获奖作家谈创作》,北京大学出版社 1987 年版,第 467 页。
❸ [美]辛格:《傻瓜吉姆佩尔》,人民文学出版社 2006 年版,第 1 页。
❹ 同上书,第 2 页。
❺ 同上书,第 3 页。

么呢?"❶

　　他容易上当受骗，但他真就那么傻吗？小说开头第一句就说"我是傻瓜吉姆佩尔，我不认为自己是个傻瓜。"❷ 在发现妻子和男人睡在自家的床上时他也有过思想上的反抗，他想"我蠢驴当够了，吉姆佩尔不会终身做一个笨蛋的。即使像吉姆佩尔这样的傻瓜，他的愚蠢也有个限度。"❸ 但当他想起妻子和孩子的脸又怀有无限留恋，对于吉姆佩尔来说，又有什么是不能被原谅的呢？吉姆佩尔一生的意义就在于恪守教义，忍受苦难，宽恕他人，他的善良由于自欺欺人的性质被抹上浓重的悲剧色彩，他有那么几次，仅那么几次会思考是不是这种愚蠢也该有个限度，但他最终还是选择坚持信仰，相信忍耐会给他带来幸福，弥留之际他想"那儿没有纠纷，没有嘲弄，没有欺骗。感谢上帝，在那儿，连吉姆佩尔都不会受欺骗"。❹

　　《我没有自己的名字》中来发的生活经历和吉姆佩尔惊人地相似。来发有自己的名字，陈先生死后再也没有人叫过他的名字，反倒被冠以各种古怪、难听、恶心的名字。许阿三等人终日以取笑他为乐，和吉姆佩尔相似，来发一生的意义就在于善良地忍受。他一辈子说的最多的一个字就是"嗯"，意思是你们说去吧。"嗯"代表了他的善良、隐忍，但同时也是一种不反抗不争取的表现。来发虽傻但终究是个人，内心深处有着对尊严和平等的热切渴望，陈先生叫他"来发"，他心里咚咚地跳。他傻，但他没有对任何事情都麻木，心咚咚跳正是他对生命固有的尊严和平等本能的反应。他从未放弃想要得到别人尊重的愿望，但这一心愿被现实无情地碾碎。许阿三利用来发的善良将来发那条相依为命的狗杀死了，狗的死让来发彻底清醒，这一情节将整部小说推到了高潮。来发醒悟了，也看透了，"以后谁叫我来发，我都不会答应了"。❺ 放弃名字等于放弃了做人最基本的尊严，不管这一选择看上去是多么地无奈，但在这场与文明的较量中，在找寻平等和尊重的漫长过程中，来发选择终止，选择退出残酷的现实。

---

❶　[美]辛格：《傻瓜吉姆佩尔》，人民文学出版社 2006 年版，第 4 页。

❷　同上书，第 1 页。

❸　同上书，第 7 页。

❹　同上书，第 16 页。

❺　余华：《黄昏里的男孩》，作家出版社 2012 年版，第 81 页。

虽然吉姆佩尔和来发都是社会中的弱势群体，但吉姆佩尔笑对世人的嘲弄，心如明镜的他并不对此多加辩护，因为他纯洁的宗教信仰使他时时铭记要与人为善，即便有能力去对抗他也并不想去拆穿他们，甚至认为他的忍让多少能为那些欺骗他的人带来好处，所以吉姆佩尔并不是个小人物，而是有着高尚思想和虔诚信仰的英雄。不过遗憾的是，他的这一英雄形象在"大家都在说谎"的犹太人中间显得那么苍白无力。与吉姆佩尔不同的是，来发的傻的确是因为智力障碍造成的。他因为傻所以面对其他人的欺凌并不懂得多少自我保护，所以在劈头盖脸的嘲笑中他是软弱无力的，在整个社会文明丧失的重压下来发终于选择隐匿，放弃了做人的权利。来发是一个典型的社会底层小人物形象。

三、深厚的人文关怀

辛格对吉姆佩尔这一苦难形象给予了无尽的关怀，他始终带着一种温和仁爱的态度去刻画这一人物。作为一个有着强烈责任感的犹太作家，辛格一生都以不断探索民族前途和命运为己任，吉姆佩尔是苦难的犹太人的缩影，他一生谨小慎微，一生虔诚老实，一生受尽欺压，一生找不到出路得不到救赎。辛格的创作正是源于这种设法拯救苦难犹太人的"民族忧煎情结"。❶

吉姆佩尔的经历和出路映射了辛格的上帝观。辛格一生都在寻找上帝，寻找真理，但他没有成功。他给了吉姆佩尔看似美好的宗教救赎，其实只是暂时地远离罪恶现实的一种方式。与其说这是一种思想慰藉，不如说是作家自己尚不清楚出路在何方的回避现实的方式。吉姆佩尔去见上帝，上帝在哪里，上帝会带来什么，恐怕作家自己也不确切地知道，所以实际也是没有出路的。作家用他的不忍将一种更惨烈的悲剧寓于这种温和的结局中，暗示了犹太民族的苦难依旧遥遥无期。

余华始终以一种冷静客观的笔调记录来发这一弱者的生存之艰。善良诚实的弱者为何在现世找不到一点生存席位是余华要拷问的，他带着对弱

---

❶ 傅晓薇："辛格：民族忧煎情结探析"，载《外国文学评论》1998 年第 3 期。

者的体恤，不断深入描写人物和社会的不相容，努力试图超越现世的表象，使各种隐秘的人性以清晰的姿态呈现在读者面前，从而引发读者对人性的思考。余华和辛格一样是高度关注人类生存状态的作家，但在苦难面前开出一条路是何其艰难。来发放弃名字、尊严意味着放弃融入现实社会，这种结局是令人辛酸的，弱者受了欺凌只能选择忍受，作家只负责将他们搬到作品中，却并没有指出一条明确的道路。正如杜勃罗留波夫在著名论文《逆来顺受的人》中所说："这些不幸的，逆来顺受，受尽屈辱，受尽污蔑的人们的处境，就应当毫无出路吗……我不知道，也许是有出路的，然而文学未必能把这个出路指出来……这应当由生活本身来显示。"

来发在与现实生活的较量中放弃了做人的尊严，失败退出，吉姆佩尔投入上帝的怀抱难道就是一种胜利？由以上分析看来，答案应该是否定的。吉姆佩尔的伟大在于他用行动证明了坚持信仰是正确的，那些不遵守犹太教义的人们说谎欺骗不了任何人，不过是骗了自己。辛格以此说明虔诚的信仰可以将人带入天堂，背弃信仰的人不过是自欺欺人罢了。作家从个人的层面给了吉姆佩尔无尽的关怀，但不能忽视的是，这样一个善良的人在现实生活中并未得到很好的安置。

辛格的宗教救赎和余华逃避现实的处理表面看似大相径庭，实则是有着相同本质的。对吉姆佩尔的宗教救赎出自作家的不忍，有谁能够目睹深重的苦难加诸在同胞的身上而无动于衷？余华对待来发的态度虽少了些温情，但谁能否认退出这个文明尽失的社会对他来说不是一个很好的选择？虔诚善良的傻瓜吉姆佩尔也好，孤独无助的傻子来发也好，在与现实的较量中他们又如何能够求得半分胜利？所以无论作家用什么样的笔调来书写结局，他们始终没有忘记一个优秀作家的职责——深厚的人文关怀。

在这两场傻瓜与现实的较量中，吉姆佩尔败了，但多年过去了，他依旧是现代文学作品中最为纯洁的灵魂；来发也败了，但那令人悲痛欲绝的经历有力地控诉着整个社会的沦陷。究竟谁才是傻瓜？是他们，还是那些自作聪明的"文明人"？相信历史自有定论。

（张兰英，中国传媒大学文法学部文学院 2013 级硕士研究生）

跨文化传播与外国文学史
教学改革实践

■ 王晓燕

外国文学史课程是综合性大学课程设置中的重要内容，也是艺术类院校公共基础课教学不可或缺的一部分，是一门拓展学生视野，提高文化修养，扩大知识储备，增强中西文化碰撞交融思辨能力的重要学科。外国文学史教学是异质文化之间进行跨文化传播的重要组成部分，它的内容涉及不同文化背景的人们之间发生的文学信息和文化信息的传播。但由于内容庞杂、教法单一、文化异质、脱离文本等原因，外国文学史的实际教学效果不容乐观。针对上述问题，笔者在教学过程中注重教学观念与教学实践的创新，建立起以文学原著精致阅读为中心、以文学与文化传播相契合为特色的文学史教学体系。在尽可能充分还原文化语境的基础上，引导学生细读文本，在感悟文学之美的同时进行思考和研究；并结合中国传媒大学的专业特色和跨文化研究的重要理论，将跨文化传播纳入文学史教学，借助多种艺术形式和多媒体技术，从而使文学文本从纸质的、静态的、陈旧的转变为多媒体的、动态的、鲜活的，以此满足学生的兴趣热点和接受特征，从而更好地实现更高质量的文学史教学。

一、还原文化语境，文学文化互文

外国文学史教学，就其文化导向而言，其实是以文学为载体的跨文化传播演示。但在教学实践中，由于学生自身的文化知识储备不够，不足以对有异于中华文化传统的异质文化有较全面的了解掌握，这就导致大多数学生在外国文学史学习过程中首先会遭遇文化障碍，进而不能完全理解外国文学知识。因此，引导学生尽可能全面、深入地把握外国文学史发展的文化背景，是文学史教学的首要任务。传统的外国文学史教学虽然也有对历史文化背景的介绍，但由于它更侧重于"线"的梳理，因此往往流于简单化、表面化，未能为学生建立起一个相对饱满的文化语境；在这种情况下引导学生进行文本解读和理解，学生往往是一知半解、事倍功半。

为突破这一障碍，该课程在教学过程中采用了多角度、多层次还原特定历史文化语境的教学方法，即除了对外国文学史发生的政治环境、经济基础、社会关系等进行概括介绍外，还利用音乐、绘画、雕塑、建筑、社会风尚、影像资料等诸多方面来构建一幅文学发生的立体文化图景。事实上，文学作为文化的要素之一，是与其他文化要素紧密联系的；脱离了对广泛全面的历史文化语境的剖析，文学史教学也就成了无本之木。比如，在对古希腊文学的教授过程中，采用地图、绘画、雕塑、建筑、遗址、节日以及后世诗歌等多种材料来为学生展示一个丰满的、真实、荣耀的希腊，让学生理解西方"言必称希腊"的文化基础，这种还原有助于学生理解古希腊人们的生活状态和精神世界，进而更好地理解他们的神话、诗歌、史诗和悲剧等。

文化语境的还原过程对学生而言，既是一个把握文学文本的文化背景的过程，也是一个有趣的探索过程，在教师的引导下学生与教师、学生与学生之间借助教学所提供的各种文化载体相互探讨、共同建构，最大程度地还原文学文本的文化全息背景，最大程度引导学生相对顺利地进入文本阅读。而在文本阅读过程中，本课程教学还进一步引导学生关注文本与语境的相互联系。比如，在莎士比亚《威尼斯商人》的教学中，学生通过文本细读可以发现，犹太人夏洛克并不仅仅是一个反面形象，也是一个被侮辱与被损害的人物形象，甚至是犹太民族的代言人。剧本中，夏洛克受到基督徒的歧视和侮辱，这是学生从文本中读到的东西；而在当时，社会上基督徒与犹太人之间的确存在着深刻矛盾和冲突，这是夏洛克命运的根本原因。同时，在文本细读中，师生对安东尼奥和巴萨尼奥的关系也有新的理解，安东尼奥不仅仅是文艺复兴"大写的人"的光辉写照，在朋友之爱、兄弟之爱这个迷惑读者的表象下还潜藏着他与巴萨尼奥隐蔽的同性恋关系，在外人看来，他是威尼斯商人中的业界精英，其实他内心脆弱、话语带着娘娘腔，是一个被无望而又无助的单相思害苦了的可怜之人。莎士比亚揭示了文艺复兴时代背景下的一种尴尬，在刻画安东尼奥和夏洛克的对立形象时他面临着社会悖论：一方面，摆脱了中世纪禁欲主义的束缚，人的欲望极度膨胀，同性恋者大量存在；另一方面，没有人敢于公开承认。莎士比亚遇到的两难选择是：从意识形态考虑，要把安东尼奥塑造成圣人般的基督徒的榜样，就要牺牲舞台上的戏剧效果；从艺术效果考虑，让安东尼奥成为一个有血有肉的真实人物，就要承受冒犯许多基督教徒观众的风险——如果安东尼奥被看成是个同性恋的话，反同性恋者会认为他并不比夏洛克好，甚至更坏。最后我们在剧中看到一个折中的结果，对于不关心乃至歧视同性恋的人来说，安东尼奥从来没有明确说过自己爱男人，剧本中好像根本不存在这个问题；而对于相信同性恋合理性的人来说，剧本中到处都是足以证明安东尼奥对巴萨尼奥的同性之爱的暗示，语言的所指和能指功能能得以很好地发挥。如果说文本细读使学生改变了对夏洛克的印象让学生"看得更清"的话，那么对安东尼奥这个与夏洛克相对立的形象的深度解读则让学生"看得更远"——对安东尼奥与巴萨尼奥的同性之爱的分析，使我们可以窥见伊丽莎白一世时期的文化特征和社会面貌。

因此，在以文学的跨文化引导为教学核心，通过文学文本与文化语境的互文教学，强调在具体文化语境中理解文学文本、结合具体文本来引导学生理解跨文化传播的教学活动，学生在探索和印证的乐趣中对文本与语境的理解两相深化。

二、立文本细读之根，续文本情境之魂

文本细读（Close – reading）在外国文学史教学中经常被强调，看似老生常谈，但在当前教学实践中大学生阅读原著的能力和热情日趋没落，各大高校的"文学史"类教学，也因为老套教学理念的陈陈相因，大多数教学仍然是粗枝大叶、提纲包办，因此围绕作品原著阅读进行的创新教学实践仍是教改中的重点。

就外国文学史的教学而言，由于其内容庞杂，以史为纲也成了传统文

学史教学最善用的方法，即在固有的文学史脉络基础上，给学生讲述不同历史阶段的文学现象与文学成就，辅以教授重点作家的创作分期、代表作品、思想艺术特色等。这种教学方式实是一种"认知"型教学，带给学生的往往只是一些文学史知识的表层认知；它过分倚重"史"的贯穿，"文学"方面的教学引导却极为不足，忽略乃至脱离了文学原著的精细阅读，这些表层认知就得不到理解和深化，学生更难以真正体悟到外国文学之美。

本课程教学着力以文学原著的文本细读为中心和基石，将"认知"型教学转变为"情境"型教学，即通过课堂上师生共同细读文本，走进文本中去，从字里行间感受作品之美，体悟作者之意，探索该作品何以在文学长河中经久不衰。这种"情境"型教学不仅摆脱了单纯讲史之枯燥和浮浅，更重要的是，它将传统文学史教学单一的认知层面拓展为包含认知、情感、技能等在内的多个学习层面。也就是说，除对文学史基础知识的认知外，学生还可以从文本细读中探究作者对待爱情、死亡、磨难等问题的态度，体悟作者对世界、人生和自身的认识与思考，关注文学作品于个人、于世界的意义等，这是情感层面；再之，通过文本细读，可以培养学生对文本的微观把握能力，这有助于学生对文本的再解读和新发现，也有助于他们学习体会文学的无穷魅力和文化的深邃意蕴，这是能力层面。

以莎士比亚作品的教学为例，在莎士比亚的 37 个剧本中，《威尼斯商人》早已入选高中英语教材和语文教材，是学生最为熟悉的莎剧之一。学生的基本印象是：《威尼斯商人》是莎士比亚的喜剧代表作，剧名中的"商人"指的是那个穷凶极恶、一心要割人一磅肉的犹太商人夏洛克。但剧本中的夏洛克形象是否真是如此呢？通过文本细读，我们发现：剧中的夏洛克在作为一个时时处处只讲经济利益、报复心强、心狠手辣的人物形象的同时，还是一个被凌辱和被损害的人物形象。这与当时犹太人的社会地位有关。倘不细读文本，学生就无法发现夏洛克作为一个犹太人在 16 世纪的威尼斯———一个由基督徒所掌管的城市———所遭受的歧视、压迫和凌辱。他既不得不忍受基督徒如安东尼奥对他的歧视、吐唾沫甚至拳脚相向，还遭受了女儿在朋友和情人的教唆下改宗归顺基督、与情人私奔并卷走了他所有财富、最终人财两空的痛苦。因此，夏洛克是一个被凌辱和被损害的犹太高利贷商人，一个遭受女儿背叛的父亲，一个弱势民族的代言人，总之，一个既受谴责又值得同情的人物形象。通过文本细读，学生对"习以为常"的人物形象有了更客观、全面的认识，进而对莎士比亚如何在特定的历史文化氛围中展示时代风貌、如何思考和评判人类欲望等有了更深的体悟。

再比如，在教授莎士比亚的四大悲剧时，营造"情境式"教学氛围，在文本精读基础上借助现代媒体，辅以电影、话剧、动漫等视频资料来帮助学生熟悉、解读文本，专辟一个小节来介绍莎士比亚与现代传媒。由于莎士比亚的四大悲剧处于经典的中心，与其相关的图书、音频、视频资料丰富多彩，引导学生通过电影、电视、歌剧、舞剧、话剧、动漫等媒介去认识其他样式的莎士比亚作品，同时让表演专业、播音专业的同学进行戏剧片段的模拟演出或台词配音，让汉语言文学专业、文艺编导专业、电视编导、媒体创意专业进行戏剧改编实践，如通过焦点转换、人物转换、团队转换、情韵点染、主题意蕴等转换成一个新的剧本，这样把外国文学的教学与学生专业有机结合起来，既有助于深化和丰富学生对于文本的体悟，也有助于帮助学生探究文学与艺术的关系，了解现代媒介在文学文本的跨文化传播中的功能。通过对电影《哈姆雷特》与《夜宴》《赵氏孤儿》的比较，分析《夜宴》中的莎剧元素，探讨中西戏剧的艺术魅力等，让学生更好地掌握莎士比亚悲剧的思想艺术特色。

除了上述反思式细读外，本课程教学还常将文本细读与研究性教学、比较性教学结合在一起。如在文本细读中，引导学生从语言的模糊性这一角度来研究莎士比亚悲剧《麦克白》中女巫预言的作用；再如，引导学生将《梁山伯与祝英台》与《罗密欧与朱丽叶》的文本进行对比分析，从而探究中外文学中追求爱情婚姻自由、反封建的主题以及中外戏剧的差异性等。

概言之，采用"情境型"教学法，以文学文本的细读为中心，还原文本情境，探究文本精髓，并运用现代传媒技术引导学生在"读作品""赏作品""演作品"中学会"评作品"，收效颇丰。从课堂内来说，文本细读和运用多种传播媒介使得外国文学史教学变成一个活泼的、开放的、情境式的教学，师生互动，教学相长；从课堂外来说，文本细读无疑是一种高贵的闲暇，精致生活的开端，它既可训练思维，也可拓展人生经验。培养学生进行文本细读的能力和习惯，是引导他们品味文学之美不可缺失的一步。

三、融媒介之新，求维度之深

当前"文学史"类课程的教学，在内容定位上往往有"故纸堆"之嫌，无论是文学史基本发展脉络，还是经典作家作品，仿佛都早有定论、无甚新意；加之现今多媒体高度发达、文字阅读普遍衰落，青年学生大都很难真正投入地去阅读年代遥远、文化隔膜的文学名著。因此，在崇尚读图的新媒介时代，外国文学史的教学如何适应学生在信息接受方面的媒介化趋向是个重要问题。

为解决这一问题，本课程教学结合中国传媒大学的专业特色与跨文化研究的重要方法，将文学史教学与信息传播的研究结合，通过运用多种信息传播手段，创造立体的文学史信息接受环境，特别是注重利用新媒体平台增加师生活动，从而使文学文本从纸上的、静态的、陈旧的转变为多媒体的、动态的、新鲜的，以此契合学生的兴趣热点和接受心理，借助多媒体和文化传播实例更好地实现文学史教学。

在教学资料上，本课程教学采用多媒体课件，将文本资料（教材、重要作品、经典片段）与影音资料（电影、戏剧、动漫、音乐等）并举，在注重文本细读和还原文化语境的同时，插入与该文学文本相关的其他媒介作品，这样既丰富了学生对文学作品本身的认识，也使学生得以了解文学作品对文化艺术的影响、文学作品的传播过程和传播方式等。

在教学手段上，本课程教学的信息传播导向主要体现在两方面：（1）引导学生考察某一具体文学作品或某一文学母题在文学史上的、国际交流中的传播、流变过程；（2）将文学文本与由其延伸出的其他艺术样式如电影、戏剧、动漫、音乐、绘画、雕塑等结合起来分析，考察它们之间的内在联系与相互影响，考察由一种媒介到另一种媒介的传播过程。比如，在教授古希腊文学时，为了给同学们讲授希腊神话对后世文学的影响，笔者选用了"古希腊神话《塞墨勒》的跨文化传播"这一比较文学案例，重点介绍《塞墨勒》文本的流传与演变历程：在古希腊神话《卡德摩斯》和奥德赛史诗《变形记》的影响下形成了完整的塞墨勒故事，到18世纪英籍德国作曲家亨德尔创作三幕清唱剧《塞墨勒》和 19 世纪末法国画家居斯塔夫·莫罗创作油画《朱庇特与塞墨勒》，再到 2010 年北京上演的中国版歌剧《塞魅丽》……从文本、影音资料、国际传播等多方面、多层次考察了一个古希腊神话的形成、传播与演变过程，展示了文学文本与其他艺术媒介相互影响、相互生成的景观。这种教学方式使年代久远的异国文学得以跨越时空，跨越文化、跨越学科鲜活地展现在学生眼前，既有助于学生熟悉文本，也有助于学生通过多种媒介方式感受神话的魅力，并在此过程中启发学生进行文本研究的更多方式和途径。

通过运用多媒体技术、将文学与其他艺术样式相结合的教学实践，让学生从不同艺术形式中欣赏、感受和理解美，并逐渐从对美的感性欣赏上升到对问题的理性把握。首先，电影、戏剧等艺术形式相比于文学文本，有更多的可视因素，我们可以直观看到一个被复原的情景，并且带给我们轻松愉悦的情绪，帮助我们理解离我们生活现实很遥远的文学文本。而文学是语言文字的艺术，依靠文字在脑海中还原一个场景，或者对文字描述的内容有所想象，则要求学生有更高的思维能力，也即所谓的文学素养。很多学生其实并不具备这一能力，单凭文字很难进入那种语境和想象中，那么依靠电影、戏剧、动漫、音乐、绘画、雕塑等资源来帮助学生开启一个想象空间，就显得十分重要，也能帮助学生对文学文本的理解；其次，艺术形式给人们美的感受，很大程度上是一种"陌生化"效果。它与我们的生活经验不同，给我们的视听经验和所激发的想象空间，都与日常生活相去甚远，这种陌生化使人们产生惊奇感，体会到一种精神的刺激，从而获得一种超拔于琐碎的生活之上的愉悦感，也即延伸了审美感受的维度。那么，不管是用文字、声音还是图片来表现的艺术形式，都能共同作用于人类的精神，使人获得精神享受。因此，在课堂上结合多种艺术形式来帮助学生理解文学文本的艺术魅力，是一种非常有效的教学方法。

可以说，将外国文学史教学与跨文化传播相结合，既是兴趣教学，也是研究教学。它既可以将当代学生热衷新媒体甚于传统文本的普遍现象转弊为利，将他们的兴趣点与文本阅读结合起来；也可以拓宽文学史的学习研究领域，引导学生从更广泛灵活的角度来进行文学研究，思考文学现象。

"读书之乐何处寻？数点梅花天地心。"文学可以滋养心灵，培养一个人高贵的灵魂。外国文学史教学应当成为引导学生感受世界各国文学之美的奇妙旅程。贺拉斯在《诗艺》中倡导寓教于乐，他主张教育的初衷是恢复人类的天真，只有当教育成为一种娱乐活动时，学习才能最有效、最持久、最真实。外国文学史教学本着"善教、乐学、悦读"的教育理念和目标，力图通过创新教学观念和方法，结合学生的兴趣热点和接受特征，实现更高质量的文学史教学，希望通过创新性的教学实践，让学生与世界各民族中那些伟大的心灵、那些经典的作品都有一个美好的相遇。

（王晓燕，中国传媒大学文法学部文学院副教授、博士）

关于高居翰所举三个时地诗意画的典型性问题

■ 张国珍

　　高居翰是一位热爱中国绘画并以研究中国画史为志趣的美国学者，也是西方中国美术史学界社会学派的著名代表人之一。1995 年，首次"潘天寿讲座"在中国美术学院举行，高居翰应该院邀请，举办了一个为期三天的学术讲座，主讲的题目是《抒情的漫游——中国和日本的诗意画》。从中日绘画史资料中，他发现了三个具有某种相似性的片段：（1）12 ~ 13 世纪杭州地区的绘画；（2）晚明苏州地区的绘画；（3）18 世纪中叶到 19 世纪日本的南画。认为这三个不同时代和地区有着相似的社会文化背景，不但都有着丰富的都市文化，而且都盛行崇尚唐诗、模仿唐诗的风气，常以一首、一联或一句诗为立意表现成一幅绘画。于是把这一类宫廷画家和其他职业画家的这一类画界定为"诗意画"。

　　高居翰的立论显而易见与中国长期形成的诗意画观念迥然不同，"希望用这一课题的探讨对他人的研究略加补遗，也就是从另一个角度来思考中国诗画关系这一大问题"。❶ 正如卢炘在一篇述评文章中所指出的："主讲人不满足前人的成就，而用新的角度和方法作新的判断和新的结论"。❷ 讲稿给笔者很大的启迪，同时也使笔者陷入一场困惑不解的思索之中。

　　高居翰作为一个研究中国美术史的美国人，能够不囿前人的陈说，从另一个角度提出问题，认为文人画不是唯一的诗意画，院画家和职业画家

---

❶ 高居翰：《抒情的漫游——中国和日本的诗意画》（内容提要）。
❷ 卢炘："在争辩中推荐——首次潘天寿讲座评述"，见潘天寿基金会、潘天寿纪念馆编：《情况通报》第 5 期，1995 年 2 月 18 日。

的画也有诗意，这对多数人所持的有关诗意画问题的论点确实是一个"补遗"。但是，他所讲的诗意画确实也是按照自己的偏好，有意界定在一个狭窄范围之内的诗意画。为了说明自己的观点，挑选了其认为最具典型的三个产生在不同时期和不同地区，在取材和表现上有着某种相似之处的绘画来作为例证。趣味无可争辩，作为个人的欣赏趣味来讲，高居翰喜爱那种轻松、愉快风格的诗意画，这是无可厚非的，更何况这种风格的诗意画在历史上不但确实存在，而且有不可磨灭的艺术价值！但是，诗意画涉及诗和画多种多样的结合方式，它是一个很复杂的课题；而从宏观上来看，一部绘画史不啻是一部诗画结合史。如果以个人的趣味偏好为标准，选取某一时期、某一地区的诗意画来以偏概全，用以界定整个历史过程的中国和日本的诗意画，其结果必将使人无法看到诗意画的全貌，无法看到一部绘画史所反映的历史真实。

一、关于宋代诗意画

高居翰举的第一个实例是南宋院体画家马远、夏珪等人的人物画和山水画，认为这是最带抒情性的诗意画。毋庸置疑，马远、夏珪二人，一个风格遒劲简约，一个意气清妙秀逸，作品具有强烈的抒情意味，这正符合他心目中的诗意画标准，也符合"院画家的画也有诗意"的论点。但是，既然认定院画家的画有诗意，那么对于整个宋朝来说，就不能不首先着眼于北宋画院。况且，宋代是我国绘画史上的一个鼎盛时期，皇家专门设立了规模宏大的翰林图画院，特别是在宋徽宗时期，在赵佶的直接指导下，集画院之大成，制度完善，技艺成熟，院画家地位得到提高，使画院得到更大的发展。南宋的画院盛况不减北宋，但有许多地方却不能与北宋等量齐观。徽宗本人爱好并擅长绘画，他不仅"独于翎毛尤为注意"，[1] 而且，"笔墨天成，妙体众形，兼备六法"，[2] 并能"凡天地间所有之物，色色具备，为工甚至"。[3] 他还亲自到画院指点绘画创作，"春时日中月季""孔雀

---

[1] 邓椿：《画继》。

[2] 同上。

[3] 汤垕：《画鉴》。

升高，必先举左”等记录反映了徽宗本人的审美情趣，同时也反映了当时"画写物外形，要物形不改"的风尚。上有所好，下必有甚焉者，正是在这种风尚下，院画家对生活和事物有深入细致的观察，掌握了较高的专业技巧。特别是北宋中后期出现的文人士大夫画家，例如苏轼、文同、米芾之辈，就曾以其所擅长的水墨画法和所强调的"诗画一律"给予画院以很深的影响，最显著的例子就是画院和画学的考试以诗命题，以判断画家作画构思是否已能运用作诗那样的思致。据《画继》所载："所试之题，如'野水无人渡，孤舟尽日横'，自第二人以下，多系空舟岸侧，或拳鹭于舷间，或栖鸦于篷背，独魁则不然，画一舟人，卧于舟尾，横一孤笛，其意以为非无舟人，止无行人耳，且以见舟子之甚闲也。又如'乱山藏古寺'，魁则画荒山满幅，上出幡竿，以见藏意"。❶ 可见北宋画院对诗意画提出很高的要求。

北宋画院和画学以诗命题的考试，其中不乏以唐诗作为命题，这一部分直接取材于唐诗的绘画应该符合高居翰的诗意画标准。如果说在画上题诗，我国有画迹可考的，直接在画上题诗的，当推宋徽宗本人，他的多幅作品上都题有诗，在《锦鸡芙蓉图》上题："秋劲拒霜盛，峨冠锦羽鸡。已知金五德，安逸胜凫鹥"。其他画作，如《祥龙石图》《腊梅山禽图》《五色鹦鹉图》等也都在画上题有诗。以诗作画或画上题诗的绘画固然有诗意，但不以诗作画或画上没题诗的作品当然也有诗意，前者是有意、自觉地追求诗意，后者则是无意、不自觉地表现诗意。当初韩干画马时，主观上并没有根据哪首诗来创作，但其作品客观上就是一首诗，苏轼见后也不禁说："少陵翰墨无形画，韩干丹青不语诗"，❷ 这是绘画构思立意诗化，即"思致"与诗趋于一致，"思致大约是指绘画上在构思上须具有一定意匠深度和能显示某种情致"。❸ 因为诗与画均为形象思维的艺术形式，虽然一以文字塑造形象，一以色线组成形象，但同样存在对意蕴的追求，诗和画须得抓住最具表现力的一点来塑造形象。因此，画家在画中追求诗的意境，企图

---

❶ 邓椿：《画继》。
❷ 阮璞：《论画绝句自注》，漓江出版社 1987 年版，第 133 页。
❸ 阮璞："苏轼的文人画观论辩"，见《中国画史辩论》，陕西人民出版社 1993 年版，第135 页。

在画中体现诗的"思致"，这在北宋的画论中很常见。北宋画院中有很多画家的画显示出诗的"思致"，《宣和画谱》中这样的例子不计其数，如宗室仲佺，"作草木禽鸟皆诗人之思致也"。作为业余爱好者的画家尚能如此，画院中有名的画家就更不用说了。再说宋代是以"郁郁乎文哉"而著称，它是中国古代历史上文化最发达的时期之一，上自官僚巨宦，下到地方贤达，构成一个比唐代远为庞大也更有文化教养的社会阶层，在绘画艺术上，这种诗意的追求符合这个阶层的审美趣味。

由此可见，宋代诗意画绝不只是马、夏等几个南宋院画家的作品所能代表。比起北宋院画的意境来，马、夏在取材、构图、构思、立意上，确实是别具匠心，特别是他们能够做到删繁就简，压缩场景，使得人们从小幅画面上感觉到的抒情诗意，较之那些全景山水显得更为浓厚，更为鲜明。

北宋雄壮的山水是否具有诗意？且其诗意是否也属于唐诗呢？我们的答案应该是肯定的。但高居翰却对此不以为然，认为如果把范宽的《溪山行旅途》、王希孟的《千里江山图》这两件具有雄伟风格的大幅山水画放到诗意画中来，是"比较难以接受的"，❶ 这个看法当然是与他所持界定诗意画的标准有关。

诗的风格也如同画一样，表现多姿多彩，千变万化。它可以分为多种审美范畴，概括起来，既有雄浑、劲健、豪放的一类，也有典雅、秀丽、纤巧的一类。诗既然如此，那么号称诗意画的画，自然也应当如此，有优美、抒情的诗意画，自然也会有雄伟、壮丽的诗意画。诗意画并不是只包括表现春风微雨、娇莺嫩柳、小溪曲涧、荷塘月色这样优美的意境，还应包括表现岱宗太华的雄浑气势和三江五湖的富丽景色的壮美意境。上面提到的北宋两件大幅山水画，就是属于后一类的诗意画。清代的宋荦曾在其《论画绝句》的注文中引用邵长蘅的话说："余曾见范宽《雪图》，博大雄奇，譬之诗文，则杜（甫）之《北征》，韩（愈）之《淮西碑》也"。能说雄伟风格的画没有诗意吗？能说这种与杜诗《北征》相一致的画风没有唐诗的意味吗？

---

❶ 卢炘："在争辩中推荐——首次潘天寿讲座评述"，见潘天寿基金会、潘天寿纪念馆编：《情况通报》第5期，1995年2月18日。

　　从这里可以得知，唐诗所包括的题材、意味、风格、笔力绝不限于高居翰所提到的小诗，虽然唐诗写一般人平常感情的小诗较多，也较易被人传诵，但唐诗绝不只有这一种类型，而且著名的诗人所作之诗，各人具有各人独特的面貌，李白、杜甫是唐诗的代表人物，李白的诗驰骋上下，吐纳古今，以惊俗骇世的笔墨，恣意挥洒，真所谓"笔落惊风雨，诗成泣鬼神"。❶ 作为一个伟大的"诗圣"，杜甫的诗可以深入到社会最复杂、矛盾最尖锐的地方，所作的诗号称"诗史"，诗风博采众长，千变万化。杜甫曾经称赞高适、岑参的诗风是"意惬关飞动，篇终接混茫"❷，韩愈曾经称赞孟郊的诗风是"横空盘硬语，妥帖力排奡"❸。可见如果要以唐诗来作诗意画所含诗意的标准，则必须承认唐诗的面目众多，风格不一，绝不应规定只限于小诗，更何况小诗也不全是优美的抒情性质，五言绝句虽小，但其中也绝不乏感天地、泣鬼神之作。大篇、小篇不是划定诗意是否宜于入画的标准，说小幅画宜题以小诗或断句则可，说唯有小诗才具备可以入画的诗意则不可。

　　如上所述，宋代画院中，除了高居翰所认定的马、夏风格的绘画有诗意外，其他风格的绘画也可体现出不同的诗意，同样，不同题材的绘画也如此。既然诗有那么多题材，与之联系的绘画也有各种题材。如果单从两者的内容上讲，山水诗与山水画有联系，历史画与史诗有联系，描写男女爱情的诗与仕女画有联系；如果从两者的表现手法来看，宋人花鸟画中"花之于牡丹、芍药，禽之于鸾凤、孔翠，必使之富贵；而松、竹、梅、菊，鸥鹭，必见之悠闲"。❹ 这种比兴手法早在《诗经》和《离骚》中就已存在，《诗经》中人们的希望、理想、愤怒与哀怨都非直而言之，它们都是托物言志，委婉而出，金玉以喻坚贞，香草以譬美德，杨柳以喻行役之感，黍离以寄亡国之恨，诗与画这种创作手法都产生得很早，是不谋而合的，这样的绘画难道不能称之为诗意画吗？文同就曾称赞崔白的花鸟画是："疏

---

❶ 杜甫：《寄李太白二十韵》。

❷ 杜甫：《寄彭州高三十五使君适、虢州岑二十》。

❸ 韩愈：《荐士》。

❹ 《宣和画谱·花鸟叙论》。

苇雨中老，乱荷霜外调，多情惟白鸟，常此伴萧条。"❶ 可见北宋院画家作画讲究寄托有很大的普遍性。

因此，在整个宋代三百年画院历史中，从汴京到杭州，先后相继涌现出一批又一批的画院画家，创作出不同风格、不同题材，各具审美趣味，各有技法专长的堪称诗意画的大量优秀作品，这个客观存在的历史事实不能抹杀。高居翰提出"院画家的画有诗意"的论点，是对院画家的公正评价，必须予以肯定。不过，他以自己的诗意画标准，仅只从中框定一部分的画院画家，仅只把这种诗意画的出现限定在一个时段、一个地区，这就不能全部真实地还原宋代画院画家诗意画的本来面目了。

二、关于明代诗意画

高居翰所举第二个实例是晚明的诗意画。这一部分的阐述确实令人困惑。他认为晚明是中国第二次诗意画大繁荣时期，并列举苏州、太湖沿岸的张宏、李士达、盛茂烨三人为代表。为什么讲诗意画，于南宋马、夏之后，放下许多第一流的画家不说，独取此三人作为画有诗意的典型呢？

明画在晚期以前，可以分为两派：一派是以画院画家为主流，崇尚宋画以专业功力为重的浙派；一派是以文人画家为主流，崇尚元画以"士人"韵致取胜，并注重诗字并茂的吴派。两派虽然画风不同，却同样不乏诗意画的作品。但高居翰是如何看待晚明以前这两个杰出的画派呢？对于浙派画家，认为他们"很少按照诗意来作画，而且根本没有在画上题过自己作的诗。在他们的作品中，他们从其宋代前辈那里采取'抒情漫游'的题材内容，但总是有点草草行事，流于套路形式"。❷ 虽然浙派画家自己不作诗，或者很少按照诗意来作画，或者没有在画上题诗，但是，这并不意味着他们的作品没有诗意。如上所述，据诗作画或画上题诗的绘画固然有诗意，但不据诗作画或画上没有题诗的绘画也同样会有诗意，因为绘画与诗有着相同的思致，有着相同的美学趣味，绘画不以诗为依据，或者画面上没有

---

❶ 文同：《丹渊集》卷十九。

❷ 高居翰：《抒情的漫游——中国和日本的诗意画》（内容提要）。

题诗，而能做到画的构思立意的诗化，绘画也同样可以体现出诗一致的美学趣味，这样的绘画，自然也不乏诗的意境。并且，浙派画家的作品也不是一概可以说成是"草草行事，流于套路形式"。

请看浙派的首领戴进，在明代前期和中期的画坛上可谓是最大的一位画家，而且是多面手，山水、人物、花鸟，无所不能。《明画录》说他"山水派出郭熙、李唐、马远、夏珪，而妙处多自发之。"其《风雨归舟图》，刚线勾皴，大笔挥洒，气势磅礴，神似马远，我们怎么能说马远的画是诗意画，而戴进画的就不是诗意画呢？同时，戴进还以"诗意图"为题创作了《溪堂诗意图》。

吴伟的山水、人物皆精，主要师法戴进，由戴进而远攀南宋。他的画除粗豪风格外，还有精致之作。《渔乐图》溪山深远，渔舟密集，将渔人的生活表现得颇具诗意。

如果沿着上面所举的马、夏这条线往下看，认为画家自己虽然不会作诗，但却能做到画有诗意，是合乎规律的话，那么明代前期、中期的戴进、吴伟无疑应该属于这一路的诗意画，这是无可否定的。至于画上题诗，并不是每幅诗意画都得画上题诗，画上是否题诗，须由绘画风格来决定。画中是否有诗，主要看情趣，并非只有画上题诗才算是诗意画。作为语言艺术的诗尚且还要求"不著一字，尽得风流"，难道作为造型艺术的绘画反倒要求画面上必有题诗吗？

至于吴派的画家在明代就已被评为"吴中以诗、字粃点画品"，应当作为诗意画的代表流派，那就更是不用置疑了。在吴派画家之中，诗、书、画都达到高度造诣，最有名于当代和后世的是沈周、文徵明、唐寅。他们三人一生活动的地区与张宏、李士达、盛茂烨一样，也都是在苏州，只不过时代略早而已。以文徵明为例，他是诗、文、书、画四绝的全才。就作诗而论，能"传情而发，娟秀妍雅，出入柳柳州、白香山、苏端明诸公"。❶并有诗文集——《甫田集》传世，其中收集了他的 741 首诗作。倘若就高居翰所说的看其中以古诗作为画题的那部分成就，文徵明在艺术生涯之初，曾帮沈周填补一幅诗意册页，诗句出自唐代诗人韦应物的诗篇《滁州西涧》

---

❶ 王世贞：《文先生传》。

中的后两句"春潮带雨晚来急，野渡无人舟自横"。如果不把题画诗的范围限定在唐诗上，文徵明曾取材于屈原《九歌》中《湘君》《湘夫人》作《二湘图》，同时自己作的诗也经常入画，并自画自题，画上多有题诗。在《绿荫长话图》画幅中，左上自题"碧树鸣凤涧草香，绿荫满地话偏长，长安车马尘吹面，谁识空山五月凉"。仅就文徵明这种自觉表现诗意的作品而言已经不少，并不像高居翰所言的只是"偶然一试诗意的画法"❶。同时，文徵明绘画风格多样，粗笔、细笔、水墨、青绿等各种绘画风格所体现出的诗意也是多种多样。可以说，明代前、中期的两派画家都创作了高水平的诗意画，特别是吴派画家的成就更为突出，而且画家的风格和审美趣味宽泛，不像明代晚期画家，追随"南宗"，仅仅只在小品山水中施展其笔墨技术，显示其清淡的趣味，张宏、李士达、盛茂烨就是这样的画家。所以，只能说晚明的绘画作品更符合高居翰的诗意画标准，如果说晚明是我国第二次诗意画大繁荣时期则不妥，这不符合历史真实。

三、关于日本的诗意画

高居翰所举第三个实例是日本江户时期的诗意画。在谈中国诗意画时，为什么他要涉及日本绘画呢？除了自己所得出的理由（相似的社会文化背景）外，还有一个原因是，认为日本与中国在对待诗与画关系上的看法相似。首先，在中国，对于一位画家兼诗人，人们往往把其诗和画结合起来评价，日本也是这样。其次，中国绘画中依诗作画或在画上题诗这种形式，在日本绘画史中也有明显表现。而在西方绘画中则不同，意大利文艺复兴三杰之一的米开朗基罗既是画家也是诗人，人们很少把他的画与诗结合起来欣赏，而且在西方绘画中，对于诗画表面结合的这种形式，特别是在画上题诗这种形式可以说根本没有。因此，高居翰认为日本和中国属于同一个诗画体系，这大体上是对的。

然而，在谈日本诗意画时，按照他所界定的标准，只是着眼于"南画"这个画派，甚至在所列举的三个画家当中，只是认为唯有"独一无二的伟

---

❶ 高居翰：《抒情的漫游——中国和日本的诗意画》（内容提要）。

大画家谢芜村取得诗意画的成功"，❶ 其他二人——彭城百川和池大雅，只不过为了作陪衬才提到而已，像这样界定诗意画，有失偏颇。南画（或称文人画）是日本 17~19 世纪受中国明清文人画影响而形成的画风总称。其中一部分着重从技法上模仿，格调较为俗气，称为南画；一部分着重以对中国古典文学艺术的尊崇和修养为前提，讲究诗情画意，格调高雅，称为文人画。但南画和文人画的范畴界限并不清楚，常常混为一体。它的形成是由于中国清代画家伊孚九在 1720 年以后曾数次到日本传授画艺，把《八种画谱》《芥子园画传》等木版画谱和清代画家的作品带到长崎，这些画被泛称南宗画。南宗画与一批具有较深汉诗、汉文教养的武士（如祗园南海、柳泽淇园）趣味相投，他们开始模仿这些南宗画，在作品中传播着南宗画风。这种画风的新鲜感觉，引起了社会上和绘画界的广泛注意，不久，又吸引了市民画家彭城百川、池大雅、谢芜村等人，从而形成独立的日本南画。南画表面上追踪中国南宗画，其画风与中国文人画相似，注重主观挥洒，自由抒发情感，但其内涵与中国南宗画却有很大区别。

（1）日本的文人文化与中国不同，中国文人是处在特定的社会环境中，随着特定的文化传统而形成的特殊阶层。中国文人的哲学实际是儒、道、佛三家的糅合，三家相互对立又相互融合，形成一种似乎矛盾而又统一的哲学体系。儒家入世的教化理性，道家出世的清静无为和佛家内悟的虚无超脱，都对文人的哲学观产生影响，"穷则独善其身，达则兼济天下"。❷ 不管选择哪种处事方法，中国人总以文人身份为荣。文人画在中国特别受到崇尚，是产生于这种根深蒂固的社会心理状态。日本则不同，他们以武士为高，文人画在日本不可能土生土长出来，只能由中国传过去。

（2）南画是日本趣味的绘画，池大雅和谢芜村是借力于南画技法而创造出自己的风格。池大雅除受文人画影响外，还受土佐派、宗达——光琳画派和西洋绘画的影响，不仅画绘卷，也画屏风画，以柔和婉丽的线条、明快的色彩以及纵深空间感来表现画面。谢芜村既是诗人，以擅长作俳句（日本十七音诗）而著名，画风清润，富于诗意，简笔画含有俳谐趣味，有

---

❶ 高居翰：《抒情的漫游——中国和日本的诗意画》（内容提要）。

❷ 《孟子·尽心上》。

"俳画"之称。日本南画在明治维新后迅速衰落，至今虽有南画院等团体，但作品面貌已名实两殊了。因此，日本的南画与中国文人画有着根本的区别，而且历史上的日本画家阶层多是宫廷画家和职业画家，是他们创作了日本诗意画。谢芜村等人的作品当然有诗意，但是，这并不能说明日本的诗意画创作仅此一个时期、一个派别才有。

从日本绘画史上来看，在江户时期，日本享有和平繁荣，一直延续了两个半世纪之久。社会上各个不同阶层——武士、贵族、资产阶级人士免除了对外患和内乱的恐惧，聘请各种不同旨趣的艺术家来满足对美术品的需求。这个时期的绘画可说是百花齐放，流派纷呈，除南画外，几个重要的画派，比如宗达——光琳画派和浮世绘，画家都有诗意画创作，其实在这些画家的作品中，有不少作品属于高居翰界定的诗意画范畴，不少画家在画上题诗或以诗作画，宗达——光琳画派中的代表人物宗达就曾与当时日本有名的书法家及美术装饰者——本阿弥光悦合作了一些佳作，如"四时花卉""荷花"及"鹿"等画卷，这些作品在构图、书法和诗文上都达到了协调的综合。光琳的弟弟尾形乾山，画有每一月份的时令鸟类及花卉，上题有诗句。浮世绘的代表人物之一的玲木春信，经常在画中插入一些古诗，一部分画题就是从古诗中取得。一端广重创作的多幅花鸟画，上面也多题有日本诗或中国诗，其作品《桃花丛中燕》，描绘的是在明月映照下的几枝桃花，两只飞燕欲飞欲停，好像正在欣赏月下桃花，左上方题有"春来遍是桃花水，不辨仙源何处寻"。除此之外，其他的绘画也有诗意，其中不乏抒情、优美之作，春信的一些人物绘画、一端广重的一些花鸟画、妇女画、市民生活画等都属于这一范围。《庄野》是广重的一幅版画，用秀丽的笔致及和谐的色彩，表达出笼罩于典雅而充满诗意的大自然，这幅作品所体现出的美学趣味就是优美、抒情。虽然这两个流派主要是装饰画和版画，不易表达水墨淋漓的画面效果，不过这只是表现手法、表现形式与高居翰界定的诗意画不同，但其作品的美学趣味一致。

如果就文人画对日本的影响来说，除南画外，早在室町时代（1334～1572 年），中国宋元水墨画就已经传入日本。虽然这种绘画在当时是作为禅宗经籍的附属品而传入，但对日本当时的绘画却产生了重大的影响，画法上的逸笔草草、不苟形似以及摒除色彩，唯用水墨画等，不能不说与中国当时流行的文人画技法有关。试以大画家雪舟为例，他于 1467 年作为画僧随遣明船访问中国，两年中国之游是形成雪舟绘画风格，奠定其绘画成就的契机。在他访问中国之时，中国画坛正盛行以戴进为首的浙派画风，从而促使雪舟吸取了马远、夏珪等水墨苍劲一路的画法以及马、夏这一路绘画所饱含的诗意，法国现代著名的美术评论家格罗塞在《东方之文明》卷四"日本"一书中曾将雪舟与夏珪相比，可见一证。

如果按照高居翰自己所定的标准，即马、夏虽然自己不是诗人，没在画上题诗，却依然画出富于诗意的画幅，不失其为诗意画的代表性画家。那么，在日本绘画史上明显走马、夏这条路的是雪舟，雪舟无疑也应该是日本诗意画的画家之一。既然把马、夏看得那么典型，而对雪舟却丝毫不谈，这不能自圆其说。

四、结　语

高居翰以其所偏嗜的"抒情的漫游"来谈论诗意画，但是必须与这种诗意画在历史上所占地位相符。他所界定的诗意画只是整个诗意画历史中的一小部分，而所列举的三个片段，彼此之间也看不出有什么内在联系。他在文中说是"补遗"，想借此纠正历史中不合理的地方。对于马、夏作了一个很好的"补遗"，起到了积极作用，这应当加以肯定。但是按照这个标准，去看明朝晚期和日本 18 世纪中叶到 19 世纪的诗意画的话，例子不太适当。本来为了"补遗"，却留下了更多的待"补"之"遗"。

如果把诗意画界定为不同的形式和审美范畴，那么只有与此标准相似的作品才能纳入到此范围。不过自古以来，无论西方还是中国，人们所理解的诗意画，其内涵与外延都很广，作品反映的内容和采用的形式也是多种多样，没有固定不变的模式。高居翰界定的诗意画标准以及所选用的实例，应该远离了诗意画的普遍性，只有客观、理性地对历史上某个时期、某个地区的某种诗意画现象进行剖析、概括，揭示出它的普遍性和特殊性，抒情的漫游才能与历史的真实统一起来。

（张国珍，中国传媒大学广告学院副教授、博士）

邓以蛰对古希腊雕刻艺术的评论

■ 杜寒风

　　古希腊艺术的发展一般分为三大时期：公元前650年至前480年为古风时期；公元前480年至前320年为古典时期；公元前320年至前1世纪末古希腊城邦被罗马帝国吞并为希腊化时期。包括古希腊雕刻艺术在内的古希腊艺术，"仍然能够给我们以艺术享受，而且就某方面说还是一种规范和高不可及的范本"，[1] "显示出永久的魅力"。[2] 古希腊雕刻艺术尤其是在古典时期，在西方及人类雕刻艺术史上，树起了历史的丰碑，对后世产生了巨大的影响。邓以蛰对古希腊雕刻艺术十分关注，解放前发表《戏剧与雕刻》一文谈之，解放后虽未发表过专文谈之，但在相关文章里也有文字出现。解放前邓以蛰从其评论中提升出了理论的观点，对我们理解他推尊古希腊雕刻艺术的古典情怀，对赏析、研究古希腊雕刻艺术都是大有帮助的。学界有漠视邓以蛰对包括古希腊雕刻艺术在内的古希腊艺术的评论的情况发生。如吉林美术出版社1999年出版，由王海燕选编的《艺术圣经——世界名人论古希腊艺术》一书，遴选了中国著名美学家朱光潜、宗白华、黄药眠等学者的论述，而未遴选邓以蛰的论述。该书第二章论古希腊罗马艺术，选编了朱光潜3处论述、黄药眠1处论述、宗白华3处论述；第八章论古希腊雕刻选编了宗白华的1处阐述；第十章论古希腊悲喜剧，选编了朱光潜6处论述、宗白华2处论述。期望本文能够引起对邓以蛰对古希腊雕刻艺术的评论的重视，丰富我们对邓以蛰雕刻美学思想的认识。

　　大致在公元前490年至前440年，这个时期的二十年"波希战争"，以

---

　　[1] 马克思："《政治经济学批判》导言"，见《马克思恩格斯选集》第2卷，人民出版社2012年版，第711页。
　　[2] 同上书，第712页。

希腊胜利而告终，"仿佛希腊受了这个胜战的浸润，思想艺术都大大的扬华吐彩起来了。不但 Aeschylus 的悲剧演起来了：庙宇如位于 Aegina 的 Aphaia 的庙与 Olympia 的 Zeus 的庙也都是新近落成的，庙的雕刻，体裁结构与形态动作都是从前所没有的。并且雕刻的简朴伟壮的风致与 Aeschylus 剧中所描写的性格，也感着相似"。❶ 邓以蛰认为，古希腊由神舞发展到悲剧，使得戏剧、雕刻都有了自己的专长所在。"众神的可歌可泣的事迹，用言词表白的地方，既被戏剧夺去，成了它的一项艺术；当时并有的动作情态，就得借雕刻家的斧头、挫子向石头上面垂不朽了。"❷ 雕刻家与戏剧家都活动在古希腊的艺术舞台上，争奇斗艳，他们同样歌颂众神可歌可泣的事迹，戏剧家突出了用言词表白，而雕刻家则用他们的斧头、锉子突出了当时并有的动作情态，寻求不朽，这又不是戏剧所能及的。戏剧演员所演戏剧与雕刻之物相比，难以永存世上，雕刻家雕刻之物，可以使戏剧人物形象、情节等永存世上，是物的固态化。抛却人为的毁坏和自然的侵蚀，难免有作品不存于世，现存的古希腊雕刻作品弥足珍贵。但应承认雕刻家以坚硬的物质材料再现戏剧中的动作情态，雕刻家有了自己的用武之地，超越了舞台上生命有限戏剧演员的表演，在当时的情况下雕刻是获得艺术永恒生命的一种最佳选择。戏剧可以对人神的品格进行描写，而如果用雕刻表现的话，则是选用用雕刻材料，诉诸于雕刻语言来表现人神的品格。"这样品格的描写，是 Phidias 的斧头锉子，脱出形来，是白石的 Zeus 与象牙黄金的 Athena。"❸ 雕刻可以表现神人两界真正完美的品格，让人仰望而敬的品格。古希腊著名雕刻家菲狄亚斯就能够雕刻出白石做的古希腊神话最高之神宙斯和用象牙黄金做的战神和智慧的化身雅典娜，雕刻能够实现表现品格的目的。其实神的品格何尝不是人的品格之描摹呢？雕刻中神之表现究其实无外人之表现。

邓以蛰指出：公元前 480 年至前 460 年，雕刻的新纪元也有 Aegina 的 Athena 庙与 Olympic 的 Zeus 庙作纪念。这些雕刻为从前所没有的，我们看他们的体裁的内容便能明白了。Athena 庙先 Zeus 庙十四五年落成，它的东

---

❶ 邓以蛰："戏剧与雕刻"，见《邓以蛰全集》，安徽教育出版社 1998 年版，第 69 页。

❷ 同上书，第 73 页。

❸ 邓以蛰："戏剧与道德的进化"，见《邓以蛰全集》，安徽教育出版社 1998 年版，第 61 页。

西两面的雕刻（Pediments）都是"希腊人与厥罗伊❶人之战"的故事。
Athena 立在中间，像是指挥保护两旁的战士；除了尊严的 Athena 之外皆是裸体，人人左手执盾，右手持枪，作交锋的态度。右边的盾一律向外，遮没身子的中部，左边的裸体则被盾的凹面托出；以盾的向背，把全部的空间略显出深浅来。两端倒卧在地下的战士，身上所中的箭还未拔出；正好与图中长枪相显映；Athena 脚下还有一个战士横卧着，又与两端倒卧的为呼应，结构是如此的调和紧凑。面孔的表现虽犹嫌单调，但躯格筋骨，倾欹挣扎之美，只合赞叹了。"所谓 Pediment 就是庙的前后东西两面屋顶下人字形的三角的称呼，上面所讲的部位，Athena 最高，两边余下的倾侧，跪下，倒卧，如此，摆在三角形的里面自是一篇极匀称紧凑的结构。至于故事并显不出与雕刻本身有多大的关系来。"❷ 雅典娜是受人尊崇的女神，她是穿衣的，不能像人一样是裸体的，与其他裸体人物显出了对比。当然作品里的对比不只此一处，邓以蛰分析了作品中对比的其他例子，指明了其结构调和紧凑。对于战斗中敌对双方的激烈相战情形，雕刻家也有极力的渲染。且雕刻神、人从高到低都有安排。这极匀称紧凑的结构有了形式上的相对独立性，即使不去考虑故事的内容，也是能够进行欣赏的。这一作品的缺点是面部的表情不足，不大丰富。看来光是雕刻动作，不去思考表现表情也是不够的。邓以蛰说这一作品故事并显不出与雕刻本身有多大的关系来，他还说过类似之话，"至于图中的故事观者知道与否都觉无甚关系"，不影响人们对雕刻之美进行欣赏，还以巴特农神庙的雕刻作品为例加以说明。❸

　　邓以蛰觉得：Zeus 庙上的雕刻，简直是整个的故事了。它的东面 Pediment 是 Pelops 与 Oenomaus 比赛御车的故事。希腊西南部 Pisa 王 Oenomaus 因为有神的启示，说他要为女婿所杀，而他所御的车，马是天下的第一神骏，自命无人能胜过他的。所以凡有人来向他的女儿 Hippodamia 求婚的时候，他必说有能胜过我御车的，我就应允他们的婚事。一个个的都输下去了。忽然间有一个海外王子名唤 Pelops 的，先行贿于 Oenomaus 的车夫

---

❶　今通译特洛伊。

❷　邓以蛰："戏剧与雕刻"，见《邓以蛰全集》，安徽教育出版社 1998 年版，第 74 页。

❸　杜寒风："邓以蛰的戏剧美学思想"，载《艺术学研究》第 2 卷，南京大学出版社 2008 年版；杜寒风："邓以蛰的雕刻美学思想"，载《艺术百家》2014 年第 6 期。

Myrtlus，暗中取下车钉，使王御车时发生阻碍，果然，Pelops 胜过了，于是与 Hippodamia 结了婚。宙斯之孙佩洛普斯达到了他的目的，是通过行贿使坏的不当手段获得的，厄利斯的皮萨地区之王俄诺马俄斯自恃有神骏而麻痹大意，疏于防范，终于输了比赛，因怕被未来的女婿杀，不让女儿出嫁也是不对的。雕刻家表现这一故事也很好地表现了神人的动作、心理。

这个雕刻中间是众神之父的 Zeus，面向着 Pelops 这边立着（面的向背许是暗示了他的同情），作这场比赛的见证。Zeus 的右边，第一个正面站着的就是 Pelops，右手持了枪，左手挂着盾，在与他的地位相同的那一边（Zeus 之左）立着的就是雄赳赳的 Oenomaus，枪则持在左手（与右边 Pelops 持在右手的好相称）；立在 Pelops 的下手的就是他未来的妻；那一边是她的母亲 Sterope 很疑虑的神情，与她的丈夫并立着；再下两边站的同是四匹马和仆从，也许 Myrtilus 在其中。幸亏雕刻家是取了正预备比赛的光景：大家都是立着等待的样子来表现。我们所觉得的美处是图中各个体态神情与人马布局的匀称，这位雕刻家还算没有什么出位的尝试。❶

宙斯作为裁判在作品中间立着，面向王子，暗中是倾向于王子取胜的。王子与女儿之父都持枪，左右手有不同，母亲的站位与女儿不同，女儿站立在王子的下手，母亲则与丈夫并立，邓以蛰说她很疑虑的神情，也是看到了这个人物的矛盾的心结，她应该是希望丈夫赢的，可也希望女儿嫁人，其心最放不下。两边的马、仆从也做好了准备。除了王子和被他买通的车夫外，大家不知道比赛的结果最终谁会赢得（王还自以为他会赢，实际他不知道自己已被人算计了）。邓以蛰分析了这一作品雕刻家选取了正预备比赛的光景，就是选择了最有意义的一个结晶点或中心点，这一时刻，能够较好地刻画人物的心理、精神。等待比赛开始的时刻，也应是心有所待的时刻，比赛双方及仆从都绷紧了心弦，当然比赛进行中，可能更为紧张，但雕刻家表现比赛双方及仆从立着等待的样子，也是抓住了时刻的节点。他不会选择赢了比赛，结果知晓的时刻，那应是紧张消除的时刻，没有悬念的时刻，不适合雕刻所应表现的结晶点。

在邓以蛰看来，到了西面 Pediment，那位雕刻家却是胆子大起来了。他

---

❶ 邓以蛰："戏剧与雕刻"，见《邓以蛰全集》，安徽教育出版社 1998 年版，第 74～75 页。

的取材是 Lapithae 与 Centaur 的故事。希腊北部 Lapith 民族所居的 Thessaly 的山中有一种半人半马的人类，渐渐也同 Lapithau 交往。一日 Lapiths 的王 Pirithaus 结婚，Centaurau 民众也在招饮之列；这般 Centaurs 酒热情狂之下就来抢夺新王娘同庭内的美女。于是 Lapithae 出与相战。"这个雕刻就是两方混战的光景：中间立着 Apollo 指挥阵地，两旁贴近他的都是三人打作一群：一个女 Lapithau 同一个 Centaur 缠缚抵抗，一个男 Lapithau 举起斧头向此 Centaur 砍下的样子团结一群。但两群的动作部位虽则匀称，而结构不甚相同；再向两边去，一群一群的女 Lapithae 与巨大的半马半人的 Centaurs 相纷挈，身子都是曲的曲，倒的倒；全部正将三角的空白布置得恰到好处。不独动作表现得淋漓痛快；即身首衣摺虽在混战中也还秀丽生动得很。"❶ 同样是神位于中间，两旁贴近太阳神和光明之神阿波罗的三人打作一群。两群的结构明显不同，两边的群群间之争斗更是动作幅度大，身子有曲的，有倒的，场面混乱，完全失控。这位雕刻家在布置三角的空白上，又有其妙处。乃至于表现争打，雕刻家不只在动作的表现上，在衣摺的表现上也让邓以蛰折服，作品中的身首衣摺增添了动势，于是在静止的雕刻作品上产生了运动的感觉。

邓以蛰说，这些故事的雕刻似乎是 Aeschylus 的悲剧在舞台上的表演的化石。有此雕刻 Aeschylus 悲剧不独文字上的存在，它们的动作我们也可以想见了。并且二者的出发点，都是以希腊战胜波斯这件事为开步的号令；并驾齐驱，直到 Phidias 出来，才把雕刻纳诸正轨。现存古希腊雕刻作品为后人保留了当时戏剧演出的生动记录。雕刻、戏剧表现的体裁同是人的体格与人的动作，但雕刻表现戏剧的故事，还是与戏剧不同，作为一种独立的艺术，可以产生与戏剧不同的艺术效果，以致可以同戏剧相抗衡，产生雕刻独有之美，使无生命的自然物质材料，也有了生命的气息、生命的温度和生命的姿态。

按照邓以蛰的理解，古希腊雕刻的作品，可以与悲剧一样，充满了"悲悯与恐怖"，犹不失与悲剧抗衡的身分。这是他的理论的提升，是在对古希腊雕刻与古希腊悲剧相比较的研究中得出的重要观点。

---

❶ 邓以蛰："戏剧与雕刻"，见《邓以蛰全集》，安徽教育出版社 1998 年版，第 75~76 页。

"马其顿的亚力山大威力远播，广有臣民以来（从纪元前 3 世纪起），希腊的信仰渐渐也散漫驳杂起来了。人民特偏向情感方面。雕刻反较前尤甚的走入戏剧之途。在不朽的 Niobe 与 Laocoon 两雕刻上已觉得出这种倾向。"❶ 邓以蛰写道：Niobe 有七男七女，都极丰美强干，因夸于 Leto 之前，Apolle 与 Artemis 明白了他们的母亲 Leto 起了妒刻心，于是将 Niobe 的子女一一射死。Niobe 群像的雕刻家就取：Niobe 眼看着 Apollo 的箭又要落下了，未倒的子女还都在惊讶张皇，最小的女儿怕着躲到母亲的怀里去了，Niobe 徒劳地拿右手给她的细嫩的身子遮住，左手提起自身的衣服，不知道掩护哪一个的身子的是，取这般光景为表现。勒托的儿子阿波罗与传说中的丰收女神女儿阿尔忒弥斯为了给母亲消气，将忒拜王之妻尼俄柏的子女一个不留都射死了，而雕刻家在此只选取了阿波罗射杀尼俄柏子女的场面。阿波罗对尼俄柏的子女开了杀戒，他丝毫没有怜悯之心，尼俄柏面对阿波罗向自己的孩子射箭，她恨不得自己代替孩子去死而把孩子留住，她作为母亲有一种本能的护犊之情，虽然挡不住阿波罗射出来的死亡之箭，但尼俄柏也要努力去保护她身上掉下来的骨肉。邓以蛰对于此雕刻赞叹道：

> 这是何等感情浓厚，一本顶好的戏剧材料！虽然在雕刻上，子女们的丰满的身子，绝望无救的神情与衣纹飞动的流丽，美是美极了的。Laocoon 虽 Lessing 给它辩护，说他所微张的口，不是失望的号叫；但此雕刻所表现的，露出悲剧的"悲悯与恐怖"的成分，却是充量了吧？至于小亚细亚 Pergamum 神坛上的雕刻，是"希腊人与巨人之战"的故事；而它所表现的动作，猛勇震撼，虽 19 世纪的 Rude 的 La Marseillaise 也不能过之。Michel Angelo 的 Last judgement 假使是雕刻，它可以同 Laocoon，Pergamum 神坛成一宗派。此等雕刻艺术的惊人处，虽不可磨灭，然而免不了是戏剧式的！❷

《拉奥孔》是希腊化时期的代表性作品，取自古希腊古代传说。特洛伊

---

❶ 邓以蛰："戏剧与雕刻"，见《邓以蛰全集》，安徽教育出版社 1998 年版，第 80 页。

❷ 同上书，第 81～82 页。

城的神庙祭司因识破希腊人的木马计，不要特洛伊人上当，因而得罪了支持希腊人的神，神大怒派了两条蛇，把拉奥孔和他的两个儿子缠死。拉奥孔作为父亲，无力去救两个儿子，与作为母亲的尼俄柏眼看着自己的孩子被射杀，无力去救孩子们，那种痛苦，那种绝望，是有相通之处的。对于被德国启蒙运动时期的思想家、文艺理论家、剧作家莱辛称颂的拉奥孔，邓以蛰并没有对莱辛说拉奥孔所微张的口不是失望的号叫做出定论，也没有对作品进行详细的分析，但邓以蛰以为它露出悲剧的"悲悯与恐怖"的成分，却是充量的，佐证了戏剧式的雕刻表现悲剧的动作可以跟悲剧相抗衡的观点。小亚细亚 Pergamum 神坛上的雕刻，"希腊人与巨人之战"的故事，戏剧效果强烈，战斗场面壮观紧张，为了给人视觉的震撼，更好地表现战斗之激烈、胜利之不易，雕刻家采用深刻与镂空雕结合的手法，使浮雕人物接近圆雕人物，巨人终被制服，即使是 19 世纪法国著名雕刻家吕德的《马赛曲》也难以超越之表现的动作。意大利文艺复兴时期的雕刻家、画家和建筑工程师米开朗基罗假使是雕刻《最后的审判》（实为西斯廷礼拜堂壁画，画面有戏剧性的紧张），它可以同《拉奥孔》、帕加马神坛成一宗派，有共同的艺术追求。"邓以蛰对雕刻古希腊神话传说中的尼俄柏与拉奥孔的作品走入戏剧之途的倾向，做了评点，说明人民特偏向情感方面，雕刻免不了是戏剧式的。戏剧式的雕刻，既可表现悲剧中的动作，也可表现喜剧中的动作，雕刻的进化与戏剧如出一辙的地方是存在的。"❶ 邓以蛰对于这些戏剧式的雕刻也没有一棍子打死，它有其存在的合理价值，也有它的艺术性。戏剧式的雕刻，悲剧中的动作与喜剧中的动作都可表现，各取所需。雕刻家与戏剧家的创作相呼应，戏剧式的雕刻表现与戏剧的表现各有各的特长。至于希腊的 Tarra – Cotta 小塑像，是一种用凝灰岩雕刻的半身雕像，邓以蛰也承认它是惟妙惟肖，其动作是喜剧中的动作。"这类雕刻或是雕刻家的闲情逸致的戏品，然而设想到这样细小的东西若变成数尺或一丈来高的紫铜或白石的巨像，……试问还能成其为艺术么？Phidias 的 Athena 是保卫城池的女神，不是专门与人以娱乐的戏品；……到底雕刻有雕刻

---

❶ 杜寒风："邓以蛰的悲剧与喜剧理论"，载《戏剧文学》2009 年第 8 期。

所应当表现的所在，错了就不成功！"❶ 雅典娜女神是庄重的、严肃的、神圣的，不能划分为喜剧作品。"雕刻喜剧作品，或是雕刻家的'闲情逸致'所致，它们创作出来供人娱乐，不大适合表现庄严端定的题材。在体积上不以大取胜。邓以蛰对悲剧、喜剧在戏剧、雕刻艺术中的形态表现，是有其所做的界定的，有些题材适合用喜剧表现，有些则不适合。而悲剧往往与社会生活中崇高、伟大的。"❷ 像 Tarra – Cotta 小塑像这样细小的东西就适合表现它自身所属的题材，如果把它们改成巨大的雕刻作品，就不适合了。

邓以蛰以为古希腊雕刻艺术由美的方面来讲，是它们表现的躯格筋骨之美，动作形态的变化，布置结构的紧凑调和这些地方，带有总结的性质。他称赞巴特农神庙的雕刻作品"静穆圆润，美到极处"。解放前他对古希腊雕刻艺术的基础是唯物还是唯心未作评论。解放后，邓以蛰在其发表的《中国艺术的发展》一文里，把包括古希腊雕刻艺术在内的古希腊艺术与中国古代艺术作了比较，以为中国艺术是唯物的，古希腊艺术是唯心的。中国艺术是唯物的。它不像——譬如说希腊的艺术，在公元前 7 世纪的时候，一开始就从埃及学来的柱形人像雕刻发展成神像雕刻；虽然希腊艺术表现的方式是极其自然主义的；但它的基础是唯心的。中国艺术的基础是生产斗争，所以发展成为玉器（包括石雕、骨刻）和铜器两项大的工艺艺术。从工艺慢慢发展成为动物（包含人物）、山水的绘画。虽然邓以蛰解放前就强调过雕刻表现绝对的超乎人事的品格，但无有人事的表现，表现神就难以附着。神是按照生活中的人来塑造的，神人同形同性。虽然邓以蛰指出了古希腊雕刻艺术的基础是唯心的，但不会影响这些雕刻作品的独特品质，即使表现出这神那神，也需要雕刻家写实的功力。"自希腊罗马之爱群众生活，露体的游戏，平时着衣又极柔薄，易得显出身体的骨格，几无处不把人当作审美的中心；……Hegel 说欧洲近代艺术，是从希腊理想时期的雕刻入到感情丰富的绘画。这是说近代欧洲艺术，是感情的艺术。感情与人生，原是一体。"❸ 古希腊雕刻艺术兴盛，有群众生活习俗的原因，对人体之美

---

❶ 邓以蛰："戏剧与雕刻"，见《邓以蛰全集》，安徽教育出版社 1998 年版，第 82~83 页。

❷ 杜寒风："邓以蛰的悲剧与喜剧理论"，载《戏剧文学》2009 年第 8 期。

❸ 邓以蛰："观林风眠的绘画展览会因论及中西画的区别"，见《邓以蛰全集》，安徽教育出版社 1998 年版，第 93 页。

十分推崇，雕刻家们在自己擅长的艺术之域加以创造性地表现。他们的人生观影响到了他们的创作。他们表现完美的人体，是他们最高之理想。不必说古典时期的雕刻，即使古风时期的雕刻，也是出现的新人。"早期的希腊雕塑虽然采用那种呆板的正面法，就像埃及塑像也有的情况那样，但是在重要的一点上却与埃及塑像有区别：它们是独立的塑像，也就是说不是依附在一个建筑物上。它们不再是装饰或者图解，而是目的本身，是一种自觉的新人的证明。"❶ 古希腊雕刻艺术注重人生的传统，在近代欧洲艺术里得到了延续，古希腊理想时期的雕刻，在表现情感方面，为后世艺术起到了榜样的作用，引发着人们对它们的热爱、礼赞、借鉴、研究。这使我们想到恩格斯在《反杜林论》中说过的话，"没有希腊文化和罗马帝国所奠定的基础，也就没有现代的欧洲。"

邓以蛰对古希腊雕刻艺术的评论，说明其有对古希腊雕刻艺术的谙熟之基与感悟之知外，其把古希腊雕刻艺术与古希腊戏剧艺术的发展联系起来研究，使我们今天研讨雕刻，也要具有联系与比较的意识，绝不能躲于一隅就雕刻评论雕刻，那样的话就难有宽阔的学术视野，也难有贯通的理论提升。

（杜寒风，中国传媒大学文法学部文学院教授、博士）

---

❶ ［德］林德曼、伯克霍夫著，吴裕康译：《西方艺术风格词典》，广西美术出版社 1998 年版，第 2 页。

试论中国历史电视剧文学语言的真实性

■ 杜莹杰

在历史电视剧中，语言是相当重要的艺术元素之一。语言作为历史电视剧最为重要的传达媒介，一方面它必须是观众能懂的，而不是莫名其妙不知所云的；另一方面，它又必须是相对陌生的，而不是非常熟悉的。客观的历史内容经过陌生化的媒介传达给观众，就会使他们产生真实的历史感。

一

历史电视剧文本的语言要古朴精炼，通俗易懂，应去掉一些现代人比较熟悉的词汇、术语，增加一些历史术语、称谓等，使现代语言具有历史语言的外貌，给观众造成相对陌生和似乎是古代语言的感觉。剧中人物的对话首先是古人讲的话，否则便不能成为历史人物的语言。还须和今人有相通的地方，不然就会失去观众，其创作的意义也荡然无存。剧中人物的对话还必须符合当时人物的地位、身份，符合他的性格逻辑，所表达的思想还要符合历史逻辑。只有这样，观众才可能与剧中的历史人物产生心灵上的共鸣。黑格尔在《维护历史的忠实》里认为要尽可能地把过去时代的人物和事迹按照他们的实在的地方色彩以及当时道德习俗等外在情况的个别特征去复现出来。德国人对于一切异时异方的特征都是最细心的记录者，时代、场所、习俗、服装、武器等在艺术作品里都要忠实地表现出来。这种要求从多方面甚至从全面去了解各民族精神的习惯使德国人在艺术方面不仅能容忍异时异方的离奇古怪的东西，而且不辞劳苦地要求在不重要的外在事物上也要做到极端精确。在表现发出动作的人物时，最重要的事就是让他们在语言服装等方面都要符合他们时代和民族性格的实际情况。黑格尔的话对中国历史电视剧创作无疑有着启发作用。历史电视剧的语言虽然属于现代文化的范畴，但它不应该充斥着大量的现代流行语。它有着古代语言的外貌，其实质是经过历史电视剧艺术家创造的艺术语言，而不是某个语言发展阶段的自然语言。这种陌生化的语言和历史内容结合在一起，在本质上虽没有历史文化和历史内容那种内在的一致性，但在观众的审美体验中，却变成了和历史内容相一致的历史文化。只有运用这种让观众信以为真的陌生化手法，才能达到用现代文化欣赏古代内容的目的。中国历史电视剧的文学语言，由于对史实❶有一定指谓性属性，除了非指称性语言外，还掺进可以和史实对象相对应的指称性语言。比如，电视剧《三国演义》，它的许多语义中的人物和情节、时间和空间、环境和地点都和真实的历史相吻合或基本吻合，能够给观众一种可以信赖的真实感，这样就在心理上解除了人们的怀疑和设防，认为这就是真实存在的。

二

诠释学大师伽达默尔认为语言与世界的关系不是普通语言学所认为的能指与所指的关系，而是摹本与原型的关系，并从中推理出"语言观就是世界观"❷"能够理解的存在就是语言"❸ 等结论。他强调世界只有进入语言才能表现为我们看到的世界，比如电视剧《大明宫词》莎士比亚化的台词给观众提供了走进大唐世界的桥梁，唐朝的历史在长篇华丽的词藻中闪现。《大明宫词》通过对西方戏剧的借鉴，完成其语言艺术上的突破和创新。《大明宫词》的诗化台词具有高贵、华丽、明亮和梦幻感风格，即"莎士比亚式"带有浓厚的哲理意味。导演郑方南认为："和以往我们处理古装戏的习惯不一样，《大明宫词》用了大量的文言和古语，这是一种戏剧语

---

❶ ［德］黑格尔著，朱光潜译：《美学》卷一，商务印书馆 1979 年版，第 341～342 页。

❷ ［德］伽达默尔著，洪汀鼎译：《真理与方法》下卷，上海译文出版社 2004 年版，第 574 页。

❸ 同上书，第 615 页。

言，有很多的修饰，富于哲理。或许有人听起来觉得不太习惯，但它有自己的特色。"❶ 编剧王要坦言深受《唐璜》的影响，他说："其实对我们创作影响最多的是《唐璜》。我们1998年4月开始写剧本，写到8月，手边一直放着一本《唐璜》。每写一句，就念一句，感受对白的声调、节奏、起伏和其中的情感。从听觉中感受韵味，也体会其中的人物关系。人物有时亢奋，有时低调。"❷ 总之，通过对西方戏剧的借鉴，完成了该剧艺术上的突破和创新。我们相信这会给中国的电视剧坛吹进一股新鲜的空气，使之得到很大的改观。

清代的李渔认为剧作家在写古人古事时，应该"其事不取幽深，其人不搜隐僻，其句则采街谈巷议，即有时偶涉诗书，亦系耳根听熟之语，舌端调惯之文，虽出诗书，实与街谈巷议无别者"。❸ 这与黑格尔所提出来的历史文学创作可以"破坏所谓妙肖自然的原则正是艺术所必有的反历史主义"❹ 有着内在的统一性。由于古代没有录音设备，我们不可能得到真正的"历史语言"的任何资料，即使被史学家当作历史语言记录下来的东西，都已经是人为加工过了的，比如有意拟古和文言化。因此，即便历史学家使用的语言，即每个字句都有出处，或者把历史记载的有关语言复制到作品中去，也不可能成为真正的"历史语言"。

当然，我们既要避免古人穿今人衣服，也不主张让古人满口之乎者也。唐朝刘子玄在论及历史书的言语的时候，曾经有过这样的主张："夫三传之说，既不习于尚书；两汉之词，又多违于战策：足以验氓俗之递改，知岁时之不同。而后来作者，通无远识，记其当世口语，罕能从实而书，方复追效昔人，示其稽古。是以好丘明者则偏摹左传，爱子长者责全学史公，用使周秦言辞，见于魏晋之代，楚汉应对，行乎宋齐之日，而伪修混沌，失彼天然，今古以之不纯，真伪由其相乱，故裴少期讥孙盛录曹公平素之语而全作夫差亡灭之词，虽言似春秋而事殊乖越者矣。"❺ 刘子玄是反对历

❶ 赵承妮、刘朴："《大明宫词》台词起争议"，载《扬子晚报》2000年4月7日。
❷ 徐虹、郭晓虹："《大明宫词》很诗化——访《大明宫词》编剧郑重、王要"，载《中国青年报》2000年4月17日。
❸ 李渔：《闲情偶寄·词曲上·词采》卷一，浙江古籍出版社1985年版，第21页。
❹ ［德］黑格尔著，朱光潜译：《美学》卷一，商务印书馆1979年版，第352页。
❺ 刘知几：《史通·言语第二十》，山东画报出版社2004年版，第39~40页。

史家不用当代语言记言记行而偏偏要用古代语言的，他的议论是对历史家说的；反过来，他这个主张也可适用于今人以古事为题材所创作的文艺作品。文艺作品与历史书不同，因此，它更讲究生动鲜明的形象性，所以文学语言"今古不纯""真伪相乱"也是不足取的。如果真让演员在舞台或屏幕上满口说着古话，就会使观众很难接受。黑格尔说得好："艺术作品之所以创作出来，不是为着一些渊博的学者，而是为一般听众，他们须不用走寻求广博知识的弯路，就可以直接了解它，欣赏它。因为艺术不是为所描绘的历史实况的外在方面也是如此。它也必须是属于我们的，属于我们的时代和我们的一个稀奇古怪不可了解的世界。"❶如果把包括语言在内的外在方面写得稀奇古怪而令观众丈二和尚摸不着头脑，不管它是何等符合历史实况，也会导致黑格尔所说的令人不屑一顾。为了使其与现代社会文化心理结构相吻合，不得不将历史内容符号化为属于符合时代的审美对象。荧屏上大多数优秀的历史电视剧作品，总是力求避免使用那些佶屈聱牙、冷辟艰深的古语，尽量使用观众能够理解的通俗易懂的语言。在词汇上尽量照顾观众，在观众听得懂的前提下不失历史氛围。在运用典故、成语上要慎审推敲，防止犯时代错误，如茅盾批评过的在写吴越之争卧薪尝胆的剧本里出现了诸如"东山再起""四面楚歌""谱新声将霓裳调翻""俗语称，国破山河在，城春草木深""三百六十行，行行出状元"等词句那样。因为典故、成语之类的词藻，年代越久则积累就越多，有很多甚至已经成了"陈词滥调"，信手拈来，作者也没有想到这个典故或成语在他所处的历史时期还没有产生，这样就违背了文学语言的历史科学性。概而言之，古代传承下来的基本词汇，所反映的历史时期流传至今的一般词汇，这两方面都可沿用，而特定时期流传甚广的，人们极为熟悉的词语，一般不宜用。正如郭沫若所指出的："历史剧假如一定要完全依照过去的历史，剧中的语言不用现代的语言而用古代的语言，那末这种语言究竟是怎样的一种语言，不但写剧本的人不会写，就是观众也是听不懂的。不过，写历史剧有一点最值得注意的，虽说语言是用现代语言，但总不能太摩登，一切总该有个

---

❶ ［德］黑格尔著，朱光潜译：《美学》卷一，商务印书馆 1979 年版，第 346～347 页。

限制，服装也是一样，太摩登太新派的时候是要破坏效果的。"❶

三

我国历史电视剧的文学语言从它的历史科学性来看，有些是不能令人满意的，这与有些剧作家缺乏文化修养、语言修养休戚相关。有些剧中所塑造的历史人物具有浓郁的现代气息，语言、举止上带有强烈的现代色彩，观众只能从服装、道具上拉开与历史人物的距离。很多台词是在我们这个时代才产生的新词汇，听上去比较别扭，让观众很难接受。

在电视剧《汉武大帝》中，汉景帝急于扭转诸侯国尾大不掉的局面，过早地颁发了削藩令。大臣袁盎急忙找窦婴商量劝阻景帝的对策。窦婴无计可施，袁盎发急，他慷慨激昂地说："天下兴亡，匹夫有责，您怎么能不管呢？"众所周知，"天下兴亡，匹夫有责"，这句名言出自明末清初的大思想家顾炎武之口，而今却从汉朝人的嘴里说出，台词所犯年代之错不言自明。长公主意欲说服景帝赦免梁王时竟说"天要下雨，娘要嫁人，随他去吧"。这句话本是毛泽东得知林彪出逃时所说的话，电视剧竟用一句当代流行语作台词，显然是不合时宜的。太皇太后死时，刘姓皇室中有人哭道："相煎何急？"这分明是三国时曹植之言。再如田蚡告诫韩安国"不要把鸡蛋放在同一个篮子里"这句话来自于西方的俗语。也许是编剧出于让历史电视剧更加通俗化而故意而为之，但台词过于现代化，犯了时代错误，使观众感觉缺少了年代的距离感。尽管这些缺陷、瑕疵也许无损于电视剧的总体形象，但如能进一步注重打磨，使人物语言更符合历史人物的历史身份，或进一步贴近现代的口语化，就会使历史电视剧增强历史感和厚重感。由此得知，现当代通用语、标准语的运用与现当代流行语的运用是不同的。这正如茅盾所指出的："剧本中出现了这些词汇，好像古代人穿现代服装，极大地减少了历史气氛。"❷对于这个问题，黑格尔的话很有参考价值："艺术家之所以为艺术家，全在于他认识到真实，而且把真实放到正确的形式里，

---

❶ 郭沫若：《郭沫若论创作》，上海文艺出版社 1983 年版，第 508 页。

❷ 茅盾："关于历史和历史剧"，见《茅盾评论文集》，人民文学出版社 1978 年版，第218 页。

供我们关照，打动我们的情感。在这种表现过程中，艺术家应该注意到当代现存的文化、语言等。" ❶

有人认为文学是运用语言的艺术，即文学是用语言创作的；也有人认为文学是被语言操作的，亦即语言使文学成为文学。不管哪种见解，都强调了语言在文学中的作用。文学语言较之其他文学形式更受俄国形式主义理论的重视。雅可布逊有句名言说诗歌是对普通语言有组织的违反。所谓文学语言，指的是标准语，不同于文学作品这一概念，在形式主义理论话语中，是一种特殊的非指称性的语言，一种受阻的文字形式，与普通语言有着明显的差异性和疏离感。文学作品中大量地存在着对语言的变形和陌生的现象。戏剧语言更是如此，它或是偏离一定的语法规范，连动、连宾、连主谓连绵不断；或是改造普通语言的词性，造成一种奇异的表异效果；或是将艰涩、深奥的语言转化为平实、质朴的叙述；或是将现代感十足的叙述语言和当代口语、风土化方言合为一体。历史电视剧作为一门独特的艺术形态，它的语体形势既不是绝对的文言文，也不是纯粹的现代白话文。因此，我们既不能纯历史化，也不能过于现代化，而是力求文本语言的朴素化。应该在现代语的基础上有意化用一些富有表现力的成语典故，这也是陈白尘在《历史与现实》中所说的 "历史语言 = 现代语言 – 现代术语、名词 + 农民语言的质朴、简洁 + 某一特定历史时代的术语、词汇。" ❷ 因为艺术所应该做的事不是把它的内容刨平磨光，成为这种平滑的概括化的东西，而是把它的内容加以具体化，成为有生命有个性的东西。对此，郭沫若有着独到的见解："我们现代的言语在几百、千年后倒是可以流传下去的，因为我们已经有录音的工具。但几百、千年的言语呢？不要说几百、千年，就是几十、百年前也就无法恢复。但史剧用语多少也有限制，这和任何戏剧用语都有限制是一样的。根干是现代语，不然便不能成为话剧。但是现代的新名词和语汇，则绝对不能使用。在现代人能懂的范围内，应该要掺进一些古语或文言，这也和写现代剧要在能懂的范围内使用一些俗语或地方语一样。不同的只是前者在表示时代性，后者在表示社会性或地

---

❶ ［德］黑格尔著，朱光潜译：《美学》卷一，商务印书馆 1979 年版，第 352 页。
❷ 吴秀明："论历史文学独特的语言媒介系统"，载《文艺理论研究》2003 年第 2 期。

方性。"❶ 采用这样的语体形式，既让观众感到亲切可解，又使人产生一种陌生奇异之感，在艺术欣赏中达到有历史距离的特殊美感的升华。

（杜莹杰，中国传媒大学文法学部文学院副教授、博士）

❶ 郭沫若：《郭沫若论创作》，上海文艺出版社1983年版，第505页。

神话与现实的交汇 神性与人性的统一*
——38集大型神话电视剧《妈祖》评析

■ 刁生虎

俗语说:"有海水处有华人,华人到处有妈祖。"中国海洋疆域辽阔,华人足迹更是遍布天下,因此妈祖信仰已经随着国人外出奋斗的脚步而在世界华人圈具有了深远的影响力,可以说,妈祖文化遍布全世界。民间关于海神妈祖的传说流传甚广,但长久以来荧屏没有诞生一部制作精良、全面反映妈祖生平事迹的电视剧。这一缺憾在2013年开年得以弥补,由中共福建省委宣传部、中央电视台电视剧管理中心、福建省莆田市人民政府、中共天津市滨海新区委员会宣传部、中共天津市滨海新区文化广播电视局、莆田广播电视台、北京网连八方文化传媒等单位联合摄制的根据中国著名神话小说家周濯街同名小说改编而成的38集大型神话电视剧《妈祖》于年初在中央电视台电视剧频道(八套)首播后旗开得胜,社会反响强烈。随后该剧又在中央电视台综合频道(一套)下午档重播,一部古装神话剧能够在短时间内两度亮相央视,且以平均收视率4.0714%,最高收视率5.222%,妈祖百度指数近15万的骄人成绩,在全社会掀起了"妈祖热",这在中国神话剧播出史上实属罕见。本文尝试分析该剧的成功和不足之处,希望能对繁荣电视文艺有一定的借鉴和启示意义。

* 本文为北京市广播电影电视局委托项目"北京电视剧专家评议研究"(HW12054)、"北京广播电视节目专家评议及网络舆情研究"(HW12056)阶段性成果之一。

　　该剧的成功之处主要有以下几点：

　　（1）作为国内首部弘扬妈祖精神和文化的神话剧填补了大陆电视剧的题材空白。该剧是国内首部演绎妈祖立德行善、福泽百姓的大爱精神及保疆卫国、抵御外敌的英雄壮举，借以弘扬妈祖文化的神话剧。妈祖是历代渔民、船工、海员、旅客以及海洋贸易者共同信奉的海神。有关妈祖的传说迄今已有 1000 多年的历史。其护国救民、斩妖除魔、母仪天下的事迹不仅在民间广为流传，而且被宋、元、明、清历代 26 位皇帝先后加封 36 次，敕封的爵号由"夫人""妃""天妃""天后"到无以复加的"天上圣母"，使妈祖无论在民间还是官方都获得了至高无上的尊崇。如今，妈祖信仰也早已由最初的国内沿海地区迅速扩展到中国台湾、香港、澳门地区和东南亚乃至世界各地，妈祖信仰不仅是我国优秀的民俗文化传统和宝贵的民族精神财富，而且业已成为中国首个信俗类世界人类非物质文化遗产。千百年来，妈祖的传说通过戏曲、建筑、雕刻、绘画、舞蹈、音乐、书法、文学等艺术形式得以流传，但借助影视媒介展现推广在我国大陆地区尚属首次。中国电视艺术家协会荣誉主席、中央电视台原台长杨伟光慧眼识珠，高度肯定了妈祖神话题材的价值与意义，精心策划了该剧的拍摄。经过剧组全体工作人员的倾力打造与锦上添花的后期制作，该剧于年度之初登上荧屏，"飞入寻常百姓家"。该剧以妈祖人神变化的生平事迹为主线，以民间广为流传的 30 多个民间传说为素材，以现代先进影视制作技术为依托，经过整合、加工、改造及大胆的艺术创作，融合了神话、传奇、悬疑、武打、爱情等多种元素于一体，通过妈祖抢险救人、除暴安良、广施仁爱、降妖伏魔、保家护国等感人故事，讲述了妈祖除暴安良、济世救人、护国庇民的大爱功德，展示了博大精深的妈祖文化，并揭示了台湾和福建的文化关系，弘扬了以妈祖文化为代表的东方海洋文化。因此，该剧在当下与观众见面，可谓恰逢其时。

　　（2）剧中妈祖形象及精神具有多重而又深远的积极意义。近年来被搬上荧屏的神话剧为数不少，其中不乏优秀之作。但像《妈祖》这样倾力塑造一位广施恩泽、救苦救难的主人公形象，具有积极正面的鲜明价值导向，并且能够提升观众精神境界、净化观众心灵，给大众带来强大正能量的神话剧却不多见。《西游记》中深入人心的孙悟空形象也只是唐僧西天取经的保驾护航者而已，妈祖却敢于以凡人的血肉之躯救危扶困与妖魔鬼怪殊死搏斗，以一己之身护佑天下苍生。剧中的妈祖无论是作为凡人还是作为海神，都饱含慈悲情怀，以救助天下苍生为己任。妈祖福泽百姓的大爱情怀也感染影响了身边的人，如其父林愿不顾自身安危为民请命，为了营救上万名从无名岛撤离的渔民在浪高风大的夜晚找到正确的航向，不惜舍弃家庭利益烧掉自家房屋，为渔民指明方向；其母王氏因挽救染上瘟疫的小姑娘桂花的性命，不幸离世；深爱妈祖的吴宗伦为了让妈祖安心履行海上救难的工作，甘心做妈祖有名无实的丈夫，他最终在与敌寇的激战中牺牲；就连龙宫中的四王子狴犴也被妈祖救苦救难的善行所感动而加入到了水阙仙班中以救百姓于危难之中。因此，《妈祖》不仅是一部神话剧，更是一部人文精神剧，其寄托了中华民族对周围世界和现实生活的美好期待，体现的是人类共同的价值观念，具有跨越时空、跨越国界的魅力。概括说来，剧中妈祖形象和妈祖精神的积极意义主要有：①建构和谐世界的意义。与以往神话剧大多局限于视觉刺激而缺乏心灵滋养不同，《妈祖》在增进视觉特效的同时，更着重于人文精神的挖掘与表现，剧中所蕴含的和谐理念和精神便是一大亮点。人与自然的和谐、人与人之间关系的和谐、人与社会的和谐、人自身的和谐以及整个世界的和谐等理念构成了中国传统文化的核心理念和根本精神。❶ 而《妈祖》这部电视剧就是对中国传统和谐理念的传承和发展。中国文联原副主席李准说：“《妈祖》具有强烈的现实意义，它讲述的故事，超越了民族与地域，是世界性的话语，其中倡导的维护和平、友好通商、自由来往等，符合人们内心的期待。”❷ 总后勤部电视艺术中心主任、著名编剧马继红说：“电视剧《妈祖》正是以这种亦人亦神的视角，讲述了妈祖从凡人到海神的励志成长，构建了人自身、人与自然、人与社会、人与他人和谐相处的时尚主题。”❸ 在总导演路奇看来，“妈祖信仰之所以能传扬全球，归根到底是其蕴含的生命珍爱、正义、勇敢、无私、孝悌、仁爱等‘大爱之道’，既根植于中国传统文化又具有普世价值。……

---

❶ 刁生虎：“儒家仁学的普世情怀与和谐世界的当代建构”，载《兰州学刊》2010 年第 1 期。

❷ 王国平：“既要‘解乏’，也要‘解惑’——专家围绕电视剧《妈祖》谈文艺创作责任”，载《光明日报》2013 年 1 月 24 日第 9 版。

❸ 同上。

大爱既无国界又无古今差别。妈祖高尚的人格与神格不仅表现在她降妖伏魔、护国庇民的善举上，更体现于她的和平仁爱之心。这是放之四海而皆准的普世价值。"❶ 因此，与以往神话剧娱乐大于社会教育不同，该剧从生动曲折的妈祖生平事迹中，反映妈祖文化的悠久历史和立德、行善、大爱的丰富内涵。妈祖所代表的大仁、大爱、宽容、和谐的精神对构筑和谐社会、和谐世界、和谐人际关系具有重大积极意义。②和平维护海洋权益的意义。正如《妈祖》制片人杨平所说："在提倡海洋文化、蓝色文明的今天，《妈祖》作为央视的开年剧非常适合。妈祖是一位从草根成长而来的海洋女神，以德、以善去征服、感化妖怪，反映的是和谐和大爱精神。"❷ 她守疆固土、劝退外来侵略的情节体现了妈祖这位海洋女神带来的是和平、自由、平等与共存的思想。她在由人到神的成长过程中所贯穿始终的就是这种维护海域和平、安全，造福黎民百姓，其所救助的不仅有湄洲岛本地的渔民，而且有政府的官船，还有来自欧亚大陆的商船，这说明中国海神妈祖带有明显的和平理想和普世价值，而这也正是中国海洋文化的集中体现。在中国甚至整个东方，海神当属妈祖，其不同于代表勇敢、冒险、征服等西方海洋文明和精神的希腊神话中的波塞冬，这一形象的存在彰显了中国作为当前世界上一位负责任的大国无论是在维护陆地合法权益还是海洋合法权益方面都始终贯彻着和平共处的外交理念。③两岸互动交流的意义。文化认同是民族认同、国家认同的基础。妈祖文化是中华民族在长期的历史发展过程中形成的，为海峡两岸所共同认可的文化精神和传统，它不仅历史悠久、源远流长，而且充分表现出巨大的亲和力、凝聚力和向心力，已成为连结海峡两岸亲情的精神纽带，因此妈祖精神的传播对两岸同根同源的文化共识具有重要作用。第 35 集中妈祖为了阻止飙屃将澎湖岛背走，于是用加入固铁石锻造的铁链将澎湖岛与大陆牢牢地拴在一起，为了不影响行船安全将铁链藏入海底。岛上居民齐声高呼："澎湖岛再也不会与大陆分离了！"吴宗伦总结式的发言更是寓意明确："这条铁链表面上看不见，可它却真实地存在于两岸之间，深深扎入炎黄大地，它是两岸人

---

❶ "2013 开年大戏《妈祖》盛大首播，聚焦人神励志蜕变"，载《新华娱乐》2012 年 12 月 27 日。

❷ 吴旭涛："《妈祖》今日登陆央视黄金档"，载《福建日报》2012 年 12 月 31 日第 7 版。

民血脉的象征。从此以后，澎湖岛就再也不会离开大陆了！"由此可见，作为中央电视台 2013 年开年大戏的《妈祖》的播出，必将进一步增进海峡两岸同胞血浓于水的亲情，推动两岸关系和平发展。④成长励志意义。与以往神话剧"天生法力"不同，《妈祖》中的林默娘是肉体凡胎，绝非神仙天生。妈祖的大爱、神力和智慧源自百姓生活，其成仙历程更是由下而上、坎坷不断的奋斗之路。"妈祖不是生来就是神仙，而是从普通渔家女变成了后来的海神。她有仁爱济世之心，同样需要苦学，多做善事才能增长自己的本领，所以她的成长史是一部极具现实意义的励志片。"❶ 这就决定了《妈祖》的播出对纠正当今社会一夜成名、投机取巧的不良现象具有重要的启示和警醒作用。⑤反映现实意义。《妈祖》中有不少情节饱含寓意，映射当今社会热点问题。如第 10 集县官汪施旗包庇勾结海匪走私粮食，捞取不义之财引起百姓公愤的情节设置，很容易使观众联想到当下中央下决心解决部分官员贪污、社会腐败问题从而确保人民群众合法权益不受侵犯的举措。

（3）由人到神的成仙之路更加贴近现实生活。与以往神话剧中"天生神仙"的塑造模式不同，该剧中的妈祖是个集人性和神性于一身的形象。该剧以湄洲岛渔村姑娘林默娘的一生经历为叙事主线，按照默娘出生、少女默娘、成年默娘到羽化成仙等由人到神的蜕变过程展开 38 集故事。第 1 集与第 2 集前半部分是讲述赤脚大仙为维护海洋平安、保护渔民生命，在王母娘娘的支持下准备在凡间培养一位海神。生母王氏跪拜观音得子，怀胎 14 个月诞下默娘，默娘出生时红光闪闪，满屋飘香，预示着她不平凡的人间经历，同时出生月余仍然缄口不语，故取名默娘。第 2 集后半部分与第 3 集描写天资聪颖的少女默娘勤奋读书、行善积德受到菩萨与赤脚大仙的点化。第 4～20 集重点刻画拥有些许法力的成年默娘庇佑百姓与水怪斗法的事迹。第 21～38 集描写了羽化升天的妈祖组建水阙仙班，制服以龙宫二王子夫妇为首的邪恶势力，营救上万名渔民的故事。沿着这条叙事主线，中间穿插诸如观音送子、怀胎年余、观井得符、圣泉救疫、使节脱险、伏妖救

---

❶ 张博："即可以结婚又会说英语——央视开年大戏《妈祖》引热议"，载《东南早报》2013 年 1 月 10 日 B06 版。

父、绣鞋化舟、帆髻示志、收复高里鬼、祈雨济民、焚屋引航等 30 余个民间广泛流传的妈祖传说，从而清晰完整地描绘出妈祖由凡人到海神的成长历程。这种由凡人到神仙的蜕变设计，使妈祖集人性、神性、灵性于一身，缩小了观众对神仙虚无缥缈、高高在上、不食人间烟火的距离感，让海神回归人间和地面，具有了普通人喜怒哀乐的情感体验：预告天象失败被村中百姓误解，她也会委屈；哥哥遇难身亡、阿妈为救染上瘟疫的桂花去世以及丈夫吴宗伦战死，她也会悲伤；贪官勾结海盗，囤积粮食坑害百姓，她也会愤怒；被父母村民催促嫁人，她也会苦恼；嫁给自己喜欢的吴宗伦当新娘子，她也会开心高兴。就连与阿爹产生矛盾被罚跪背诵家规，她执拗得不肯认错、宁愿挨罚的情节也能让青少年联想到自己青春期的叛逆情绪。许许多多与凡人的相似之处让妈祖因十分"接地气"而更易被观众接受。"《妈祖》除了有'神气'，更接人气，从人出发最后回归到人。希望观众看后能有所启发，通过这部剧体验成长，感悟到大爱的力量。"❶ 制片方如是说。

（4）严肃认真的创作态度使该剧显得真实而又自然。要想成为一部被观众认可和经得起历史检验的优秀电视剧，就必须处理好真实与虚构的关系，处理好历史与现实的关系，并对历史做出艺术的表达。《妈祖》虽然并不是严肃的历史剧，只是一部有关海神传说的神话剧，但作为一部建立在上千多年中国历史和数十个民间传说基础上的神话剧，就决定了其必然无法回避历史真实和艺术虚构之间的关系问题。基于以往大量穿越剧、宫廷剧以及神话剧的失败教训，杨伟光毅然决定摒弃以往神话剧"重戏说轻史实"的弊病，主打妈祖真实世界，忠于历史观，忠于民间传说和古典文化进行拍摄，以再创经典为己任。"《妈祖》创意宗旨就是杜绝戏说，因为现在荧屏已充斥够多的戏说肥皂剧。妈祖作为无数华人心中的天后，应该被正确还原。我们不拍则已，拍了就要弘扬优秀民族文化，歌颂妈祖传统美德，净化人们灵魂。"杨伟光是这样说的，他也是这样做的。据有关报道，《妈祖》的创作过程是极其严肃认真的。①以杨伟光为首的剧组多次到湄洲实地考察，广泛听取各方意见，从而签订拍摄协议，定下相关方向和事宜；

---

❶ 梁巍："'神剧'热播引争议 妈祖咋还嫁人？"，载《半岛晨报》2013 年 1 月 7 日第 B09 版。

②编剧曾有情对妈祖的传说和史料进行了大量深入细致的研究，并多次前往妈祖故乡福建湄洲岛采风，共计收集七八十个有关妈祖传说的故事，按照既要合情合理又要符合妈祖信仰规范以及不可和民间传说相抵牾的原则，最终选择了观音送子、怀胎年余、观井得符、圣泉救疫、使节脱险、伏妖救父、绣鞋化舟、帆鬐示志、收复高里鬼、祈雨济民、焚屋引航等30多个故事，在此基础上写出剧本初稿；③剧本初稿刚刚出炉，杨伟光就请来总后勤部影视中心主任、知名编剧马继红、《当代电视》杂志副主编唐志萍、台湾南亚科技学院副院长蔡泰山教授和台湾洁兮艺术团团长樊洁兮等，与研究妈祖的专家、学者、群众一起给《妈祖》剧本把脉修订；④剧本定稿后，经过三个多月的紧张拍摄和半年多精益求精的后期制作，电视剧《妈祖》初步完工；⑤杨伟光等又到莆田请有关领导、研究妈祖的专家和群众，让其"先睹为快"，提出意见，再进行修改，从而更为准确地塑造了妈祖的形象；⑥该剧力争实景拍摄，此次《妈祖》剧组为求逼真，不惜重金造船，力求以最真实的方式还原属于妈祖的"神话世界"。正是这样的求真精神和精品意识，决定了《妈祖》虽然取材于神话题材，但呈现出极为严肃的历史态度。比如说作为产生于民间的一种信仰文化，妈祖文化衍生于佛教文化，同时又在传播过程中汲取了儒、道文化的精华，从宣教和通神的角度，劝导世人与人为善，助人为乐，体现了佛教的普度众生和惩恶扬善、道教的万物相生相克原则以及儒家和谐共处的处世原则。此种理念在电视剧《妈祖》中得以充分体现。如该剧中妈祖的诞生来源于林默娘母亲跪拜观音并吞咽观音所赐优钵花后怀孕十四月所生，而且出生时红光闪闪、满屋飘香，且出生后一个月都不曾哭泣，故名默娘。十余岁即潜心研读佛经、精通医理、治病救人，后更是窥井得符、腾云驾雾、救援海南以及最终羽化成仙。这与有关文献的记载是一致的。如《天后志》记载说："天妃，莆田林氏女，父惟悫，为宋都巡官，行善乐，礼大士求子，后母梦大士曰：'汝家世敦善行，上帝式佑，出药刃云，服此当得慈济之贶，道妊，诞时霞光射室，晶莹夺目，异乡氤氲，弥月不啼，因名默。十龄后，育经礼佛不少懈，后窥井得符，遂灵通变化，驾云渡大海，众号为通闲灵女，宋雍熙四年重九，白日飞升。"又《三教搜神大全》说林默娘的母亲"尝梦南海观音与以优钵花，吞之，已而孕，十四月始娩身，得妃（林默）。"该剧中除

观音属于佛教外，赤脚大仙、玉帝和晏公等则属于道教，而他们与妈祖都有不同程度的关联，尤其是赤脚大仙，自始至终都是妈祖背后最为有力的设计者和支持者。相较于佛、道而言，妈祖身上从凡人开始所具有的勤于学习、重于实践以及与人为善、助人为乐的仁爱进取精神则明显体现了儒家情怀。由此可见，电视剧中的妈祖形象和史料记载的妈祖品格是高度契合的。再比如说，电视剧中妈祖新婚之时特地为自己设计梳妆了一个帆船发髻（被称为妈祖头或帆船头），以此明志。还有其剧中所穿的代表性衣服为妈祖服和妈祖裤。这些也都是主创人员特地进行资料搜寻和实地调研后按照湄洲当地风俗习惯设计的产物。据记载，"帆船头"又称"妈祖头"，是将长发梳得像船帆一样，还在左右各插上一支波浪形的发卡象征船桨，而盘在发髻里的红头绳则代表船上的缆绳，一根代表船锚的银钗横向穿过发髻。传说是妈祖为祝愿渔民打渔一帆风顺而自己创造的发型。而妈祖服为对襟红边，以海蓝色为主调，代表妈祖对养育她的大海之热爱和崇敬。妈祖裤俗称红黑三截裤，其中红色象征火焰，寓意以水克火，以火克水，永保平安吉祥，代表妈祖对亲人的美好祝福；黑色象征妈祖对亲人的思念。妈祖服装暗含生活与自然环境的和谐与融合，代表着善良、勤劳、无私、奉献、勇敢、助人、忠贞、简约、淳朴的妈祖精神。总之，无论是宏观上的妈祖成长故事还是微观上的服饰装扮，该剧均努力做到有据可考，没有刻意的戏说和虚构，使全剧的情节逻辑自然而真实。

（5）科技特效打造奇幻炫目的视觉享受。该剧中凌霄宝殿庄严肃穆、仙雾缭绕；东海龙宫五彩斑斓、鱼儿穿游；沿海渔村古朴安乐，政府官邸富丽堂皇；大海时而安静祥和时而巨浪滔天；海妖狰狞狡诈海底兴风作浪，妈祖红衣潋滟上天入海勇斗妖魔……人神妖三界景象尽收眼底。尤其是其借助高科技设备将妈祖上天入海降妖除魔与海妖斗智斗法的动作特效演绎得震撼炫目，极具视觉冲击力。剧组从国外引进最新顶级数码设备和先进电脑3D动画特技软件，在后期制作中将电脑动画人物结合成真人，许多特效镜头都是运用新技术拍摄产生的。妈祖将绣花鞋投入大海，绣花鞋刹那间变成了一艘硕大无比的救生船；将铁钉抛入澎湖岛与湄洲岛的礁石之中，铁钉转眼变成了擎天柱，妈祖以身当锤，在铁钉顶部反复锤打，铁钉被牢牢楔入岩石中；人龟之间的瞬时转化；晏公与江小凡的面部快速交替转变等场景奇幻瑰丽，令观众仿佛置身其中，耳目为之一新。难怪有观众直呼《妈祖》就是一部海洋版的《西游记》。

（6）布景服装造型可圈可点。剧组力求再现当时社会的民风民俗，让观众领略到原汁原味的妈祖文化。在道具和布景上非常讲究，追求真实的艺术效果。演员刘德凯表示：渔民民居屋顶瓦片上都压着石头，剧中的房屋设计也是这样的。盘髻为帆、插簪为桨、旁发为海的"帆型头"造型也是遵循当地传统，当地八九十岁的老奶奶就是梳着这样的发髻。除此之外，个别人物形象的服装造型也是可圈可点。剧中人物造型由2008年奥运会形象设计师陈敏正亲自操刀，天上神仙王母娘娘、观音菩萨、地上妈祖的造型都十分符合人物的身份特征，其中妈祖的造型更是大方靓丽，令人赏心悦目。

（7）主题曲诠释该剧大爱主题。影视作品中的音乐元素对解读创作主题、刻画人物形象、诠释作品情绪起着极为关键的作用。高质量的音乐创作可以为作品锦上添花，优秀的作品也可促进音乐创作的流传推广，两者是相辅相成的关系。该剧中的主题曲由著名青年歌唱家谭晶演唱，金牌音乐制作人、中国音乐家协会主席赵季平与著名音乐创作人易茗联袂打造。"大爱弥天、雨露人间/情通四海、香火千年/大爱弥天、雨露人间/情通四海、香火千年/远古的征帆已经不见/动人的故事说到今天/风里浪里、传来声声呼唤/有妈祖同在/有妈祖同在，来去平安/圣洁的光环照亮海天/美丽的身影若隐若现/风里浪里、你救苦救难/你恩义昭昭，如日月高悬/如日月高悬/千里万里、风清云海/天地祥和、岁岁平安。"随着剧情演绎的深入，宁静悠远的歌声不禁引起观众强烈的心理共鸣。解读《妈祖》的歌词观众就不难发现，风里浪里的救苦救难，千年的香火传到今天，河清海晏岁岁平安，句句都在准确诠释《妈祖》的大爱弥天！与妈祖精神高度契合的《妈祖》音乐也是促成该剧在央视两度热播、收视率一路攀升不可缺少的重要因素。

（8）两岸三地群星倾情加盟造就强大剧组阵容。这部总投资高达3 600万元的电视剧，集结了国内一流的制作班底，主创阵容极为强大。该剧总策划和总监制是曾经参与策划、创作和审定了《三国演义》《水浒传》《雍正王朝》等90部大型电视剧，《邓小平》《毛泽东》等大型专题片以及《东方时空》《焦点访谈》《新闻调查》等名牌栏目的著名影视策划人杨伟光，总制片人是推出过《笑傲江湖》《射雕英雄传》《激情燃烧的岁月》《乔家大院》的全国十佳制片人孟凡耀，导演是指导《东方》《日月凌空》《西厢记》的路奇，编剧是因曾经创作热门神话剧《新天仙配》《王屋山下的传说》（又名《愚公移山》）而被业内誉为金牌神话编剧的曾友情，还有香港著名动作导演元德和《家有儿女》的制片人杨平等参与。演员则集结了两岸三地的明星，继《倾世皇妃》后刘涛、严宽、林心如再度联袂出演，刘佳、刘德凯、黄嘉乐、赵鸿飞等老中青演员与小童星关晓彤也齐聚海神麾下，可谓星光熠熠，从而保证了该剧的制作质量和较高收视率。

该剧的不足之处主要有以下几点：

（1）部分情节设置不尽合理。其主要表现在五个方面：①妈祖升天成为海神后玉皇大帝授命其组建并统领水阙仙班，专司海上救援之责，又派遣千里眼、顺风耳加入水阙仙班听命于妈祖。但在之后海上救援的情节中却再也没有两位神仙的身影，从天庭受命以来两人便消失得无影无踪。这样有头没尾的情节设计显然不尽合理。②贪官汪施旗请来圆通道人施法降服海妖晏公失败，晏公逃走。于是，晏公将怨气发泄在汪施旗身上，施法伤害汪施旗之子汪小凡。在第 3 集剧情中显示晏公将汪小凡腿部打伤，其倒地痛苦呼喊，但汪小凡并未就此殒命。然而第 31 集妈祖收服晏公时又突然冒出汪小凡就是晏公，剧情交待当年晏公将汪小凡杀死，交予厉鬼调教，高里鬼才是当年被晏公害死的汪小凡。虽然剧中有不少情节显示与妈祖（林默娘）的姐姐林妙珠成亲的汪小凡有诸多可疑之处，但将观众印象中并未死去的汪小凡与晏公联系在一起，又制造出种种悬疑情节加深观众对汪小凡的怀疑却稍有刻意制造波澜之嫌。③该剧中妈祖（林默娘）的姐姐林妙珠在出嫁之前一直被塑造成心高气傲、一心要攀高枝飞出小渔村的渔家女，看不上痴心追求她的同村男青年许茂盛。后江府师爷带人到湄洲岛抓林默娘顶罪，想要逼迫林默娘嫁给汪施旗的儿子汪小凡。在妹妹被汪施旗逼婚时，她主动请求代替妹妹嫁入汪家做少奶奶，但这一情节却被描写成她牺牲自己的个人幸福勇救妹妹默娘。而且这样一位心直口快、心比天高的美貌少女在嫁入汪家后，竟然忍气吞声默默忍受性情乖戾的瘸腿丈夫的长期家暴，并试图用自己的忍让宽容来感化丈夫。这种前后矛盾的情节设置不利于成功刻画人物形象。④关于妈祖说英文的情节设计让观众很难理解。该剧故事设置在北宋时期，且不说当时欧洲尚处在中世纪时期，其船只还未能到达中国沿海，而且当时的英语尚属野蛮语，并未成为世界通用语，就当时流行的语言来说，应该是拉丁语而不是英语。有网友说："妈祖默娘竟然会学习英语，要知道当时的盎格鲁·撒克逊人还没有进入大不列颠群岛呢。北宋时期与宋朝做生意的主要是阿拉伯人和波斯人，哪里会有欧洲大陆的人呢，更不可能有说英语啊！"尽管事后编剧、制片、演员都曾有相关解释，但依然无法令人信服。其实妈祖作为神仙来说，主创根本用不着这么做，完全可以让妈祖对外国航海者点头会意即可。⑤该剧最后一集中妈祖的父亲林愿给孩子们讲："以后不要再叫我妈祖爷爷了，因为我只是妈祖凡间的父亲，妈祖现在是神了，爷爷还能当神的父亲吗？"从妈祖与父亲的性格和形象来看，林愿不会不承认自己是妈祖的父亲，而作为富有人间情怀的妈祖亦无论是人是神都不会不认自己的父亲，因此这一情节的设置显得不够自然或多余。

（2）正邪双方黑白分明的善恶之战削弱了思想内涵的深刻性。以妈祖为代表的正义一方和以二王子睚眦为首的邪恶一方，两方之间的对垒交战，结果是正义战胜邪恶。斗争的过程是，在开始阶段正义一方的力量较为薄弱，处于劣势，邪恶一方的势力比较强大，占据优势；对峙阶段，正义一方的力量有所增长，斗争经验逐渐加强，邪恶势力依然比较强大，斗争形势不容乐观；反转阶段，正义一方的力量已经超过邪恶一方的力量，斗争经验丰富，邪恶势力已成强弩之末，铤而走险做最后的挣扎；决胜阶段，正义一方占据天时、地利、人和，从而将邪恶一方打得抱头鼠窜、溃不成军。这种完满的结局固然满足了人们希望社会和谐、邪不压正的美好愿望，但现实与愿望是有差距的，现实并非如此圆满，理想的结局在一定程度上削弱了该剧思想内涵的深刻性。对于现代观众来说，显然该剧提供的营养元素已经远远不能满足他们的精神需求了。当然，妈祖神话的结局是千百年来流传下来的，轻易改动也是不大可能的。因此，这点内容是可以商榷的。

（3）邪恶一方人物形象的塑造显得不够成功。跟随在邪恶势力首领二王子睚眦身边的小跟班嘉应、嘉佑、巡海夜叉这些人物形象显然塑造得不够成功。在剧中，作为给睚眦出谋划策、冲锋陷阵的恶神海妖，这些人物的智商几乎为零。每次拜见二王子都选不对时机，总在二王子与蚌妃亲热之际突然闯入，搞得大家颇为尴尬。拍马屁又总是拍不到地方，惹得睚眦大发雷霆，他们自己也被骂得狗血喷头、挨打受罚。在与敌对一方妈祖的交手中被妈祖哄骗得团团转，到头来是赔了夫人又折兵。试想这样低智商的手下怎么会成为二王子的得力干将呢？剧中为什么会这样塑造睚眦身边的人物呢？解释应该为：首先按照传统看法，邪恶一方的代表人物不应该比正义一方的代表人物能力强；其次是这些人物在剧中插科打诨、搞笑卖傻，能够起到为剧情增加看点、吸引观众眼球、放松观众心情的作用。但显然现代观众更希望在荧幕上看到性格复杂的人物形象，更希望看到势均力敌的厮杀与较量，这样也许更符合社会现实，也更能满足观众的观赏欲望。

（4）存在大量常识性错误、穿帮镜头以及字幕和读音方面的错误。该剧显示狴犴是东海龙王的四王子，但在"龙有九子"的主流传说中，狴犴并非龙王的第四子；《西游记》在明朝才成书，但以北宋为故事背景的《妈祖》中竟多次提到"猪八戒""孙悟空""紧箍咒"之类的词语。该剧中还出现了少许穿帮镜头。如第 3 集中妈祖观井得符镜头中出现了几名围观人员。另该剧中还存在一些字幕和读音方面的错误，需要进行更正：①第 1 集中"慢说"应改为"漫说"；②第 9 集中"勒索揩（jie）油"应改为"勒索揩（kāi）油"；③第 27 集中"再接再励"应改为"再接再厉"；④第 34集中"失职失察知罪"应改为"失职失察之罪"；⑤第 37 集中"巫蔑"应改为"污蔑"；⑥第 38 集中"各位其主"应改为"各为其主"，"箴（jian）言"应改为"箴（zhēn）言"。

作为中国大陆首部聚焦妈祖的电视剧，尽管存在些微细节上的疏漏，但瑕不掩瑜，其实现了中国神话电视剧的诸多突破和形式创新，成为一部兼具时代性、人文性、思想性与艺术性的影视佳作。

（刁生虎，中国传媒大学文法学部宗教学与文化传播研究所副教授、博士）

浅议韩剧中的"韩国文化"

■ 吕东莲

引　言

　　韩剧自 20 世纪 90 年代引入中国大陆以来，就受到了广大中国观众的喜爱，目前仍有大批的忠实观众。"仅 2002 年中国大陆引进播放的韩剧就有 67 部之多。"[1] 据央视索福瑞调查数据表明，"央视八套'海外剧场' 23：00 播出的《看了又看》第一部全国平均收视率为 0.44%，第二部为 0.86%，第三部则上升到 1.72%，位居全国同时段收视排名之首。"[2] 尽管如此，仍不乏批评韩剧的声音，说它"又臭又长"，即有的剧集过长，50 集甚至 100 集以上，剧情进展缓慢，让人看着着急。另外，剧情模式单一，无法摆脱爱恨、疾病、复仇、生死等俗套。但笔者认为，韩剧既然有如此多的忠实粉丝追捧，必然有其受到追捧的原因。一方面，因为韩剧有着生动的剧情和刻画细腻的角色以及贴近生活的故事题材，才让中国观众对其欲罢不能。另一方面，韩剧是展现韩国"文化"的窗口。通过观看韩剧，观众可以了解另一国度中人们的衣食住行以及各种风俗习惯，无论是从精致的韩食，像泡菜、烤肉、冷面等，还是漂亮的韩服，都能一窥韩国饮食文化和传统服饰文化的精髓。例如，韩剧中的家庭伦理剧和励志剧，前者展现了伦理道德和亲情友情，后者则表达了人们勇敢而又执着地追求幸福生

---

　　[1]　载 http：//baike. baidu. com/view/34077. htm，2014 年 2 月 14 日访问。
　　[2]　载 http：//news. sina. com. cn/cl/2004 – 12 – 09/14244478255s. shtml，2014 年 2 月 14 日访问。

活的勇气和决心，符合中国观众的审美需求和接受心理。韩剧所弘扬的良好道德品质，使观众在观看的同时能够获得愉悦感和前进的动力。本文拟从韩剧出发，举例说明韩剧里展现的各种"韩国文化"，主要从以下五个方面入手：（1）儒家文化；（2）饮食文化；（3）服饰文化；（4）居住文化；（5）节日文化。继而从"文化"的角度探讨韩剧为何能引起中国观众的共鸣，同时剖析韩剧所传达的关于爱、家庭伦理等传统观念。作为观众的我们在观看韩剧时，应该从中汲取乐观、积极的成分，在生活中互敬互爱、宽厚待人，在工作中诚信谦虚、宽容厚德。

一、儒家文化

无论是韩国现代偶像剧、家庭剧，还是古装历史剧、宫廷剧中，真、善、美总是得到弘扬的，正义也是可以得到伸张的。这样的创作理念符合观看韩剧的中国观众对精神文化层面的追求。"韩剧所表现出来的传统文化精神源于中国传统的儒家文化。几个世纪以来，儒家思想一直支配着韩国人的生活和思维方式。这种同根性既缩小了观众与文本之间的距离，又激发了观众对同源异质文化的好奇心和解读欲望。"❶ 看过韩剧的人都知道，韩国人的家庭观念很强，保持着优良的传统美德。以"孝"为例，在诸多韩剧中都体现出晚辈对长辈的敬重，例如长辈没有动筷子吃饭之前，晚辈是不可以先吃的。又如长辈说话的时候，晚辈不可以插话。在2006年播出的《姐姐》中，男主角金健宇的大家庭中处处体现着"孝"：父亲每天晚上睡觉前要到爷爷房里为爷爷念一段书，而母亲对爷爷的衣食起居更是照顾得无可挑剔，以至于爷爷在快要离开人世的前几天曾经给儿子、儿媳下跪，说下辈子要做他们的孩子来照顾他们。相信任何一位观众看到这样的场景都会为之动容。儒家文化是中华民族的宝贵遗产，中华儿女更需要保持这一优良美德，尊老爱幼、与人为善。

再以儒家文化的"信"为例，2009年热播的《灿烂的遗产》中的女主角高恩星在面对父亲出了事故、继母带着财产离开的家庭变故后，独自带着患有自闭症的弟弟努力生活。因为救了"振盛食品"张淑子社长而获得巨额遗产后没有为之所动，依然每天清晨骑着自行车去送牛奶，然后去"振盛食品"上班。而张淑子在因为生病和公司理事的唆使下面临失去社长职位的时候，她原来帮助过的公司员工向她伸出了援手，在"声援书"上签了字，因此挽救了她含辛茹苦创立的公司。观众在观看这样的韩剧时，能够看到推动个人发展、积极成长的因素：生活的温暖和人性的善良。韩剧擅长用生活中的细节反映仁爱孝悌、诚信知报等美德，这些与中国文化中的传统美德是一致的，因此中国观众在不知不觉中就会产生文化上的共鸣。

二、饮食文化

吃饭的场景在韩剧中占有非常大的比重，无论是温馨的家庭饭桌，还是浪漫的西式餐厅；无论是街头摊点的简陋就餐，还是热热闹闹的朋友聚会，无不体现出韩国人的饮食文化以及带给观众的视觉享受。因此，韩剧中的饮食不仅仅是简单的饭菜，它还承载了文化及其蕴含的人间温情。家人回家后，主妇们最先问的一句话就是"吃饭了吗"。而且在韩国人眼中，女人能吃是一种福气，所以韩剧中经常有长辈夸女孩子大口大口吃饭时有福相，意思是她将来的日子一定好过。在一日三餐中，早饭也同样重要，只有早晨吃饱了，一整天才会有精神工作。恋爱中的男女在电话中或面对面告别时，也会嘱咐对方要好好吃饭。因此，韩剧中的饮食是人与人表达情感的媒介，不论是夫妻之间、父母与孩子之间，还是恋人之间、朋友之间，饮食在传情达意方面的作用无可替代。胡赤兵指出："韩剧中饮食文化的精髓就在于它的情感因素，亲情升华了饮食文化，饮食文化反过来亦巩固了亲情，韩剧也正是通过'饮食'这一人类本能的因子，把家庭亲情囊括于饭桌，自然地展现了具有韩国民族特点的饮食文化。"❶ 设想一下，在家庭生活中，还有什么能比一家人围坐在餐桌旁，其乐融融、热热闹闹地

---

❶ 胡赤兵："韩剧中的饮食文化"，载《前沿》2012年第10期，第115~116页。

吃一顿饭更重要的呢？

提到韩国的饮食，恐怕不得不提的就是以"食"为较大篇幅的《大长今》。在剧中，观众不仅可以看到各种朝鲜古代的美食，还可以学习食疗药膳、养生之道和烹饪技巧。而观众在领略韩剧编导努力展现朝鲜古代饮食的同时，也能体会他们意图强调烹饪者应该用诚心去烹饪的创作理念。吃和烹调的意义不仅在于果腹，而且要上升到更高的艺术境界。或许有人认为韩餐没什么了不起，煎几个鸡蛋卷或几条小鱼，烤几片紫菜，再拌个杂菜（凉菜），就着米饭和汤，仅此而已。这几样菜或许相对中国的"煎、炒、烹、炸"是简单了些，但不可否认的是他们做得菜很精致，而且有利于健康。所以现代韩剧中的烤肉、石锅拌饭、炒年糕、大酱汤等普通的韩餐同样能够吸引中国观众到韩餐馆去品味韩国美食，而且随着韩剧的热播，越来越多的人愿意品尝韩餐并享受韩餐的美味。

三、服饰文化

看过韩剧的观众都知道，韩剧最吸引人的一点就是剧中的人物英俊、漂亮。那么，剧中人物之所以吸引观众的原因，大部分应该归功于他们的服饰，无论是传统的服饰——韩服，还是现代的服饰，都能让人耳目一新。剧中人物几乎每次一出现，都会有不同的服装和配饰。这与国内一些电视剧的剧中人物好几集都穿同样的衣服带给观众的视觉冲击是截然不同的。

首先来看传统服饰。"韩服是从古代演变到现代的韩民族的传统服装，优雅且有品位，是韩国的传统服装，也是韩国优秀的传统文化之一。"❶ 韩剧中有展现春节、中秋节以及婚礼等情节时，观众就会看到男女老少穿上五颜六色的韩服，节日或仪式结束以后再将它们放好，以备下次穿着。由于韩服穿着不便，除了在正式的场合和一些古老乡村外，现在很少有韩国人会在日常生活中穿着韩服。例如，在《家门的荣光》中，大家庭中的爷爷——河万基会长每天都穿着韩服，而其他家庭成员则在节日或一些仪式上才会穿。又如在《宫》和《宫 S》中，可以看到皇族所穿着的华丽大气

---

❶ 载 http://wenwen.soso.com/z/q385295930.htm，2014 年 2 月 15 日访问。

的宫廷韩服。另外，在《Hello 小姐》中，女主角宗家小姐——李秀荷和男主角黄东奎的传统婚礼上，展现了传统的婚礼服饰和礼仪。新郎的装束是裤子、短衣背心、外套，戴纱帽冠带，穿木靴。新娘则是红裙、黄短衣、圆衫，戴龙簪，龙簪上垂着前缀和飘带。新娘的两个脸蛋上还要贴上用红纸做的圆点，眉心也要贴上一个，用于辟邪和祈福。

其次，韩剧的流行，特别是偶像剧的流行在某种程度上带动了韩国的现代服饰在中国的流行。韩国服饰文化已经渗透到了中国文化中，特别是"80 后""90 后"的年轻人争相效仿。从头发的造型到服装的样式，甚至配饰的选择，都能展现韩国现代服饰的设计理念。无论是女孩们所穿的紧身裤和平底鞋，还是佩带的毛衣链和腰带，无不体现出韩国服饰文化的影响。韩国人喜欢买衣服，他们注重在不同场合下的不同着装。而且他们有每天换衣服的习惯，在外上班的服装回家后要换掉，穿上舒适的家居服，因而即使看他们在家中的戏份，也不会令人乏味。《Hello 小姐》中演员们的服装更换非常频繁，几乎一个场景一套衣服和与之相配的首饰、皮鞋、皮包，尤其是李秀荷换了至少不下 50 套服装，每一件都很漂亮，五颜六色。

四、居住文化

看过韩剧的观众一定也曾被某些剧中的传统建筑吸引过，特别是有着悠久历史的宗家的房子。在《Hello 小姐》中，李秀荷生活的花安堂，就是一座有着 300 年历史、99 间房子、占地 1 000 多平方米的齐安李氏宗家的传统建筑。剧中还有女模特花兰在这座古建筑中拍摄广告的情景。《新娘 18岁》中安东权氏宗族所居住的房子也是非常典型的传统建筑。韩国的传统建筑叫韩屋，布局很像中国的四合院。韩屋的梁柱、房门和地板是用木材做成的，通常冬暖夏凉。通过韩屋，中国观众可以领略韩国建筑的文化底蕴。韩国的传统建筑讲究与自然的和谐，好的房屋一定要背山向南。在现代家庭里，通常老一辈的爷爷奶奶还是沿袭过去的房间布置，在卧室的地板上铺上垫子，没有床，平常也是席地而坐。例如，《爱在何方》中两大家庭的两位奶奶毛兰实和玛莉亚，尽管生活在现代建筑中，自己的房间仍然按照旧式习惯布置而成，而且房间内的布置也比较简单。

除了传统的建筑，韩国的现代化住宅小区数量也很多，有公寓式高层建筑，也有 2～4 层的小别墅。除此之外，还有单独住宅（类似我国的二层楼）和普通民房等几类。在韩国首都首尔，只有少数的富人才能住得起独门独院的别墅，而其他人则居住在公寓和普通民房里。例如，2005 年韩国 MBC 电视台播出的《我的名字叫金三顺》中，男主角——Bon Appetit 餐厅社长玄振轩自己居住的是公寓，其母——五星级饭店所有者和经营者罗贤淑居住的是江南的二层别墅，而女主角——经营碾米店的三顺一家则居住在普通民房里。众所周知，韩剧在细节上做足了功夫。就房子来说，即使是有些简陋的屋塔房，我们也可以看到屋里收拾得干净整洁，东西摆放有序，更不用说富裕家庭中的摆设和装饰，处处体现着日常生活中的舒适和美观。不管是古装剧还是现代剧，观众都能从不同的建筑中体会韩国"居住文化"的存在。

五、节日文化

虽然在韩剧中，节日的场景没有像饮食、住房等出现得频繁，但在一些韩剧中，我们还是可以一窥韩国节日的风貌。韩国的传统节日主要有新年、春节、元宵节、中秋节等。在传统节日中，家庭成员会穿着传统服装，主妇们会制作美味的传统韩食，人们利用节日假期到亲戚朋友家问候和串门。韩国人在新年的时候，都会准备佳肴，换上新衣，全家团聚在一起，行新年祭祖之礼。在 2006 年 MBC 电视台热播的《姐姐》中，就有金健宇的父母和姑父一家三口身着韩服，在新年的当天坐在客厅里聊天的场景。在《说不出的爱》中，有新年前一天主人公安在孝老师的妻子和两个女儿及儿媳包饺子的场景。中秋节在韩国叫做"秋夕"，是最重大的传统节日。在 2007 年热播的《萝卜泡菜》中，男主角之一的电视台导演郑东振的妈妈和奶奶在中秋节前一天开始精心准备各种食品，像松饼、芋头汤等。在中秋节的早晨，在祖先的牌位前摆好水果和食品，东振的爷爷、爸爸带着他和两个弟弟以及自己的女儿开始祭拜祖先，祭拜之后家里人和受邀而来的电视台女作家俞恩浩一起吃团圆早饭。春节是韩国最重要的节日之一，早晨祭祀完祖先后，晚辈要给长辈拜年，长辈要给压岁钱，之后的早饭要吃年糕汤。在《澡堂老板家的男人们》中，爷爷、奶奶抱着曾孙坐着，依次接受儿子、儿媳、孙子、孙女们的拜年，奶奶分别给了红包。总之，从韩剧的节日场景中，我们可以看出韩国人对传统节日的传承，特别是对祖先的尊敬和对家庭团结的维护。

六、小　结

本文探讨了韩剧中所体现的儒家文化、饮食文化、服饰文化、居住文化和节日文化五个方面，同时分析了韩剧吸引观众的原因。由于养眼的韩国明星的倾力演绎，辅之先进的化妆技术、时尚的造型设计，令人眼花缭乱的服装配饰，或古典或现代的建筑和优美的风景以及崇尚"好人好报、恶人恶报"的道德观念，韩剧自从引入中国以来，就受到了中国观众的喜爱。"追求真理，惩恶扬善，歌颂美好"，是韩剧普遍的思想主题。"不管是什么样的韩剧，都有其内在的超越世俗利益的价值追求，表达了人生的某种信念，表现了人性中最美好的方面，能使观众感觉到人性的美好和生活的希望。"❶ 因此，笔者认为我们应该从观看韩剧中汲取正能量，同时应该弘扬中国传统文化中真、善、美、诚信、宽厚等美德，以利于自身人际关系的发展和创建更加和谐的社会。

（吕东莲，中国传媒大学文法学部文学院讲师、2013级博士研究生）

---

❶ 载 http://www. comment － cn. net/culture/worldculture/2006/0214/article_ 18090. html，2014年2月15日访问。